Elizabeth George
… du aber übertriffst sie alle

Elizabeth George

# *... du aber übertriffst sie alle*

*Wahre Schönheit nach dem Vorbild der Frau aus Sprüche 31*

Um den persönlichen Ton beizubehalten, wird die Leserin in der deutschen Übersetzung mit »du« angesprochen. Bibelzitate folgen in der Regel der Schlachter-Übersetzung, z. T. auch der Elberfelder Bibel und der Lutherbibel.

9. Auflage 2025

Originaltitel: *Beautiful in God's Eyes*

Erschienen bei Harvest House Publishers, Eugene (Oregon, USA)


Imkerweg 38 · 32832 Augustdorf
www.betanien.de · info@betanien.de
Übersetzung: Ulrike Wilhelm
Lektorat: Hans-Werner Deppe
Satz: Betanien Verlag
Covergestaltung: Sara Pieper
Herstellung: Druckhaus Nord, Neustadt a. d. Aisch

ISBN 978-3-935558-47-1

# *Inhalt*

# Einleitung

## *Wahre Schönheit entdecken*

Das biblische Buch der Sprüche gefällt mir besonders gut, weil ich dort zum ersten Mal der tugendhaften Frau nach Gottes Vorstellung begegnet bin (Sprüche 31,10-31). Diese bemerkenswerte Frau ist ein Vorbild für alle Frauen – für junge und alte, verheiratete und ledige. Sie alle können in Gottes Augen schön sein.

Seitdem ich den wertvollen Schatz der Frau aus Sprüche 31 entdeckt habe, habe ich versucht, mein Leben nach ihrem Vorbild zu gestalten. Ich habe dafür gebetet und danach getrachtet, ihr Verhalten und ihre Einstellung nachzuahmen. Ich habe danach gestrebt, charakterstark zu werden, die von Gott gegebenen Aufgaben und Pflichten zu erfüllen und alle Chancen wahrzunehmen. Wie diese Frau habe auch ich versucht, ein glückliches Zuhause zu schaffen, meine Ehe zu hegen und zu pflegen und meine Kinder zu erziehen.

Auch du wirst begeistert von ihr sein! Diese bemerkenswerte Frau wird dich lehren und ermutigen, ihrem Vorbild zu folgen. Sie wird dich motivieren, dein ganzes Leben lang auf Gott zu schauen. Aber das Wichtigste ist: Du wirst erkennen, was wahre Schönheit ist – nämlich jene Schönheit, die Gott gefällt!

Ich freue mich auf eine gemeinsame Entdeckungsreise, auf der wir diese wunderbare gottgemäße Schönheit erforschen werden. Dieser wundervollen Frau nach dem Herzen Gottes dürfen wir ohne zu zögern folgen. Und du, meine liebe Freundin, wirst nicht mehr dieselbe sein, nachdem du Sprüche 31,10-31 Vers für Vers unter die Lupe genommen hast! Während du lernst, was Gott unter Schönheit versteht, wirst du dich persönlich und geistlich weiterentwickeln und das Gelernte auf dein Leben anwenden. Jedes Kapitel enthält außerdem einige praktische Schönheitsregeln, eine *Anleitung zu wahrer Schönheit.*

Da wir nicht aus eigener Kraft zu dem Menschen werden können, den Gott haben will, wird jedes Kapitel am Ende unter dem Abschnitt *Wahre Schönheit entdecken* noch einmal reflektiert. Dieser »Blick in den Spiegel« gibt dir die Möglichkeit, in Gottes Angesicht zu blicken, dein Herz zu erforschen und Gottes wunderbaren Willen für dein Leben zu entdecken.

Liebe Schwester, bevor wir beginnen, möchte ich von Herzen darum beten,

- dass Gott dieses Studium von Sprüche 31 dazu benutzt, dein Herz und dein Leben zu verändern;
- dass du dieses biblische Schönheitsmodell an deine Tochter und jede andere, die an Gottes Schönheitsmodell interessiert ist, weitergibst;
- dass es dein Wunsch ist, so wie die Frau aus Sprüche 31 zu werden – eine Frau, die in Gottes Augen schön ist!

Möge man von dir sagen: »Viele Töchter haben sich als tüchtig erwiesen, du aber übertriffst sie alle« (Sprüche 31,29)!

Verbunden in der wunderbaren Liebe Gottes
Elizabeth George

I

# *Ein seltener Schatz*

## Ihr Charakter

*Eine tugendhafte Frau – wer findet sie?*
Sprüche 31,10

Hast du jemals vor einer riesigen Herausforderung gestanden, von der du dich überfordert fühltest? Also ich habe mich so gefühlt, als unser Reisebus auf den Hotelparkplatz am Fuße der ehemaligen jüdischen Festung Masada fuhr. Dieser Festungsbau, der sich 400 Meter über dem Toten Meer befindet, wurde im 1. Jahrhundert im Auftrag von Herodes dem Großen erbaut. Der Berg warf schon seine bedrohlich dunklen Schatten über unsere Gruppe, als der Reiseführer uns eine erholsame Nacht wünschte. Am nächsten Morgen sollten wir nämlich frisch und gestärkt dieses historische Wunderwerk hinaufklettern.

Mir kam es so vor, als würde ich vor dem Mount Everest stehen! »Was mache ich hier eigentlich?«, fragte ich mich. »Was war passiert? Ich bin doch nur eine schwache Frau, die mit ihrem Ehemann nach Israel gereist ist, um die *Bibel* zu studieren! *Hiermit* hatte ich nicht gerechnet!« Und jetzt sollte ich mit dieser Gruppe (in der alle viel jünger waren) diesen steilen Berg hinaufklettern!

Und, meine liebe neue Freundin, ich muss zugeben, dass ich mich jetzt wieder genauso fühle wie damals – jetzt, da wir beide Gottes Schönheitsmaßstab betrachten und zu *ihm* aufschauen und zu der schönen, erfolgreichen, wunderbaren und perfekten Frau aus Sprüche 31. Sie scheint so unerreichbar zu sein, so weit entfernt, so wunderschön, so überlegen, so unbeschreiblich. So scheint es zumindest …

Aber erst möchte ich die Geschichte über die Reise nach Masada zu Ende erzählen. Wie der Reiseführer empfohlen hatte, nahm ich ein leichtes Abendessen zu mir und ging früh ins Bett. Ich machte mir jedoch die ganze Nacht Gedanken darüber, ob ich vor dem anstrengenden Aufstieg etwas essen sollte oder nicht. Was sollte ich anziehen? Wie viel Wasser sollte ich mitnehmen? … Vor lauter Nervosität drehten sich meine Gedanken im Kreis und die verordnete gute Nachtruhe stellte sich natürlich nicht ein!

Schließlich war es 6.30 Uhr – Zeit um aufzustehen. Ich zog mich an (entsprechend der brutalen Hitze), schnappte die größte Wasserflasche (Frühstück ließ ich ausfallen), verließ mein Zimmer, ging zum Wanderweg – und stieg hinauf auf die Festung Masada! Eigentlich wollte ich es nicht, aber ich tat es. Es war nicht leicht und ich legte Pausen ein – viele, *viele* Pausen! Meine Lungen und meine Füße schmerzten. Während ich mich Schritt für Schritt nach oben quälte, liefen andere an mir vorbei. Aber ich schaffte es! Mit aller Kraft, sowohl mental als auch körperlich, setzte ich einen Fuß vor den anderen – bis ich schließlich das Dach der Welt erreichte! (Später erfuhr ich, dass dieses »Dach« der Welt nur auf Höhe des Meeresspiegels lag). Ich hatte das scheinbar Unmögliche geschafft – und das war ein herrlicher Erfolg!

Nun – meine liebe Mitreisende – scheint uns die Frau aus Sprüche 31 aber ziemlich einzuschüchtern! So wie ich damals nicht besonders motiviert war, einen Berg zu besteigen, fehlte vielleicht auch dir bisher der *Wunsch,* so wie diese Frau zu sein. Vielleicht hast du dich abschrecken lassen, als du die Kosten überschlugst, weil du ahntest, dass es viel von dir fordern wird. Und vielleicht hast du darunter gelitten, wenn andere Frauen erfolgreicher darin waren, sie nachzuahmen, als du.

Was auch immer du fühlst und egal welche Erfahrungen du mit Sprüche 31 gemacht hast, lade ich dich dazu ein, mich zu begleiten. Lass uns einander an die Hand nehmen und gemeinsam die Herausforderung und Gottes Einladung annehmen, eine wahrhaft schöne Frau nach seiner Vorstellung zu werden. Auf unserem gemeinsamen Weg werden wir die Gnade Gottes und die Kraft des Heiligen Geistes finden, um nach seinem Willen umgestaltet zu werden. Dabei gehen wir einen Schritt nach dem anderen vor. Da die Frau aus Sprüche 31 die »tugendhafte Frau« (Sprüche 31,10) schlechthin ist, werden wir Vers für Vers jede einzelne Tugend betrachten, ihre wahre Schönheit begreifen lernen und mit Gottes Gnade auch auf uns anwenden. Bete mit mir, dass Gott dich davor bewahrt, seinen Maßstab für Schönheit zu missachten oder die wahre Schönheit dieser Frau geringzuschätzen, oder dass du ihre Vorzüge und Tugenden als altmodisch und unmöglich abtust. Möge Gottes Ideal auch dein erstrebtes Ideal sein!

## *Ein ganzes Alphabet voller Charaktereigenschaften*

Du fragst dich vielleicht: Woher kommt diese Frau? Wie kam es dazu, dass die Frau aus Sprüche 31 der Maßstab für göttliche Schönheit wurde? Man mag es kaum glauben, aber es begann mit einer echten Frau aus Fleisch und Blut!

Es war einmal ein junger Prinz, der eines Tages König sein sollte, aber er musste vorher noch vieles lernen. Also unterwies ihn seine Mutter nicht nur darin, ein König nach Gottes Willen zu sein, sondern auch, wie er eine tugendhafte Frau finden konnte.

Die meisten Bibelgelehrten stimmen darin überein, dass Sprüche 31 die Unterweisung des jungen Sohnes durch seine weise Mutter dokumentiert. In Vers 1 heißt es: »Worte Lemuels, des Königs von Massa, mit denen seine Mutter ihn unterwies.« In Vers 1-9 erklärt sie ihm die grundlegenden Führungsaufgaben eines Königs und in Vers 10-31 verdeutlicht sie, wie seine zukünftige Frau sein soll, die wie ein seltener Schatz ist. Sie benutzt das hebräische Alphabet, um es ihrem jungen Sohn einfacher zu machen, sich all die Eigenschaften zu merken, die er bei seiner künftigen Frau suchen sollte. Mit Hilfe des Alphabets konnte er sich die Charaktereigenschaften schnell einprägen und sogar auswendig lernen. So wurden sie für immer »auf die Tafel seines Herzens« geschrieben (Sprüche 3,3). Mit dem letzten Buchstaben des Alphabets und mit der letzten Eigenschaften der tugendhaften Frau wird dieses Loblied für diesen jungen Prinzen – und für uns – zu Gottes Alphabet des weiblichen Charakters.

Bevor wir das alphabetisch geordnete Gedicht kennen lernen (man nennt diese literarische Stilfigur »Akrostichon«), möchte ich auf etwas Ermutigendes hinweisen. Erstens: Sprüche 31 wurde von einer Frau vorgetragen. Es sind weder die persönlichen Aussagen noch die unrealistischen Fantasien eines Mannes. Natürlich schreibt ein Mann (König Lemuel) an uns, aber er wiederholt die Aussagen einer *Frau*, die beschreibt, wie eine Frau sein sollte! Diese Tatsache begeistert und ermutigt mich. Ich bin dankbar für diese Art der Unterweisung von Frau zu Frau, die uns zeigt, was Gott unter Schönheit versteht. Ich möchte wissen, was echte gottgemäße Schönheit ist, und wer könnte dies besser machen als eine gottgefällige Frau?

Zweitens beginnt diese Mutter ihr Alphabet der tugendhaften Frau zwar mit einer Frage (»Eine tugendhafte Frau – wer findet sie?«, Vers 10), doch geht sie davon aus, dass ihr Sohn solch eine tugendhafte Frau auch tatsächlich finden kann. Wenn damals in Jerusalem ein Mann geheiratet hatte, stellte man tatsächlich die Frage: »Hat er eine tugendhafte Frau gefunden?«[1] Da die Mutter weiß, dass es eine solche Frau gibt (Vers 29), ermutigt sie ihren Sohn, danach Ausschau zu halten. Der Glaube dieser Mutter, dass solch eine Frau existiert, ermutigt mich. Gott legt sogar großen Wert darauf, uns auf solche Frauen in der Bibel hinzuweisen. Die Bibel erzählt von Ruth, die eine »tugendhafte Frau« war (Ruth 3,11); Sprüche 12,4 erklärt: Eine »tugendhafte Frau ist die Krone ihres Mannes«; und in Sprüche 31,29 wird uns gesagt: »Viele Töchter haben sich als tugendhaft erwiesen«. Ja, *viele!*

Ja, die tugendhafte Frau ist ein seltener Schatz – ein wunderbarer, bemerkenswerter, außergewöhnlicher, einmaliger Schatz. Und Gott, der Schöpfer aller Schönheit, möchte, dass auch du und ich so werden wie diese tugendhafte, gottgefällige Frau. Auch wir können in Gottes Augen schön werden.

## *Gottes Schönheitsideal*

Da der Untertitel dieses Buches *Wahre Schönheit nach dem Vorbild der Frau aus Sprüche 31* lautet, möchte ich von Anfang an klarstellen: Gott versteht unter Schönheit etwas vollkommen anderes als wir und der Rest der Welt! Wenn du also weiterliest, denke daran, dass Sprüche 31,10-31 Gottes Vorstellung von Schönheit widerspiegelt. Außerdem sagt Gott über sich selbst: »Meine Gedanken sind nicht eure Gedanken, und eure Wege sind nicht meine Wege … so viel höher sind meine Wege als eure Wege und meine Gedanken als eure Gedanken« (Jes 55,8-9). So wie Gott selbst einzigartig ist, so einzigartig ist auch sein Verständnis von Schönheit!

Als erstes musste der Prinz begreifen, was Gott unter Schönheit versteht. Das gleiche gilt auch für uns. (Denke an mein Erlebnis mit der Festung Masada! Sie wurde Schritt für Schritt erklommen!) Daher müssen wir zuerst das Wort *tugendhaft* verstehen: »Eine tugendhafte Frau – wer findet sie?« (Sprüche 31,10). Die Bedeutung des Wortes *tugendhaft* kann mit den zwei Seiten einer Münze verglichen werden. Die *geistige Stärke* (moralische Prinzipien und Gesinnung) stellt die eine Seite dar und die *körperliche Stärke* (Tatkraft und Effektivität) die andere Seite. Keine dieser beiden »powerhaften« Eigenschaften scheinen etwas mit Schönheit zu tun zu haben, aber achte darauf, wie Gott sie in Sprüche 31, seinem Schönheitsideal, beschreibt.

*Geistige Stärke* – In Gottes Augen zeichnet sich eine schöne Frau durch geistige Kraft aus, verbunden mit inneren Qualitäten, die sie (und auch uns) davor bewahren, sich aufzugeben, nachzugeben, alles hinzuwerfen oder das Ziel, Gottes Willen zu erfüllen, aus den Augen zu verlieren. Betrachte jetzt Sprüche 31,10-31 aus einem anderen Blickwinkel. Wir werden bei unserem Studium jede einzelne Eigenschaft näher untersuchen. Eine Frau mit innerer Schönheit hat folgende Charaktereigenschaften: Sie ist –

- lauter – sie ist eine tugendhafte Frau (Sprüche 31,10);
- ehrlich – ihr Ehemann verlässt sich auf sie (Verse 11-12);
- fleißig – sie arbeitet von Sonnenaufgang bis Sonnenuntergang, kümmert sich um ihr Haus und ihr Geschäft (Verse 13-19, 21-22. 24, 27, 31);
- sparsam – sie kümmert sich um die Bedürfnisse der Familie und trägt zum finanziellen Wohlstand der Familie bei (Verse 14, 16);

- charakterstark – sie stellt sich mutig den Herausforderungen des täglichen Lebens (Verse 25, 29);
- freundlich – sie hat Mitleid mit den Leidenden und stets ein tröstendes Wort auf den Lippen (Verse 20, 26);
- weise – ihr Lebenswandel ist von Weisheit geprägt (Vers 26);
- heilig – sie liebt Gott von ganzem Herzen (Vers 30).

Diese Charaktereigenschaften befähigen die gottgefällige Frau, ihr Leben, ihre Zeit, ihr Geld, ihren Mund, ihr Heim und ihre Beziehungen erfolgreich zu managen.

*Körperliche Stärke* – Wir fragen uns: Wie schafft die Frau aus Sprüche 31 all das, was Gott sich von ihr wünscht? Wenn wir uns die andere Seite der Münze ansehen, dann erkennen wir deutlich, dass sie für ihre Aufgaben körperliche Stärke und Tatkraft braucht. Betrachten wir doch einmal die schöne und starke Frau aus Sprüche 31 bei ihrer Arbeit.

- Sie arbeitet gerne mit den Händen (Sprüche 31,13).
- Sie pflanzt einen Weinberg an (Vers 16).
- Ihre Hände bedienen die Spindel (Vers 19).
- Sie arbeitet vor dem Morgengrauen (Vers 15) bis spät in die Nacht (Vers 18).
- Sie kümmert sich um die Armen (Vers 20).
- Sie näht Kleidung für ihre Familie und für die Hausgemeinschaft (Verse 21, 22) und verkauft sie an Händler (Vers 24).
- Sie ist nie faul, sondern sorgt für ihr Heim (Vers 27).

Diese tugendhafte und enorm fleißige Frau braucht die körperliche Kraft und Fähigkeit für ihre Lebensaufgabe, Liebe zu verbreiten.

## *Eine ganze Heerschar von Tugenden*

Nachdem wir die besondere geistige und körperliche Kraft dieser Frau gesehen haben, sollten wir aber auch ein weiteres äußerst wichtiges Element anschauen, um zu verstehen, was eine tugendhafte Frau ist. Ich weiß, es klingt nicht besonders attraktiv oder weiblich oder schön, aber sie ist wie eine Armee – eine Heerschar von Tugenden! Ich möchte jetzt erklären, warum das der Kern dessen ist, wie Gott ihren Charakter beschreibt.

Das hebräische Wort für *tugendhaft* wird über zweihundert Mal in der Bibel erwähnt, um eine Armee zu beschreiben. Dieses alttestamentliche Wort bezieht sich auf eine Streitmacht und wird in dem Sinne von *fähig, tüchtig, mächtig, stark, tapfer, kraftvoll, wirksam, wohlhabend* und *würdig* verwendet.[2] Dieses Wort wird auch gebraucht für einen Soldaten im Krieg und für Männer, die in den Krieg ziehen. Wenn wir diese Definition auf eine weibliche Person übertragen, dann beginnen wir zu verstehen, welch innere Stärke diese Frau hat! So wie mentale Stärke und Körperkraft die Hauptmerkmale einer Armee sind, kennzeichnen diese Eigenschaften auch jene wunderbar »schöne« Frau nach Gottes Vorstellung.

Das alles ist natürlich ziemlich viel auf einmal. Daher solltest du diesen wichtigen Abschnitt noch einmal lesen. Bevor wir gemeinsam diese bewundernswerte Frau aus Sprüche 31 betrachten, müssen wir erst so gut wie möglich verstehen, was Gott mit dem Attribut *tugendhaft* meint. Den Charakter dieser Frau zu verstehen – was das Ziel dieses Kapitels ist –, ist der erste Schritt auf dem Weg, selber eine solch tugendhafte Frau zu werden!

»Eine tugendhafte Frau – wer findet sie?«, wird in Sprüche 31,10 gefragt. Mit dieser Frage stellt Gott heraus, dass die für ihn schöne Frau in Sachen innere Stärke und äußerlicher Leistungen ganz außergewöhnlich ist – ja, sogar ein seltener Schatz. Sie ist auch wie eine wunderbare Armee voller Tugenden. Und durch Gottes Gnade können auch wir so wunderbar werden! Hier einige erste Schritte auf dem Weg zu diesem Ziel.

## Anleitung zu wahrer Schönheit

*1. Setze dir ein Ziel und strebe danach* – In Psalm 90,10 heißt es: »Unser Leben währt siebzig Jahre, und wenn es hoch kommt, so sind es achtzig Jahre.« Jetzt stelle dir deinen achtzigsten Geburtstag vor! Viele Gäste feiern mit dir diesen besonderen Tag. Du staunst, als man eine riesige Geburtstagstorte hereinbringt, denn sie ist mit 80 brennenden Kerzen dekoriert, die so viel Hitze ausstrahlen, dass dir richtig warm wird!

Jetzt stelle dir die Frage: Wenn der Herr auch dir ein langes Leben schenkt und du kannst deinen 80. Geburtstag feiern, was möchtest du bis zu dem Tag, an dem du die 80 Kerzen ausbläst, erreicht haben?

Meine liebe Freundin, ich bete dafür, dass deine Antwort auf diese entscheidende Frage zum Ausdruck bringt, dass du von Herzen wünschst, eine charakterstarke Frau zu werden – eine Frau, die in Gottes Augen schön ist!

2. *Nimm dir Zeit* – Wie wurde die gottgefällige Frau zu solch einem außergewöhnlich bemerkenswerten Schatz, zu einer Frau mit einem starken, gottesfürchtigen Charakter? Kurz gesagt, es brauchte *Zeit!* So etwas Großes geschieht nicht einfach über Nacht!

Wie viel Zeit braucht man, um solch einen tugendhaften Charakter zu entwickeln?

*Zeit, um Gottes Wort zu lesen* – Mach es zu deiner höchsten Priorität, täglich in Gottes Wort zu lesen. Folgende Geschichte macht vielleicht klar, warum Bibellesen innere Schönheit verleiht.

Als ich in Israel war, das weltweit führender Exporteur von Diamanten ist, erfuhr ich, dass bei der Diamantenveredelung dieser Edelstein geschliffen wird. Ein Diamant wird erst dann auf den Markt gebracht, wenn derjenige, der ihn schleift, das Spiegelbild seines Gesichts in dem Juwel sieht.

Also, meine Liebe, du bist wie ein Rohdiamant, den Gott durch sein heiliges Wort schleifen will. Durch das Schleifen entwickelst du den wahren, edlen Charakter nach Gottes Herzen, und du wirst die Herrlichkeit Gottes immer mehr widerspiegeln. Wenn du Gottes Wort betrachtest, wird seine Wahrheit dich motivieren, dein Leben seiner Herrlichkeit gemäß zu leben. Bei deinem Bibellesen setzt Gott sein Wort ein, um all deine Ängste, deine Trägheit, deine Zweifel und deine sündigen Angewohnheiten von dir zu entfernen und dich zu reinigen. Gott benutzt sein Wort, um dich umzugestalten zu einer Frau mit göttlicher Kraft, die Gottes wahre Schönheit immer mehr zum Ausdruck bringt.

*Zeit, um Gottes Wort auswendig zu lernen* – Plane neben der täglichen Bibellese auch ein, regelmäßig Bibelverse auswendig zu lernen. Ich lerne Bibelverse auf meinen täglichen Spaziergängen auswendig. Die Bewegung hält mich nicht nur körperlich fit (und sogar schlank!), sondern das Auswendiglernen von Bibelversen fördert mein geistliches Wachstum und ich bekomme neue geistliche Kraft, einen weiteren Tag lang zum Gipfel wahrer innerer Schönheit hinaufzuklettern.

*Zeit mit anderen Frauen* – Umgib dich mit Frauen, die dich in deinem geistlichen Wachstum ermutigen (Titus 2,3). Es geht nichts über die Gemeinschaft mit Schwestern in Christus. Gott hat mich mit fünf treuen Frauen gesegnet, die bestrebt sind, in den vielleicht 80 Jahren ihres Lebens (so Gott will!) zu Frauen nach Gottes Wohlgefallen zu werden. Wir haben uns versprochen, uns gegenseitig zu lieben, zu ermutigen und füreinander zu beten. Die Freundschaft mit diesen Frauen, die Freude daran haben, für Gott zu leben, lässt in meinem Herzen den Wunsch stärker werden, eine Frau nach Gottes Wohlgefallen zu sein.

*Zeit zum Lesen guter Biografien von Vorbildern* – Mache dir einen Leseplan, auch wenn es zuerst nur fünf Minuten täglich sind. Gottesfürchtige Vorbilder kennen zu lernen, ist für mich eine gute Zeitinvestition. Die Biografien dieser »weiblichen Armee« Gottes beeindrucken mich, und wenn ich ihre körperliche Kraft und geistige Ausdauer betrachte, verleiht das auch mir neue Kraft und Stärke.

- Amy Carmichael war Missionarin in Indien. Sie tat ihren Dienst mehr als 55 Jahre ohne Unterbrechung.
- Susanna Wesley hatte 19 Kinder (zehn von ihnen starben noch vor dem zweiten Lebensjahr). Sie gab ihnen Unterricht, kümmerte sich um ihre Erziehung (unter ihnen John und Charles Wesley, die Gründer der methodistischen Bewegung) und führte die Farm der Familie, als ihr Mann im Gefängnis war. Wegen ihres Glaubens wurde sie von ihren Nachbarn geschmäht.

- Elisabeth Elliot arbeitete als Missionarin im Dschungel. Ihr erster Mann starb den Märtyrertod, der zweite an Krebs. Sie zog ihre Tochter allein groß.
- Edith Schaeffer gab ein bequemes Leben auf, um mit ihrem Mann Francis in Europa eine christliche Gemeinde aufzubauen. In L'Abri wurde sie von der örtlichen Kommune verfolgt, überlebte schreckliche Lawinen, hatte keine Medizin für eines ihrer Kinder, das an Kinderlähmung litt; ein anderes Kind hatte eine rheumatische Herzkrankheit, und ihr Mann starb nach 5 Jahren Kampf gegen den Krebs.
- Susannah Spurgeon unterstützte ihren Mann Charles trotz ihrer langwierigen Krankheit in seinem Dienst und baute dabei auch noch einen Literaturdienst für Prediger auf.

Die Liste von Gottes wunderbaren Frauen ist lang. Ihre Vorbilder können uns enorm ermutigen und helfen.

*Zeit am heutigen Tag* – Widme den Rest des heutigen (und des morgigen und übermorgigen …) Tages Gott und lebe nach seinem Willen. »Wie jetzt, so auch allezeit«, lehrt ein weises Sprichwort. Wenn wir an unserem 80. Geburtstag oder irgendwann sonst tatsächlich gottgefällige Frauen sein wollen, dann müssen wir jetzt schon damit anfangen! Schließlich ist das Heute der Rohstoff für unser Morgen. Diese Wahrheit bringt Mose in seinem Gebet zum Ausdruck: »Lehre uns unsere Tage zählen, damit wir ein weises Herz erlangen« (Psalm 90,12). Du siehst also, wenn wir heute schon versuchen, unser Leben nach Gott auszurichten und die Charaktereigenschaften zu kultivieren, die *er* schön nennt, dann sind wir in seinen Augen schon heute schön und weise – und werden es auch, so Gott will, in Zukunft sein.

*Zeit ein Leben lang* – Gottes hoher Maßstab für Schönheit sollte uns niemals abschrecken oder entmutigen, denn er gibt uns täglich – ein ganzes Leben lang – Zeit, dieses Ziel zu erreichen. Die in diesem Sinne schöne und weise Edith Schaeffer sagte über die Frau aus Sprüche 31: »Selbstverständlich haben sich alle diese wunderbaren Dinge, die über diese Frau geschrieben wurden, nicht innerhalb eines Jahres ergeben. Mir scheint, es ist eine Zusammenschau der großen Vielfalt ihrer Errungenschaften und Früchte, die sich über einen langen Zeitraum aus ihrer Arbeit, ihren Talenten und ihrem Denken ergeben haben.«[3]

## Wahre Schönheit entdecken

Puh! Schon nach diesem Versuch, diese wunderbare Frau nach Gottes Vorstellung zu beschreiben, fühle ich mich, als hätte ich den Kraftakt einer Bergbesteigung hinter mir. Vielleicht geht es dir genauso, nachdem du entdeckt hast, wie reichhaltg ihr Charakter ist.

Irgendwie bin ich auch unschlüssig (will ich das wirklich?), ängstlich (was ist, wenn ich versage?) und selbstkritisch (das wird ein steiler Anstieg!). Und manchmal frage ich mich sogar: »Welchen Unterschied macht es, wenn ich versuche, so tugendhaft zu leben?« Aber diese Gedanken brauchen wir nicht zu haben, wenn wir uns klar machen, dass es Gottes Wort ist, das diese besondere Frau beschreibt: Sie ist *Gottes* Idealbild, sie reflektiert *Gottes* Vorstellung von wahrer Schönheit und sie zeigt *Gottes* Plan für eine tüchtige Frau. Er kennt die Aufgaben, die er uns gegeben hat, und er weiß, was wir geistig und körperlich leisten können. Vielleicht verstehen wir langsam, warum diese tüchtige Frau von unschätzbarem Wert ist!

Warum bitten wir Gott nicht einfach um Kraft – um *seine* Kraft? Warum bitten wir Gott nicht um *seine* Stärke, damit wir zu jener Frau werden, die wie eine starke Armee tapfer, mutig, unerschrocken, beständig und geduldig die Herausforderungen und Aufgaben des Lebens meistert? Schön, dass auch du eine Frau sein willst, die in Gottes Augen schön und wertvoll ist und zu der er sagen wird: »Du guter und treuer Knecht« (Matthäus 25,21) und: »*Du* bist eine tugendhafte Frau« (Ruth 3,11)!

2

# Ein strahlendes Juwel

## Ihr herausragender Wert

*Eine tugendhafte Frau ist weit mehr wert*
*als die kostbarsten Korallen.*
Sprüche 31,10

Es war ein Traum, der wahr werden würde! Ich würde sie endlich treffen! Die Rede ist von der Frau aus Sprüche 31, der Frau, die in den Augen Gottes schön ist und von der wir in diesem Buch noch viel mehr erfahren werden. Mein Mann Jim plante, mit seinen Studenten vom *The Master's Seminary*[1] eine ausgedehnte Studienreise nach Israel zu unternehmen und lud mich ein mitzukommen.

Er wusste, dass ich seit 25 Jahren alles Erdenkliche unternehme, um mehr über diese »schöne«, tugendhafte Frau zu erfahren. Er wusste, dass mir zahlreiche Übersetzungen von Sprüche 31,10 geläufig waren. Er wusste, dass ich ihr vorbildliches Leben zu einem besonderen Studienobjekt erkoren und in einer ganzen Literatursammlung über das Buch der Sprüche und speziell über diese Frau nachgeforscht hatte. Und er wusste, dass ihr vorbildlicher Lebensstil mein persönliches Lebensziel war. Ja, Jim wusste definitiv, was es mir bedeuten würde, sie ausfindig zu machen. Wie gesagt, eine Reise in die Heimat dieser Frau ließ mir einen Traum wahr werden!

Also tat ich, was viele Frauen vor einer Reise tun: Ich stellte Listen auf! Natürlich war die Liste all dessen, was erledigt werden musste, bevor ich mein Heim und Büro für einen Monat verlassen konnte, ziemlich lang. Die Liste fürs Kofferpacken war lang und ebenso die Einkaufsliste für die Dinge, die wir vor der Abreise noch brauchten. Aber bevor wir abreisten, stellte ich mit Sorgfalt – und Gebeten –

noch eine andere Liste auf: eine Liste, die mir persönlich so wichtig war, dass ich sie während der ganzen Reise in meiner Bibel bei mir trug. Ich nannte sie: »Was ich sehen muss.« Ich notierte darauf alle kulturellen Aspekte aus Sprüche 31,10-31, die ich mir in Israel anschauen wollte. Das war mein Auftrag. »Wer findet eine tugendhafte Frau?«, fragt Sprüche 31,10. Nun, ich wollte sie finden!

Der erste Punkt auf dieser Liste war die »Perle« oder das »Juwel«. Dies schrieb ich auf, weil Sprüche 31,10 (der Vers, von dem dieses Kapitel handelt) mit einer Aussage über den Wert ihres Charakters beginnt: »Eine tüchtige Frau ist das kostbarste Juwel.« Ich wollte selbst dieses »Juwel« in Israel sehen, welches den Wert einer gottgefälligen, schönen Frau symbolisiert, um sie besser verstehen und wertschätzen zu lernen.

## *Die Schatzsuche*

In Kapitel 1 sahen wir zu Beginn unsere Suche nach der Frau, die in Gottes Augen schön ist, eine Mutter, die ihren Sohn wie einen Schüler darin unterrichtete, was wahre weibliche Schönheit bedeutet. Sie betonte, welch ein außergewöhnlicher und besonderer Schatz eine wahrhaft gottgefällige Frau ist. Und wenn wir jetzt weiterlesen, sehen wir, dass die Mutter den Wert dieser Frau wiederholt, indem sie ihn mit Juwelen vergleicht: »Sie ist das kostbarste Juwel« (Sprüche 31,10).

- »Ihr Wert steht weit über dem von Rubinen«, so sagt uns ein Übersetzer.[2] Der prächtige rote Rubin ist ein einzigartiger Edelstein, der wegen seiner Seltenheit sogar den Wert eines Diamanten von gleichem Gewicht übersteigt![3]
- »Sie ist weit mehr wert als die kostbarsten Perlen«, stellt ein weiterer Übersetzer fest.[4] Bedenke, dass in 35.000 Perlmuscheln nur zwanzig Perlen zu finden sind – und nur drei davon haben die Qualität, um als Juwelen zu gelten![5]
- »Ihr Wert steht weit über Korallen« erklärt eine weitere Bibelübersetzung.[6] Korallen sind so genannte »Blumentiere« (die größte Klasse der Nesseltiere), die anmutige Auswüchse bilden.

Nur die wenigsten davon sind von einer Qualität, die zu polieren es lohnt und die als Juwelen betrachtet werden.[7]

Rubine. Perlen. Korallen. Alle diese prächtigen Juwelen sind sehr selten, wertvoll und schwer zu finden. Mit diesem Vergleich will die Mutter unseres jungen Prinzen ihm ans Herz legen, wie außergewöhnlich eine in Gottes Augen schöne Frau ist. Einmal gefunden, ist sie von unschätzbarem Wert!

Jetzt möchte ich davon berichten, was ich auf meiner privaten Schatzsuche in Israel gefunden habe. Wie schon gesagt, waren die Juwelen ganz oben auf meiner Liste der Dinge, die ich sehen wollte. Als nun unsere Studiengruppe einen Tag im Israel-Museum in Jerusalem verbringen sollte, konnte ich nicht schnell genug hineinkommen, um nach den Juwelen zu suchen. Im Museum reihte sich ein Schaukasten an den nächsten und ich suchte und suchte. Jeden einzelnen Ausstellungsraum suchte ich ab, aber ich fand nicht *ein* Juwel! Die Juwelen – mitsamt allen anderen Wertgegenständen – waren vor langer Zeit schon von Eroberern fortgeschafft worden.

Was ich aber in diesem Museum nicht gefunden habe, war für mich genauso aufschlussreich, wie das, was ich gefunden habe. Also, das Israel-Museum ist angefüllt mit Artefakten, die in diesem Land ausgegraben worden sind, und diese Gegenstände zeugen von der reichen und langen Geschichte dieses Volkes. Was waren das für Überreste, die uns Aufschluss über das Leben der gottgefälligen Frau geben sollten? Meine Augen weideten sich an … Knochen und Särgen! Ganze Wände waren bedeckt mit Schilden und Schwertern, Rüstungen und Kriegsgerät! Vitrinen präsentierten Geschirr und Kochgeräte aus Lehm! Das war nicht im Entferntesten, was ich erwartet hatte!

Was konnte ich von diesen primitiven Gegenständen lernen? Sie sprachen von einer harten Zeit, vom Kampf ums Überleben, davon, wie man sich recht und schlecht abmühte, kaum fähig zu existieren. Diese Gegenstände waren Zeugen von Arbeit, Krieg, Mühsal und Verlust. Da war kaum eine Spur von Schönheit und Farben und kein Indiz von Freude. Alles was ich sah, zeugte von einem schmucklosen, tristen und spartanischen Leben.

Und dann – mit einem Schlag begriff ich es! Plötzlich wurde mir klar, dass die gottgefällige Frau aus Sprüche 31 dieses glänzende Juwel im Leben ihres Mannes war! Sie war es, die Liebe, Farbe, Freude, Leben und Kraft in ihr Heim brachte! Ja, das Leben *war* trostlos in Israel und jeder neue Tag drehte sich wieder ums nackte Überleben in diesem trockenen, schroffen Land. Die tägliche Sorge um Nahrung, Kleidung und Unterkunft war zermürbend. Aber mit einer Frau, die einem glänzenden Juwel glich, konnte ein Mann das Leben angenehm finden. Mit einer gottgefälligen Frau an seiner Seite besaß er in der Tat einen unbeschreiblichen Schatz.

## Anleitung zu wahrer Schönheit

Ich habe gesagt, Gottes Wahrheit sei wie mit einem Schlag über mich gekommen – und es war ein harter Schlag! Es verschlug mir regelrecht den Atem, als mir das Ausmaß von Gottes Plan für mich (und auch für dich!) bewusst wurde: Während wir uns gemeinsam im Alltag abstrampeln, sollte ich Schönheit ins Leben meines Mannes und meiner Kinder bringen. So hart die Zeiten auch wären – ich sollte unserem Leben Glanz verleihen.

Ich hoffe, du bekommst nun eine Vorstellung davon, wie du für jene, die mit Not, harter Arbeit und Kummer konfrontiert sind, ein glänzendes Juwel bist. Gott erteilt uns einen großen Auftrag: Wir sollen Juwelen im Leben derer sein, mit denen er uns segnet. Aber er weiß, dass du und ich – durch seine große Gnade – diese Aufgabe bewältigen können!

Genau wie Edelsteine mit der Zeit an Wert gewinnen, so sollten auch wir als Gottes »schöne« Frauen, als seine Edelsteine, uns steigern. Hier sind nun ein paar Übungen, die uns helfen sollen, Licht in unser Leben und in das der Anderen zu bringen.

*1. Praktische Fähigkeiten entwickeln* – Ob wir verheiratet sind oder Singles: Wir gottgefälligen Frauen müssen lernen, einen Haushalt zu führen (auch wenn er nur aus einem einzigen Zimmer bestehen sollte).

*Haushaltsführung* – Ich erinnere mich noch gut an die Tränen einer College-Absolventin, die kurz vor ihrer Hochzeit stand. Ihre Mutter hatte ihr zwanzig Jahre lang das Schwimmtraining bezahlt und sie in ihren sportlichen Ambitionen ermutigt; sie hatte sie zu Schwimmwettkämpfen, zum Training und auf Vereinstreffen gefahren. Keine Frage, meine Freundin konnte sehr gut schwimmen – aber sie konnte weder kochen noch putzen!

Eine andere Frau hatte dasselbe Problem. Ich sollte wohl eher sagen, ihr Mann hatte das Problem. Eines Tages erschien er in Jims Büro am *Master's Seminary* und erzählte: Jeden Abend nach dem Unterricht und der Arbeit ging er nach Hause und da war – nichts! Nichts war gekocht, nichts stand auf dem Herd, nichts im Kühlschrank, und seine Frau hatte auch keinen Plan, was es zu Essen geben sollte. Sie hatte einfach keine Ahnung! Und er war ratlos – und hungrig!

*Verwaltung der Finanzen* – Gottgefällige Frauen müssen auch über ausreichende praktische Kenntnisse der persönlichen Finanzen verfügen. Wir sollten wissen, wie man Rechnungen überweist, ein Haushaltsbuch führt, Kontoauszüge prüft, Geld für die Altersfürsorge zurücklegt, wie Kapital angelegt wird und wie man den Überblick über all die Scheckkarten behält. Jim sagt, eines meiner größten Geschenke an ihn sei, dass ich mich um die Finanzen unserer Familie kümmere. Ich verwalte sein Einkommen und erspare ihm dadurch seit mehr als 30 Jahren mehrere Stunden pro Woche. Diese Zeit hat er dadurch für andere Aufgaben zu Hause, bei der Arbeit und in der Gemeinde zur Verfügung. Beim Studium von Sprüche 31,10-31 wirst du immer wieder feststellen, welch kühnen Geschäftssinn unsere gottgefällige Frau hat!

*Zeitmanagement* – Eine sorgfältige Zeiteinteilung ist der Schlüssel zum reibungslosen Führen eines Haushaltes (und des Lebens). Zeit ist das wertvollste Gut, das uns Gott gegeben hat, und er erwartet von uns, dass wir sie ihm zurückzahlen (Kolosser 4,5), indem wir sie für ihn einsetzen (Epheser 2,10). Das ganze Leben besteht aus Minuten, und mit diesen Minuten sollen wir gut und weise haushalten. Ich rate dir: Fange an, täglich einen Zeitplan zu erstellen. Solltest du nicht wissen wie, dann besorge dir ein oder zwei Bücher über Zeitmanagement oder sprich mit jemandem, der sich auf diesem Gebiet gut auskennt.

*2. Die emotionale Stabilität stärken* – Um ein glänzendes Juwel im Leben anderer sein zu können, ist es für dich und mich sicherlich notwendig, emotional stark zu werden. Schließlich hängt die allgemeine emotionale Atmosphäre in einer Familie von der Hausfrau ab. Der Gemütszustand der Frau gibt den Takt vor für die Umgangsformen und den Tonfall in der Familie. Mehrere Male ist in den Sprüchen die Rede von der »schändlichen« Frau, die wie ein Fraß in den Gebeinen ihres Mannes ist (Sprüche 12,4) oder der »zänkischen« Frau, deren Mann es nicht länger aushält, mit ihr im selben Haus zu wohnen (21,9.19; 25,24). Ich weiß, dass weder du noch ich wie diese unattraktive Frau sein wollen. Unser Wunsch ist es, so zu leben, wie es ein 60-Jähriger auf der Grabinschrift seiner Gattin festgehalten hat: »Stets machte sie unser Heim glücklich.« Was für eine wunderbare Anerkennung für dieses glänzende Juwel!

Da dieses Buch davon handelt, wie man zu einer tugendhaften Frau wird – einer Frau, die sowohl mental als auch emotional, sowohl körperlich wie geistlich stark ist – nenne ich hier drei Richtlinien, wie man zu mehr emotionaler Stabilität gelangt, damit auch wir unser Heim glücklich machen können.

*Beherrsche deine Nerven* – Damit meine ich die nervliche Belastbarkeit und Stresstoleranz. Eine emotionale Stabilität verleiht jedem Soldaten die unschätzbare Fähigkeit weiterzumarschieren, auch wenn das Vorankommen noch so schwierig ist; und genau dazu möchte ich dich auffordern. Ich bitte dich darum, eine solche Belastbarkeit zu lernen. Ich selbst arbeite seit Jahrzehnten daran. Seit mir klar wurde, dass Gottes »schöne«, tugendhafte Frau aus einem Heer von Tugenden besteht, versuche ich das Durchhaltevermögen eines Soldaten zu erlernen – und bitte Gott, dabei mein Helfer zu sein.

Wenn ich schwierige oder schmerzliche Zeiten durchstehen muss, dann bete ich etwa so: »Herr, dein Wort sagt, dass du mir bereits alles geschenkt hast, was zum Leben und zum Wandel in Gottesfurcht nötig ist [2. Petrus 1,3]. Dein Wort sagt, dass ich alles vermag – durch den, der mich stark macht, Christus [Philipper 4,13]. Durch deine Gnade und deinen Heiligen Geist kann ich das tun. Danke, dass du mir die Kraft gibst, der Herausforderung zu begegnen.«

Mit diesem Gebet würdige ich die wunderbaren Hilfsmittel, die mir vom Herrn gegeben sind. So gewinne ich körperliche und seelische Kraft, um wie ein Soldat alles, was kommen mag, durchzustehen. Ich bemühe mich, ruhig ... und gefasst ... und entschlossen ... die Herausforderungen des Lebens zu bestehen, so wie sie kommen und gehen – mit einer Regelmäßigkeit wie die Meeresbrandung. Mein Ziel ist, und darum bete ich, dass ich niemals nachgeben, niemals aufgeben werde. Meine Gefühle sollen mich nicht irgendwann fertig machen, sondern ich will wie dieser Soldat sein, der in Gottes Augen schön ist. Und ich weiß, dass du diesen Wunsch mit mir teilst.

*Beherrsche deine Laune* – Ich benutze das Wort *Laune* im Sinne von Gereiztheit und Aufregung. Bezüglich Laune und Temperament hat uns das Wort Gottes einiges zu sagen, was eine starke Frau auszeichnet:

- Sie hegt ein friedvolles Herz (Sprüche 14,30);
- sie kann geduldig warten (Sprüche 19,2);
- sie regt sich nicht auf (Sprüche 19,11);
- sie beherrscht ihre Stimmungen (Sprüche 25,28).

Diese Beschreibung sieht vielleicht wieder wie ein Traum aus, den man nicht verwirklichen kann, aber ich versichere dir: Gott benutzt unsere treue Hingabe und unser sorgsames Beachten seiner Maßstäbe Tag für Tag, bei jeder Gelegenheit und jeder Herausforderung, unser ganzes Leben lang. So gestaltet er uns zu seiner göttlichen Schönheit um, die ein Widerschein seiner selbst ist.

Als ich mich damit zu beschäftigen begann, wie ich mein Temperament zügle, legte ich als erstes eine Seite mit »Lösungen« in meinem persönlichen Gebetstagebuch an. Diese Liste (du siehst, ich habe es mit Listen!) enthielt die besonders notorischen Sünden, die ich täglich vor Gott bringe, um ihn aus tiefstem Herzen zu bitten, er möge mir helfen, sie aus meinem Leben zu verbannen (»das Auge ausreißen«; Matthäus 5,29-30). Eine dieser unschönen Gewohnheiten, die ich mir notiert hatte, war: »Hör auf, die Kinder anzuschreien.« Ich hoffe, du verstehst, was ich meine.

*Beherrsche deine Zunge* – Wenn wir schon von schweren Sünden sprechen – haben nicht die meisten etwas mit unserer Zunge zu tun? Lob und Fluch gehen tatsächlich aus ein und demselben Mund hervor (Jakobus 3,10). Unsere Worte können entweder »wie ein durchbohrendes Schwert verletzen« oder »heilsam sein« (Sprüche 12,18). Um unser Heim mit dem Glanz Gottes zu verschönern, müssen wir noch einige andere Weisheiten aus dem Buch der Sprüche beherzigen. Insbesondere sollten wir –

- weniger Worte machen (Sprüche 10,19);
- erst reden, wenn wir darüber nachgedacht haben, was wir sagen wollen (Sprüche 15,28);
- uns auf eine freundliche und angenehme Art äußern (Sprüche 16,21.24);
- nur mit Weisheit und Güte reden (Sprüche 31,26).

Bei diesem Thema muss ich dir unbedingt von einer Andacht aus der Serie »Our Daily Bread« (»Unser tägliches Brot«) berichten. Sie ist mit Abstand die beliebteste Andacht unserer Familie. An dem Morgen, als Jim sie am Frühstückstisch vorlas, zeichnete meine Tochter Katherine fünf Sterne und schrieb das Wort »Mama« darauf. Das war am 17. Mai 1982, einem ganz wichtigen Tag für unsere Familie. Vielleicht hilft dir diese Andacht auch.

> Eine Frau bekam eine schlimme Halsentzündung. Der Arzt verschrieb ihr Medikamente, erklärte ihr aber auch, ihre Stimmbänder bräuchten absolute Ruhe – sie durfte sechs Monate lang nicht sprechen! Da sie für einen Mann und sechs Kinder zu

> sorgen hatte, schien diese Anweisung ganz und gar unmöglich. Trotzdem hielt sie sich daran. Um die Kinder zu rufen, blies sie auf einer Pfeife. Anweisungen schrieb sie auf Notizzettel und Fragen wurden auf Schreibblocks beantwortet, die sie überall im Haus verteilt hatte. Als sie nach den sechs Monaten genesen war, waren ihre ersten Aussagen sehr interessant. Sie meinte, die Kinder seien viel ruhiger geworden, und dann bemerkte sie: »Ich glaube, ich werde nie wieder so schreien wie früher.« Über ihre Notizen sagte sie: »Sie wären überrascht, wie viele von ihnen, eilig hingekritzelt, ich zerknüllt und in den Papierkorb geworfen habe, bevor ich sie jemand zu lesen gegeben habe. Dass ich meine Worte sah, bevor sie jemand hörte, hatte eine Wirkung, die ich wohl nie vergessen werde.«[8]

Ich hatte die Botschaft verstanden: Sprich weniger … und denke nach, bevor du sprichst. Sprich nur besonnen und freundlich … und nur, was weise und gütig ist! Das sind Gottes Richtlinien für Schönheit in Sachen Sprache.

## Wahre Schönheit entdecken

Möchtest du, liebe Schwester, nicht auch diese praktische Schönheit und innere Stärke besitzen? Wünschst du dir in deinem tiefsten Inneren nicht auch, in Gottes Augen schön zu sein, ein funkelndes Juwel, welches dem Leben anderer Glanz verleiht?

Wir müssen einen Preis zahlen, um unbezahlbar zu werden – und um zu einer Frau zu werden, deren »Wert viel höher als Juwelen« ist. Eine solche seltene Schönheit des Charakters ist nur schwer zu erlangen, genauso wie die Schönheit kostbarer Juwelen. Edelsteine sind schwer zu bearbeiten. Diese rohen, harten Steine müssen geschliffen werden. Aller Makel, alles, was nicht schön an ihnen ist, muss entfernt werden. Wenn sie geschliffen sind, müssen Edelsteine poliert werden, um sie zum Glänzen und Leuchten zu bringen und damit das Licht durch sie in wunderbare Farben bricht. Erst so entsteht ihr »Feuer«, dieses regenbogenhafte Funkeln. Unser Glanz entsteht ebenso. Ob wir verheiratet oder ledig sind, wir erlangen auf diese Weise eine höhere emotionale Stabilität und Ausgeglichenheit und verbessern unsere praktischen Fähigkeiten. Wenn wir diese beiden Kernelemente in uns tragen, werden wir (die wir uns danach sehnen, Gottes schöne Edelsteine zu sein) wirklich strahlen.

Gott, unser Meistergoldschmied, hält unsere Herzen in seinen Händen. Willst du auf ihn schauen, seine Liebe zu dir erkennen und dich von ihm reinigen lassen? Willst du ihm deine Fehler bekennen, damit dein »Feuer« und dein Glanz zum Vorschein kommen können? Willst du ihn bitten, dir zu helfen, um nicht schädlichen Gefühlen zu erliegen? Und willst du deinen Teil dazu beitragen, dein Gefühlsleben zu stabilisieren und deine Fähigkeiten zu verfeinern? Diese beiden Merkmale – dein Charakter und die Fähigkeiten, die deinen Charakter widerspiegeln – sind ihm so wichtig und für andere so wertvoll. Lass Gott an deiner inneren Schönheit wirken!

Und nun werfen wir einen genaueren Blick auf ein anderes Merkmal dieser Frau, die in Gottes Augen schön ist.

## 3

# *Ein fester Fels*

## Ihre Treue und Zuverlässigkeit

*Das Herz ihres Mannes vertraut auf sie.*
Sprüche 31,11

Ich las einmal von einem Ehepaar, das sich sein Eheversprechen auf dem Gipfel des Felsen von Gibraltar gab, der berühmten Felseninsel am Eingang zum Mittelmeer. Der Bräutigam erklärte, sie hätten ihre Ehe auf einen Fels begründen wollen. Nun, besser wäre es, wenn ein Bräutigam seine Ehe statt auf den Fels von Gibraltar auf den Fels Jesus Christus und auf die felsenfeste Treue seiner Frau gründen würde! Wenn ein Mann eine Frau heiratet, die mental, seelisch und körperlich stark ist, so kann er sein Leben, seine Arbeit und sein Heim ruhigen Herzens aufbauen. Er ist sich sicher, dass ihre felsenfeste Persönlichkeit der Grundstein für seine Bemühungen ist.

Du kannst mir glauben: Seitdem ich drei Wochen lang in Israel Studien betrieben und in Jerusalem gelebt habe, weiß ich einiges über Felsen! Tag für Tag waren wir in der zerklüfteten Landschaft unterwegs und man musste schon etwas von einer Gazelle haben, um auf diese Felsen zu steigen, über sie hinweg zu klettern, um sie herum, zwischen ihnen durch und schließlich wieder abwärts zu steigen. Wir besuchten auch so genannte »Tels«, das sind Ruinenhügel mit Überresten alttestamentlicher Städte. Sie bestehen aus vielen Schichten von Felsen und Schutt mit dem Gestein uralter Fundamente.

Aber der faszinierendste Stützstein, den ich je gesehen habe, war eine Ecksäule. Ich habe ein Foto davon gemacht (tatsächlich schaue ich jetzt gerade darauf, während ich dies schreibe), weil Gott von »seiner« Frau als einer Ecksäule spricht (Psalm 144,12). Und zwar ist diese Ecksäule der Eckstein am südlichen Ende des Tempelbergs, wo früher der Tempel des Herodes stand und wo Jesus gebetet hatte. Dieser uralte Eckstein stützt das massive Fundament des Tempels – seit über 2000 Jahren hält er dem Gewicht der fast 25 Meter hohen Steinmauern stand. Er ist 6 Meter lang, etwa mannshoch (knapp zwei Meter) und etwa zweieinhalb Meter dick. Noch immer trägt er das Gewicht der ganzen Tempelmauer.

Dieser bemerkenswerte Eckstein war sorgfältig ausgesucht worden. Herodes wollte ein festes Fundament für sein Wunderwerk, denn das so wichtige Bauwerk sollte standhaft und sicher sein. Und der Fels, den Herodes auswählte, war für eine Ecksäule mehr als angemessen. Er war eindeutig stabil, denn er hat sich seither nicht von der Stelle gerührt – 2000 Jahre lang hat er Kämpfen, Erdbeben, der Erosion und den Elementen getrotzt – und genauso wenig hat sich die Mauer auf ihm bewegt.

Liebe Freundin, so stabil wie diese Mauer kann auch deine Ehe werden, wenn du mit Gottes Gnade zu einer rechtschaffenen, starken Frau wirst, die so standhaft steht wie ein Fels. Der Eckstein, dessen Bild ich vor mir habe, ist vielleicht nicht so ansehnlich und größtenteils unter der Erde verborgen, aber der Tempel des Herodes war prachtvoll! Bitte behalte dieses Bild eines Ecksteins das ganze Kapitel über im Hinterkopf, denn damit ist in Sprüche 31,11 die Frau gemeint, die so standhaft und fest dasteht wie ein Fels.

## *Die Sprache der Zuverlässigkeit*

Ich dachte, ich wüsste alles zum Thema Vertrauen, doch als ich über die Aussage recherchierte, »das Herz ihres Mannes vertraut auf sie« (Sprüche 31,11), musste ich drei Überraschungen erleben. Diese Überraschungen verdeutlichten mir erst recht, wie wichtig es für mich ist, für meinen Mann Jim ein standhafter Fels zu sein.

*Ruhen* – Beachte zuerst den Ausdruck »das Herz ihres Mannes«. Das hebräische Wort für *Herz* meint eigentlich das Gemüt, an dem

Zweifel, Angst und Ruhelosigkeit nagen. Das Herz eines Ehemannes aber, der sich auf eine treue Frau verlassen kann, ist ganz ruhig und entspannt. Gott hat uns berufen, so zuverlässig zu leben, dass unser Ehemann sich niemals Sorgen und Gedanken über unsere Persönlichkeit und die Führung des Hauses und der Finanzen machen muss oder darüber, wie wir unsere Zeit verbringen! Dann kann er wirklich sein Leben auf den Eckstein unserer Treue aufbauen und sein Herz kann darauf vertrauen, dass seine Frau ihn immer unterstützt.

*Ermutigung* – Als nächstes kommt der Vertrauensfaktor: »Das Herz ihres Mannes vertraut auf sie.« Das hebräische Wort für *Vertrauen* wird übersetzt mit »guten Mutes sein, Mut fassen, sich zuversichtlich fühlen.«[1] Aus diesem Grund fühlt sich ein Mann, der mit einer gottgefälligen Frau verheiratet ist, zuversichtlich; er fühlt sich angespornt, weil er weiß, dass sie zu ihm steht![2] Ihre Zuverlässigkeit ist eine tägliche Unterstützung. Weil er auf sie vertraut, ist er ermutigt und hat Kraft für seine Pflichten.

*Gottvertrauen* – Im ganzen Buch der Sprüche wird gesagt, dass wir uns ausschließlich auf Gott verlassen sollen und nicht auf unseren Verstand oder auf andere (z. B. Sprüche 3,5). Gott macht aber eine Ausnahme in seinem Gebot: Normalerweise war der Wohlstand eines Mannes zwar eine Folge seines Gottvertrauens, doch hier in Sprüche 31,11 entspringt sein Ertrag aus dem Wert seiner Frau – der er fest vertrauen kann. Er vertraut seiner Frau genauso, wie er Gott vertraut.[3] »Das Herz ihres Mannes vertraut auf sie« – und auf den Herrn. Ein anderer Übersetzer schreibt: »Das Herz ihres Mannes glaubt an sie.«[4] Stell dir das einmal vor! Wir sind berufen, gemeinsam mit Gott unseren Partner zu ermutigen und zu unterstützen. Was für eine unglaubliche Aufgabe und Ehre!

## *Eine Checkliste für Zuverlässigkeit*

Diese drei Einsichten haben mir sehr zu denken gegeben. Es ist überwältigend, wenn man begreift, dass mein Mann Jim durch mich (wenn ich Gottes Richtlinien befolge) zu Ruhe, Zuversicht und einem tieferen Gottvertrauen gelangen kann.

Als ich darüber nachdachte, was unsere Treue für unsere hart arbeitenden Ehemänner bedeutet, schlug ich noch einmal Sprüche 31,10-31 auf, um mir einige Notizen zum Thema Zuverlässigkeit zu machen. Auch wenn du nicht verheiratet bist, ist dies trotzdem wichtig für dich. Schließlich rät die Mutter ihrem Sohn, er solle nach einer *unverheirateten* Frau suchen, die diese wunderbare Eigenschaft der Zuverlässigkeit bereits besitzt! Jede Frau, die in Gottes Augen schön ist, sollte dieser Beschreibung würdig sein: treu und zuverlässig; standhaft wie ein Fels in der Brandung, was ihren Charakter, ihre Ehe, ihre Familie, ihre Beziehungen und ihre geistlichen Aufgaben betrifft. Ob wir nun verheiratet oder alleinstehend sind, ist es unser Ziel, dass diese unvergleichlichen Tugenden Edelsteine in unserer Krone werden (Sprüche 12,4)!

Hier ist nun meine persönliche Checkliste zur Zuverlässigkeit, eingeteilt in zehn verschiedene Bereiche des Alltagslebens. Überlege dir doch einmal, in wieweit du Gottes Maßstäben entsprichst! Baust du dein Leben, dein Heim und deine Ehe auf diesen Felsen?

- *Geld:* Kann dein Ehemann ganz und gar beruhigt sein, weil du eure Finanzen gewissenhaft verwaltest (Sprüche 31,27)? Kann er sich darauf verlassen, dass du sparsam, vernünftig und schuldenfrei bist?
- *Kinder:* Bist du eine treusorgende Mutter, die ihre Kinder zu folgsamen, gottesfürchtigen Menschen erzieht, die ihren Vater lieben und der Familie Ehre machen (Sprüche 31,1-2)?
- *Heim:* Ist dein Mann ermutigt, weil er weiß, dass zu Hause alles in Ordnung ist und auch bleiben wird – weil du dich bemühst, dein Heim in Ordnung zu halten (Sprüche 31,13.27)?
- *Ansehen:* Ist dein Mann unbeschwert, weil er bis ans Ende deiner Tage gewiss sein kann, dass du ihm niemals etwas Schlechtes wünschst oder Anlass dazu gibst, dass man seinen Charakter in Frage stellen könnte (Sprüche 31,12.23)?
- *Treue:* Kann dein Mann sich deiner lebenslänglichen Treue erfreuen, die du ihm bei eurer Hochzeit gelobt hast (Sprüche 5,18)?

- *Gefühle:* Darf sich dein Mann entspannt darauf verlassen, dass deine Gefühlslage stabil und gefestigt ist und dass du Wutanfälle und Szenen vermeidest (Sprüche 14,30)?
- *Zufriedenheit:* Bist du eine Quelle der Freude, freust du dich am Herrn (Psalm 37,4) und hast du für deine Familie nur das Beste im Sinn?
- *Weisheit:* Kann sich dein Mann darauf verlassen, dass du den Herausforderungen, Schwierigkeiten und Krisen des Lebens mit gottgefälliger Weisheit begegnest (Sprüche 19,14)?
- *Benehmen:* Kann dein Mann auf dich zählen, wenn es darum geht, sich liebenswürdig, taktvoll, anständig und ehrenhaft zu verhalten (Sprüche 11,16.22 und 31,10.25)?
- *Liebe:* Fortschritt in diesen neun Bereichen ist Fortschritt in der Liebe! Du siehst: Liebe erkennt man an den Taten. Dein sorgfältiger Umgang mit dem Geld deines Mannes und den anderen Dingen in seinem Leben ist ein starker Beweis deiner Liebe zu ihm (Sprüche 31,29).

Ich hoffe, du beginnst zu verstehen, welch großen Wert Gott auf unsere Treue und Zuverlässigkeit legt! Verstehst du, warum wahre Schönheit für Gott (und auch für deinen Mann) auch diese Zuverlässigkeit beinhaltet? Hier in Sprüche 31 steht Zuverlässigkeit an erster Stelle auf Gottes Liste der Charaktereigenschaften. Wir können ganz konkrete Schritte unternehmen – jeden Tag und unser ganzes Leben lang –, um einen treuen Charakter zu entwickeln, damit alle, die uns begegnen, mehr Vertrauen zu uns gewinnen.

## Anleitung zu wahrer Schönheit

*1. Nimm die Sache mit dem Vertrauen ernst* – Was immer Gott uns sagt, müssen wir ernst nehmen! Und Gott sagt uns: Einer »tugendhaften Frau« – einer Frau, die treu und zuverlässig ist – kann man vertrauen. Am besten stellt man diesen Eckstein göttlicher Schönheit ganz oben auf die persönliche Gebetsliste. Bitte Gott, er möge deinen Charakter umgestalten.

*2. Halte Wort* – Einmal hörte ich einer Gruppe von Studentinnen zu, die sich bei uns zu Hause zu ihrem wöchentlichen Bibelstudium trafen. Es ging um ihre persönlichen Gebetsanliegen. Sie wünschten sich zutiefst, dass die anderen dafür beten sollten, dass aus ihnen Frauen würden, die zu ihrem Wort stehen. Das ist auch für uns ein gutes Ziel. Halte dich also an deine Versprechen, Vereinbarungen und Vorsätze.

*3. Folge den Anweisungen* – Unser Befolgen von Anweisungen ist ein Gradmesser dafür, wie es sich mit unserer Treue und Zuverlässigkeit verhält. In 1. Mose 3,1-6 sehen wir zum Beispiel, wie Eva sowohl gegenüber ihrem Mann als auch Gott gegenüber versagt, denn sie schafft es nicht, Gottes Gebote bzw. Anweisungen hinsichtlich des Baumes der Erkenntnis zu befolgen und isst von der verbotenen Frucht (1. Mose 2,17). Dass sie Gottes Anweisung missachtete, hat die Welt ins Verderben gestürzt. Ihre Sünde, nicht nach Gottes Willen zu handeln, sondern nach ihrem eigenen, zerstörte die perfekte Schöpfung und erforderte das Opfer des einzigen Sohnes Gottes, um uns wieder in die Gemeinschaft mit ihm zurückzubringen (2. Korinther 11,3; 1. Timotheus 2,14).

Eine Möglichkeit, Vertrauen aufzubauen, ist also, das zu tun, was man dir aufgetragen hat. Versuche nicht, im Nachhinein Ausflüchte für Anweisungen zu suchen. Auch solltest du nicht allzu kreativ in deiner Interpretation von Anordnungen sein. Stelle Fragen, wenn nötig, aber behalte deine Aufgaben im Auge. Wenn dein Ehemann möchte, dass das Zeitungsabo heute gekündigt wird, dann tu's. Möchte er, dass seine Kleidung aus der Reinigung geholt wird, dann tu's. Wenn er eine spezielle Ernährung braucht, so bereite sie ihm zu. Er kann beruhigt sein, denn er weiß ja, dass du dich um seine Anliegen kümmerst – zu Hause, in der Familie und in Sachen der Finanzen. Überdies ist deine Bereitwilligkeit der Beweis dafür, dass du durch den Glauben Gottes Natur tief im Herzen trägst!

*4. Frage im Zweifelsfall um Rat* – Ein Beispiel: Eine Frau, die gerade daran arbeitete, dass ihr Mann ihr mehr zutraut, sollte eines Tages das Auto zur Werkstatt bringen. Als der Wagen auf der Hebebühne stand, stellte der Mechaniker fest, dass irgendein Teil ersetzt werden musste. Er fragte, ob er das gleich erledigen soll. »Ein Glück, dass wir das entdeckt haben! Wenn Ihnen das während der Fahrt kaputt gegangen wäre! Es dauert nicht lange – natürlich wird es etwas teurer – aber wir sollten es gleich machen.« Die Frau war schon drauf und dran, »Ja, klar!« zu rufen, als ihr einfiel, was sie sich vorgenommen hatte. Sie rief also erstmal ihren Mann an, und es stellte sich heraus, dass dieser das Teil ganz einfach – und viel billiger – selber austauschen konnte. Anschließend bedankte er sich, weil sie ihn angerufen hatte! Sie konnte spüren, wie dankbar er war und wie beruhigt, weil sie ihn erst um Rat gefragt hatte. Ihr kluges Verhalten förderte das Zutrauen ihres Mannes in sie, und zugleich sparten sie Geld!

Wenn du also im Zweifel bist, solltest du dich erstmal erkundigen. Frage deinen Mann, was er dazu meint. (P.S.: Wie in diesem Beispiel Rat zu suchen, ist auch ein Zeichen von Klugheit. In Sprüche 28,26 lesen wir: »Wer sich auf sein eigenes Herz verlässt, ist ein Narr.«)

*5. Gib Rechenschaft* – Als Jim und ich unsere Töchter Katherine und Courtney Verantwortung und Zuverlässigkeit beibrachten, erlaubten wir ihnen nur dann das Haus zu verlassen, wenn sie uns vorher sagten, wohin sie gingen, und wenn sie versprachen sich zu melden, falls sich ihre Pläne änderten.

Und als Ehefrau tue ich das gleiche! Ich möchte nämlich, dass Jim zu jeder Zeit weiß, wo ich bin. Auf meinen Vortragsreisen wird dieser Vorsatz zu einer echten Herausforderung. Gewöhnlich ist Jim mit dabei, aber wenn nicht, dann rufe ich ihn an oder ich schicke eine E-Mail; außerdem hinterlasse ich einen Reiseplan zusammen mit allen Namen, Adressen, Telefonnummern, Faxnummern, Flugnummern und Abflugs- bzw. Ankunftszeiten. Ich rufe Jim von allen Flughäfen an und von jedem Veranstaltungsort. Wir haben untereinander sogar eine Handy-Flatrate und ich kann Jim mühelos aus fast allen US-Bundesstaaten erreichen. Für mich ist es ganz wichtig, dass Jim weiß, wo ich bin. Sogar wenn ich zu Hause meine

Besorgungen mache, sage ich ihm, wohin ich gehe und wann ich zurückkomme.

Auch dein Mann sollte zu jeder Zeit wissen, wo du bist. Halte ihn auf dem Laufenden und zeige so deinen Wunsch, dass er sich auf dich verlassen kann. Um noch einmal auf Adam und Eva zurückzukommen: Hat Satan Eva nicht gerade dann betrogen, als sie auf eigene Faust handelte (1. Mose 3,1)?

## Wahre Schönheit entdecken

Und nun, meine treue Freundin und hübsche Schwester, ist es Zeit, unser Herz dem Vater zuzuwenden und ihn anzuschauen. Wie wir schon gesehen haben, müssen wir sein Wort ernst nehmen, wann immer er zu uns spricht. Und hier in Sprüche 31,11 sagt Gott, dass wir eine seiner persönlichen Eigenschaften ausdrücken sollen: seine Zuverlässigkeit. Wir vertrauen auf Gott, weil wir auf seine Zuverlässigkeit und ewige Treue zählen können. David, der auch auf Gott vertraute, betete: »Du bist mein Fels« (Psalm 31,4). Gott möchte, dass du deinem Ehemann gegenüber die Art von Treue und Zuverlässigkeit ausdrückst, wie er selbst sie hat. Er möchte von dir, dass du für deinen Mann ein starker Fels bist, auf den er sich verlassen und auf den er bauen kann.

Möchtest du in Gottes Augen schön sein? Möchtest du ein Spiegelbild seiner Zuverlässigkeit und Treue sein? Dann brauchst du seine wunderbare Gnade, Zuverlässigkeit, Macht und Kraft – damit du in allen Lebensbereichen eine zuverlässige Frau sein kannst. Du musst entschlossen sein, dass du zu deinem (und Gottes!) Wort stehst und im Alltag Anweisungen befolgst.

Dieses Kapitel heißt *Ein fester Fels*. Das, meine Liebe, ist genau das, was du für deinen Partner (und für andere) sein wirst, wenn du ihm konsequent und treu zur Seite stehst. Das Leben ist schwierig und voller Mühsal, und dein Ehemann trägt eine große Verantwortung. Er braucht einen festen Fels, wo er Halt findet; und du hast das Vorrecht, ihm diesen Halt zu geben! Willst du es deinem Mann schenken, dass sein Herz ruhen kann? Willst du ihm ein

Ruhefelsen sein, den er so dringend braucht? Willst du heute damit anfangen, die Tugend der Zuverlässigkeit zu deinem Lebensziel zu machen? Dann wird Gott dich zu einer seiner »Töchter gleich Ecksäulen« machen, »geschnitzt nach der Bauart eines Palastes« (Psalm 144,12).

## 4

# *Ein unerschöpflicher Gewinn*

## Ihr Beitrag zum Wohlergehen

*An Gewinn mangelt es ihm nicht.*
Sprüche 31,11

»Hier, das willst du sicher lesen«, sagte Jim und reichte mir den Wirtschaftsteil unserer Tageszeitung. (Und wahrscheinlich willst auch du dieses Kapitel lesen!) Im Leitartikel wurde vorgeschlagen, wie man sich, so der Titel, »ein finanzielles Polster anlegen« kann:

- Behalten Sie den Überblick über Ihre Ausgaben.
- Senken Sie Ihre Kosten.
- Kaufen Sie mit Verstand ein.
- Hüten Sie sich vor Schulden (besonders vor Kreditkartenschulden).
- Legen Sie für den Notfall die Lebenshaltungskosten von 6 Monaten zurück.
- Legen Sie monatlich einen Betrag für Sparanlagen und Investitionen zurück.
- Investieren Sie gewinnbringend.[1]

Ich traute meinen Augen nicht! War das, was in meiner Zeitung beschrieben wurde, nicht genau die Klugheit, die die geistlich schöne Frau bereits besitzt … und anwendet? Als »Managerin eines Familienunternehmens« folgte sie diesen Ratschlägen längst und leistete somit einen unschätzbaren Beitrag zum Wohlstand ihrer Familie.

## *Die Kriegsbeute*

Zusammen mit den edlen Tugenden der wahrhaft schönen Frau macht ihr wirtschaftlicher Beitrag zum Haushalt sie unschätzbar wertvoll für ihren Mann und ihre Familie. »Ihrem Mann mangelt es nicht an Gewinn« (Sprüche 31,11), da sie selbst ein unerschöpflicher Schatz ist. Ich will das näher erklären.

*Ein militärischer Gewinn* – Das Wort »Gewinn« hat im Buch der Sprüche eine ganz besondere Bedeutung, die auf dem kulturellen Hintergrund beruht. Wenn damals eine Armee eine andere besiegte, beschlagnahmte die Siegermacht die Kriegsbeute. Diese Beute war der Kriegsgewinn, und in einer Zeit ohne Geldsystem bedeutete sie Wohlstand.

Mit dieser Aussage aus Sprüche 31,11 im Sinn stand, ich lange im Israel-Museum und betrachtete ein etwa 50 mal 150 Zentimeter großes Relief, das an einer Mauer in Babylon gefunden worden war. Es stellte die historische Belagerung der israelitischen Stadt Lachisch im Jahre 701 v. Chr. dar (2. Chronik 32,9). Die linke Seite des Bildes zeigte detailliert, wie am Stadttor und an den Stadtmauern der Kampf tobte. Auf der rechten Seite war zu sehen, wie die Sieger die Kriegsbeute abtransportierten – Gefangene als Sklaven, Vieh zur Nahrung und Kleidung, dazu Gold, Silber und Edelsteine.

*Ein friedlicher Gewinn* – Wohlstand konnte aber auch erworben werden, ohne sich der tödlichen Gefahr eines Kampfes auszusetzen. Es gab andere Wege, um zu Wohlstand zu kommen. Man konnte zum Beispiel lügen, betrügen oder stehlen; man konnte Geld borgen oder Schuldknecht werden, indem man sich für lange Zeit in entlegene Gegenden verdingte.

*Ein persönlicher Gewinn* – Die für Gott schöne Frau ist jedoch entschlossen, dass es ihrem Mann durch ihren persönlichen Beitrag zu den Finanzen »an Gewinn nicht mangelt« (Vers 11). Sie will nicht, dass es ihm an irgendetwas fehlt, sie will aber auch nicht, dass er sich gezwungen sieht, Heim, Frau und Kinder zu verlassen, um in den Krieg zu ziehen – und sein Leben zu gefährden –, um mit Kriegsbeute Schulden abzuzahlen oder den eigenen Wohlstand zu mehren. Und ganz bestimmt will sie auch nicht, dass er in Versuchung geraten könnte, durch unredliche Mittel an Geld zu kommen! Also beschließt sie, sich mit ganzer Kraft und ganzem Verstand ihrem persönlichen Beitrag zu widmen, damit es ihrem Mann »nicht an Gewinn mangelt«. Wir erkennen leicht, dass sie selbst der eigentliche Gewinn, der Wohlstand und der Schatz ist.

## *Die »Kämpferin«*

Sie ist auch eine Kämpferin. In Kapitel 1 ist uns schon einmal das Wort *tugendhaft* bzw. *rechtschaffen* begegnet, mit dem eine Armee beschrieben wurde. Diese Idee wiederholt sich hier. Das Hebräische und das Griechische veranschaulichen in lebhaften Bildern das Wesen dieser Frau, dieses unerschöpflichen Gewinns: Sie ist eine starke Kämpferin, die ihre Fähigkeiten zum Wohl ihres Mannes und für seine Belange einsetzt.[2]

Diese erstaunliche Darstellung verdeutlicht eindrücklich, mit welcher Hingabe sich die gottgefällige Frau ihrem Mann und dessen Wohlergehen und Wohlstand widmet. Sie ist eine Kämpferin von unverbrüchlicher Treue und weiht ihr Leben und ihre Kraft dem Wohlergehen ihres Mannes und seines Hausstandes. Die täglichen Kämpfe an der Heimatfront ficht *sie* aus, damit *ihm* der Krieg erspart bleibt und es ihm nicht an »Gewinn mangelt«.

## *Gottes Plan und seine Schönheit*

Ich weiß, dies klingt wahrscheinlich ziemlich krass, ungeistlich und unschön, aber in Sprüche 31,10-31 geht es tatsächlich oft um Geld. Aber das 22 Verse lange Portrait dieser gottgefälligen Frau ist eindeutig eine Beschreibung ihres Mitwirkens beim Verwalten, Verdienen und Vermehren von Wohlstand. Wenn man die Verse liest, fragt man sich, warum das Wirtschaften in den Augen Gottes so wichtig ist. Und so war es eine gute Erfahrung für mich, dieser

Sache auf den Grund zu gehen. Im Folgenden einige Gründe, warum Geld für Gott eine Rolle spielt:

*Gott wird geehrt* – Diese Lehre aus Sprüche 31 über die Finanzen einer Familie – über das Verwalten, Verdienen und Vermehren von Geld – ist Gottes Plan für die Frau, die in seinen Augen schön ist. Wir ehren ihn, indem wir seinem Plan folgen.

*Dein Mann profitiert* – Die Verwaltung des Geldes ist ein Dienst für deinen Mann. Sie entlastet ihn und spart ihm Zeit. Auch wenn dein Mann einen allgemeinen Überblick über die Finanzen hat, bist doch du diejenige, die den Haushalt führt und deshalb täglich mit eurem Geld umgeht. Du kannst zum Beispiel die Kosten für Lebensmittel einteilen, mit Hilfe von Gutscheinen und Rabatten sparen, du kannst überlegt einkaufen und selber kochen, anstatt Fertiggerichte zu kaufen oder Essen zu gehen.

*Deine Kinder profitieren* – Eure Kinder erfahren auf direktem Wege, wie du als geistlich schöne Mutter mit Geld umgehst. Das ist ein großer Segen für sie. Sie werden viel Erfahrung sammeln, wenn sie sehen, wie du mit Geld wirtschaftest, Geld einsparst und Geld spendest. (Kinder bekommen es mit, wenn wir in der Gemeinde Geld geben!) Eure Kinder werden einen gesunden Respekt vor Geld entwickeln, sie werden das Wirtschaften wertschätzen und lernen, diszipliniert mit Geld umzugehen und zu sparen. Durch dein Vorbild lernen sie für das Leben.

*Euer »Haus wird gebaut«* – Das Buch der Sprüche lehrt: »Die Weisheit der Frauen baut ihr Haus« (Sprüche 14,1), und »durch Weisheit wird ein Haus gebaut« (Sprüche 24,3). Im nächsten Vers lesen wir, wodurch sich ein Haus auszeichnet, das durch Weisheit gebaut worden ist: »Seine Vorratskammern werden gefüllt mit allerlei kostbarem und lieblichem Gut« (Sprüche 24,4). Wie kann man solch ein Haus bauen? Durch wachsame Kontrolle der Finanzen. Dann wird dein Heim überreich versorgt und wahrhaft ein »trautes Heim«!

*Dein Charakter wird entwickelt* – Sprüche 31 macht uns deutlich, dass der kluge Umgang mit Geld in den Augen Gottes eine Tugend ist. Die Schwester dieser Tugend ist die Selbstdisziplin, die wir ebenfalls pflegen sollen. Wenn man sparen will, muss man auf *einen* Menschen ganz besonders aufpassen: auf sich selbst! Schließlich hat man bei jeder Entscheidung, *kein* Geld auszugeben, Geld gespart. Wenn du es einmal gelernt hast, zu widerstehen und nein zu sagen, wirst du einen reichen Lohn ernten: Die Ersparnisse wachsen und die Ausgaben sinken – und das ist Motivation genug, um weiterhin klug zu wirtschaften!

## *Eine persönliche Geschichte*

Im Anfang unserer Ehe kümmerte sich Jim um unsere Finanzen. Er zahlte die Rechnungen, führte das Konto und verwaltete die Unterlagen. Aber als sein Leben komplexer wurde, wurde auch das Finanzmanagement immer mehr zu einer Bürde. Ich konnte es nicht sehen, wenn er bis spät in die Nacht über den Kontoauszügen saß. Ich empfand es als schlimm, wenn er morgens noch in letzter Minute Überweisungen ausfüllen musste, bevor er aus der Tür stürmte. Vor und nach seinen ausgedehnten Missionsreisen graute mir vor den Tagen, die mit Papierkram ausgefüllt waren. Und ich traute mich nicht zu schauen, was in diesen Papierstapeln auf Jims Schreibtisch alles lag, wenn ich pflichtschuldig darum herum Staub wischte! Unser Leben war gekennzeichnet von Gehetze zur Post, wo wir unseren »freien Tag« mit Warten in der Schlange verbrachten, um noch rechtzeitig Schecks zu verschicken. Und dann dieser Ärger mit den Mahngebühren und Überziehungszinsen!

Als ich Sprüche 31,10-31 auswendig gelernt und mich in das Leben der für Gott schönen Frau vertieft habe, wurde mir klar, dass ich Jim entlasten konnte, wenn ich ihm einen Teil dieser Pflichten abnahm. Unter seiner Anleitung lernte ich die Grundlagen der Buchführung und der Rechnungs- und Bankgeschäfte. Und ich fing an, zu unserem finanziellen Wohl beizutragen. Nein, ich hatte damals weder einen Job noch steuerte ich ein Gehalt bei. Aber ich kann etwas über die Art und Weise erzählen, wie ich finanziell mitwirkte – und es heute immer noch tue.

- Ich zahlte alle Rechnungen rechtzeitig und sparte die Mahngebühren. Das bedeutete mehr Geld auf dem Konto.
- Wir eröffneten ein Sparkonto und ließen von Jims Gehalt per Dauerauftrag einen bestimmten Betrag auf dieses Konto einzahlen. Das bedeutete weniger Fahrten zur Bank, weniger Schreibarbeit und mehr Ersparnisse.
- Wir prüfen die Kontoauszüge am selben Tag, an dem wir sie erhalten. Auf diese Weise ist uns unsere augenblickliche finanzielle Situation stets gegenwärtig. So gibt es keine ungedeckten Schecks mehr, dafür aber mehr Geld auf dem Konto.
- Der Kontoauszug zeigt den aktuellsten Kontostand an; er zeigt uns an jedem Tag im Monat, wie wir finanziell dastehen. Dadurch verausgaben wir uns nicht und sparen.

Es erübrigt sich zu sagen, dass es für Jim eine große Entlastung war, als ich anfing, auf diese Weise an unserem finanziellen Wohlergehen mitzuwirken. Die Zeit, die er dadurch gewann, konnte er auf produktive Weise am Haus und in seinem Dienst verwenden. Unsere Abende waren nun unbeschwerter und der Morgen entspannter. Durch die Kontrolle unserer Finanzen genossen wir eine wunderbare Freiheit.

Aber meine Mitarbeit endete nicht mit den oben erwähnten vier Schritten. Sie waren nur der Anfang! Ich machte mich auf und begann zu lesen, um mehr Kompetenz in Sachen Finanzmanagement und dessen Prinzipien und Methoden zu erwerben. Ich lernte mehr über Spar- und Anlagesysteme und über das Verwalten von Jims Gehalt. Meine Rolle als Finanzverwalterin habe ich ernst genommen und bin zu einer Expertin geworden – und du kannst das ebenfalls!

## Anleitung zu wahrer Schönheit

Ich bete für dich, dass du nicht bist, wie ich es war: eine leichtfertige, stümperhafte Frau, die sich mit der Ausrede zufrieden gab:

»Ach, ich habe keine Ahnung von Geld! Darum kümmert sich mein Mann!« Für manche klingt das vielleicht nach Respekt und Unterwürfigkeit, aber in Wirklichkeit war diese Haltung ignorant, töricht, unreif und schwach.

Ich bete, dass du lernen wirst, die Familieneinkünfte zu steigern und etwas zum Haushaltsgeld beizutragen, ob du nun verheiratet bist oder nicht. Mit den folgenden Schritten kannst du zu einer wunderbaren Geldverwalterin – und einem zuverlässigen Gewinn – werden!

*1. Nimm die Aufgabe in Angriff* – Sicher willst du in diesem entscheidenden finanziellen Bereich ganz den Wünschen deines Mannes entsprechen. Aber auch wenn dein Mann den ganzen Papierkram erledigt, so ist es dennoch gut, wenn du mit Geldangelegenheiten umzugehen verstehst und deinen Beitrag leistest (vergiss nicht die Gutscheine und Bonuspunkte aus dem Supermarkt!). Es gibt unzählige Möglichkeiten, wie du dich bei den Finanzen beteiligen kannst, wenn du erst einmal Gottes Auftrag angenommen und dich wirtschaftlich orientiert hast.

*2. Lerne etwas über Geldmanagement* – Lies viel und sammle Informationen über persönliche Finanzverwaltung. Hör zu, was andere zum Thema Geldverdienen, -anlegen und -sparen zu sagen haben. Anfängerinnen empfehle ich, die Tipps aus dem Zeitungsartikel »Ein finanzielles Polster anlegen«, den ich in der Einleitung dieses Kapitels erwähnt habe, in die Tat umzusetzen.

*3. Mit dem Partner darüber reden* – Solltest du verheiratet sein, musst du der Führung deines Mannes folgen (1. Mose 3,16; Epheser 5,22-24). Er steht dem Haushalt vor und du verwaltest den Haushalt als seine »Managerin« (1. Timotheus 5,14; Titus 2,5). Bevor du also eine größere finanzielle Entscheidung triffst oder eine bedeutende Änderung bei den Geldangelegenheiten einführst, versichere dich erst seiner Zustimmung.

Ich habe mit diesen drei ersten Schritten begonnen und zugleich Bücher und Artikel über Haushaltsplanung gelesen. (Damals studierte Jim und wir hatten so gut wie kein Geld!) Ein Artikel meiner Lektüre lautete »15 Möglichkeiten, wie mehr Geld auf dem Konto landet.«[3] Was ich konnte, setzte ich um – wie z. B. das Aufbewahren von Belegen, um den Betrag bei der Einkommenssteuer abzusetzen –, andere Ideen teilte ich Jim mit, um seinen Rat und seine Meinung zu hören. Diese etwas komplexeren Vorschläge betrafen unser gemeinsames Eigentum. Ich wollte nicht allein entscheiden, ob wir die Selbstbeteiligung bei unserer Kfz-Versicherung erhöhen oder die Vollkaskoversicherung bei den älteren Fahrzeugen streichen sollten. Sicher kannst du dir selbst ein Bild davon machen, wie und wann du deinen Mann miteinbeziehen solltest!

4. *Lege dir ein Haushaltsbuch oder etwas Ähnliches an* – Lege dir irgendeine Form von Ordnungssystem an. Schau nach, was der örtliche Papierwaren- oder Büroartikelladen dafür anbietet. Sieh dich nach Büchern um zum Thema »wie man seine Ausgaben kontrolliert«. Eventuell kannst du ein Buchhaltungsprogramm für deinen PC anschaffen oder du informierst dich über die Möglichkeiten des Online-Bankings bei deiner Bank. Nutze für regelmäßige Rechnungen das Bankeinzugsverfahren. (Ich habe dies gestern mit unserem Gasunternehmen vereinbart und bin begeistert: Eine Rechnung weniger im Briefkasten, eine Überweisung weniger zu schreiben, einen Termin weniger zu beachten und mindestens 15 Minuten wettgemacht!)

Neben Fachwissen und Utensilien brauchst du wohl auch einen Arbeitsplatz, am besten einen Schreibtisch. Alles, was mit der Verwaltung der Finanzen zu tun hat, sollte hier untergebracht werden, auch das Ablegen des Schriftverkehrs und wichtiger Informationen sollte an diesem Ort geschehen.

Wenn du Gottes Auftrag einmal angenommen hast, mehr über Finanzen lernst, dich mit deinem Mann über deine neue Rolle abstimmst (wie auch immer *er* sie nennt!) und somit perfekt ausgerüstet bist, wirst du einen wichtigen Beitrag zu eurem Haushalt leisten. Das garantiere ich!

## Wahre Schönheit entdecken

Nun, ich weiß, dein Beitrag zu den familiären Geldangelegenheiten ist weder glamourös noch besonders liebreizend, aber für Gott ist er ganz wunderbar!

In diesem Buch, liebe Leserin, geht es nur um Tugend, Charakter, Heiligkeit und geistliche Schönheit. Denke aber bei jedem deiner Schritte daran, diese göttliche Schönheit in der Praxis auch zu leben – an realen Orten (zu Hause) und auf reale Art und Weise (bei den Geldangelegenheiten)!

Schau dir diese wichtigen Verse also noch einmal an (Sprüche 31,10-31). Bitte Gott, er möge dir die Augen für die vielen Aussagen über das sparsame und kluge Haushalten dieser geistlich schönen Frau öffnen. Sie war wirklich ein unerschöpflicher Gewinn für ihren Mann und eine Ehre für ihren Gott. Und dasselbe wünsche ich mir auch für dich!

## 5

# Eine Quelle des Guten

## Ihre Aufgabe

*Sie erweist ihm Gutes und nichts Böses alle Tage ihres Lebens.*
Sprüche 31,12

Während ich hier an meinem Schreibtisch sitze und ein weiteres Kapitel über die geistlich schöne Frau schreibe, die ihrem Mann »Gutes erweist und nichts Böses alle Tage ihres Lebens« (Vers 12), habe ich mich für die Überschrift »Eine Quelle der des Guten« entschieden. Auf die Idee brachten mich zwei Fotos auf meinem Schreibtisch, auf denen mein lächelnder Ehemann zu sehen ist. Ich knipste diese Fotos auf der Israelreise an der Oase En Gedi oberhalb des Toten Meeres, wo sich der alttestamentliche Held David vor König Saul und 3.000 Kriegern versteckte (1. Samuel 23,29 – 24,2). Jim stand für beide Fotos am selben Platz – aber jedes Bild hat seine eigene Geschichte!

Im ersten Bild steht Jim vor einem Wasserfall, der 30 Meter tief in einen blaugrünen Felsenteich stürzt. Wir schauten uns diese erfrischende Oase in den Bergen am gleichen Tag an, an dem wir auch die Festung Masada hinaufgeklettert waren. Es war der zweite staubige und beschwerliche Aufstieg an diesem Tag! Außerdem war der Wanderweg sehr steinig. Für David war dieser Ort gerade wegen all dieser Felsen und Höhlen ein perfektes Versteck. Nachdem wir uns immer höher schleppten und über Felsen und Geröll kletterten, erreichten wir schließlich unser Ziel – die lebensspendenden Wasserfälle von En Gedi. En Gedi bedeutet »Steinbock-Quelle« (man muss wie ein Steinbock sein, um dorthin zu gelangen!) oder »Böckleinquelle«.[1] Für unseren müden Blick war das eine Augenweide – und eine Erquickung für unsere geschundenen Füße!

Diese kleine Quelle, die das ganze Jahr über die Wasserfälle speist, ist in der Wüste eine kühle, beruhigende und stärkende Oase. Fröhliche Kinder planschten und spielten dort. Erwachsene wateten durch das Wasser, erfrischten sich und kühlten ihre Füße. Die schattenspendende Felswand, das üppige grüne Dickicht und die umsäumenden Bäume sorgten nach einem langen heißen Tag körperlicher Anstrengung für Abkühlung. Man kann sich leicht vorstellen, was dieser Zufluchtsort für David bedeutet haben muss! Diese kleine Quelle gab ihm Sicherheit und alles, was er zum Leben brauchte. Vielleicht sah David auch auf die Felsen bei der Quelle, als er zu Gott betete: »Sei mir ein starker Fels, eine feste Burg …!« (Psalm 31,3) und »du wirst mich auf einen Felsen leiten, der mir zu hoch ist« (Psalm 61,3).

Auf dem zweiten Foto steht Jim an derselben Stelle, hat sich aber um 180 Grad gedreht. Im Hintergrund sieht man das Tote Meer – eine so große Wasserfläche, dass sie meine ganze Kameralinse einnahm! Das Tote Meer ist 70 Kilometer lang, 18 Kilometer breit, knapp 400 Meter tief und wird unter anderem vom Jordan mit täglich 24 Millionen Liter Wasser gespeist. Aber das Tote Meer ist auch ein Salzmeer und daher praktisch nutzlos. Das erinnert an das Seemanns-Sprichwort: »Wasser, Wasser überall, aber nicht einen Tropfen kann ich trinken!« In diesem trockenen Wüstenland, wo es an Wasser mangelt, ist das Tote Meer zu nichts nütze. Es ist so unglaublich groß, so unglaublich blau und so anziehend – trotzdem vergiftet es alle, die davon trinken! Es ist wirklich ein Totes Meer – ja, ein Meer des Todes.

## *Ein gütiges Herz*

Schauen wir uns nun wieder die für Gott schöne Frau aus Sprüche 31,10-31 an. Hier schärft eine gläubige Mutter – die Schönheit nach Gottes Maßstab ausstrahlt – ihrem Königssohn ein, worauf er bei seiner künftigen Frau achten soll. Kurz und knapp beschreibt sie ihm die Frau nach Gottes Wohlgefallen.

Vers 12 gibt Einblick in das Herz dieser gottgefälligen Frau und wir sind erstaunt über ihre Güte, Reinheit und Liebe. Sie hat einfach ein gütiges Herz! In einer Zeit, die gekennzeichnet ist von sprödem Egoismus, Selbstgefälligkeit, Selbstdarstellung und Selbstwertwahn, tut es gut, wenn man auf eine selbstlose, gütige Quelle stößt. Kein Wunder, dass diese Frau in Gottes Augen schön ist! Was aber wird über ihr gütiges Herz gesagt?

*Die Präsenz des Guten* – »Sie erweist ihm Gutes« sagt uns Sprüche 31,12. Die gottgefällige Frau möchte ihrem Ehemann alles erdenklich Gute zukommen lassen. Sie lebt, um ihn zu lieben, und so erweist sie ihm bei jeder Gelegenheit Gutes. Ihr Leben und ihr Heim sind wie eine Quelle, aus der das Gute strömt.[2] Sie möchte ihrem Mann jeden Tag Gutes erweisen – sie will ihn lieben, ehren, fördern, verwöhnen und sein Leben erleichtern. Sie tut dies weder aus Berechnung, noch will sie Lob, sondern sie möchte nur das tun, wozu Gott sie berufen hat, nämlich ihrem Gatten möglichst viel Gutes tun!

Und woher kommt ihre ganze Güte? Woher nimmt sie die lebenslange Kraft dafür? Erstens kommt diese Güte von Gott und ist Teil ihres von ihm verliehenen Charakters. Gutes tun ist ihr Wesen und ihre innerste (neue) Natur. Außerdem ist sie eine Frau, die den Herrn fürchtet (Sprüche 31,30), und er ist der Eine, der sie auffordert, ihrem Mann Gutes zu erweisen. Ihren von Gott gegebenen Auftrag, in ihrer Ehe eine Quelle des Guten zu sein, nimmt sie sehr ernst. Schließlich hat ihr *himmlischer Herr* sie erschaffen zu guten Werken, die sie ihrem *irdischen Herrn*, ihrem Ehemann, zukommen lässt (Sprüche 31,12). Das ist für sie das höchste Glück – und sie tut es von »Herzen, als für den Herrn und nicht für Menschen« (Kolosser 3,23).

*Die Abwesenheit des Bösen* – »Sie erweist ihm Gutes und nichts Böses alle Tage ihres Lebens« (Sprüche 31,12). Als gefallenes Geschöpf (Psalm 14,1; Römer 3,12.23) wird die gottgefällige Frau aus Sprüche 31 – wie auch wir – vom Bösen in mancherlei Versuchung geführt, aber – durch die Gnade Gottes– widersteht sie dieser Versuchung. Immer wenn Egoismus, Bitterkeit, Wut, Missbilligung oder Streit auftauchen, bekämpft sie das Böse und entscheidet sich stattdessen für ihre gottgegebene Rolle, ihrem Mann nur Gutes und nichts Böses zu erweisen. Dazu bemerkte ein Gentleman: »Das Leben in dieser Welt ist für einen Mann schwer genug, da braucht er keine zusätzliche Last, wie etwa eine Frau, die ihn weder versteht noch unterstützt.«[3]

*Eine lebenslange Aufgabe* – Dass die Frau aus Sprüche 31 ihrem Mann nur Gutes und nichts Böses erweist, gilt für »alle Tage ihres Lebens« (Vers 12). Das ist der Zeitrahmen, den Gott für sie vorgesehen hat. Sie soll ihr Eheversprechen ernst und wörtlich nehmen und ihrem Ehemann Gutes erweisen, »bis der Tod sie scheidet«. Sie soll für ihren geliebten Mann ein Leben lang eine Quelle des Guten sein. Sie sollte nicht nur heute gutherzig sein, sondern auch morgen, in zwanzig und in fünfzig Jahren … bis der Tod die Partner scheidet. Krankheit, Armut, Alter und Unglück sollten sie nicht daran hindern, das Leben ihres Gatten positiv zu beeinflussen.

## *Ein Vorbild für Güte*

Seit Jahren lese ich täglich mit Freude das Andachtsbuch *Alle meine Quellen sind in dir* von Mrs. Charles E. Cowman.[4] Lange Zeit wusste ich gar nicht, aus welcher Quelle ihre ermutigenden Worte eigentlich entsprungen sind! Später erfuhr ich ihre Geschichte und den Hintergrund für die Entstehung dieser wunderbaren Lektüre.

Charles Cowman war der Gründer von OMS, der Orientalischen Missionsgesellschaft. Eines Tages, gegen Ende einer fünfjährigen Evangelisation in Japan, sagte er zu seiner Frau Lettie: »Ich habe nachts immer solche Herzschmerzen.« Trotz der quälenden Schmerzen hielt Charles die Evangelisation bis zum Ende durch. Als er zur Erholung in die USA zurückgekehrt war, erlitt er einen schweren Herzinfarkt und einen Schlaganfall, der eine dauerhafte Lähmung verursachte. Seine chronische Erkrankung und sein Leiden versenkte ihn in finstere Nacht – sechs Jahre lang!

Um ihre Verzweiflung zu lindern, nahm sich seine Frau Lettie Cowman Gottes Verheißungen zu Herzen. Sie sammelte unzählige Bücher und Zeitschriften, suchte darin nach ermutigenden Worten und las diese Verse ihrem leidenden Ehemann immer wieder vor. In diesen dunklen Jahren voller Not und Kummer entdeckte sie im großen Schatz der Verheißungen Gottes viele kostbare Worte der Hoffnung und Zuversicht, die sie auch ihrem lieben Mann Charles mitteilte. Im Bibelstudium fand sie den Trost und die Kraft, die ihre beiden Seelen so verzweifelt brauchten.[5]

Lettie Cowman war nicht nur ein starker Fels für die Seele ihres Mannes, sondern bis zu seinem letzten Tag auch eine Quelle der Güte und Hoffnung. In Japan war sie, als er noch gesund war, seine Gehilfin. Aber auch in seinem letzten Lebensabschnitt blieb sie ihm und ihrem Herrn treu. Sechs Jahre lang ermutigte sie ihren sterbenskranken Mann und baute ihn geistlich auf. Während sie sich in diesen sechs dunklen Jahren um sein Heim, seine Finanzen und seine Missionsgesellschaft kümmerte, speiste sie auch seine Seele mit göttlicher Wahrheit.

Ich bete darum, dass auch dein Herz von der Kraft dieser wunderbaren Frau bewegt wird. Und ich bin zuversichtlich, dass auch du langsam verstehst, wie eine echte gottgefällige Frau ist. Sie ist liebevoll, aber auch stark wie eine Armee! Sie ist ein Fels, aber auch eine Quelle. Von Gott beauftragt und ausgestattet mit einem Herz, das mit seiner Güte gefüllt ist, hält sie durch, überwindet Schwierigkeiten und erfüllt ihre Aufgabe. Den Auftrag Gottes, »ihrem Ehemann Gutes zu erweisen« (Sprüche 31,12) nimmt sie ernst und möchte ihn treu erfüllen.

Ich weiß nicht, wie Lettie Cowman äußerlich aussah, aber wir beide kennen ihr Herz. Ich weiß auch nichts über ihre körperliche Konstitution, aber wir beide kennen ihre Stärke, mit der sie durchhalten, dienen und ihrem Mann bis zum Ende treu zur Seite stehen konnte. Wie alle geistlich schönen Frauen diente Lettie Cowman »alle Tage ihres Lebens« (Sprüche 31,12), um Gottes Plan zu erfüllen, nämlich für ihren Ehemann eine beständige Quelle des Guten zu sein. Das Leben von Lettie Cowman war tatsächlich wie eine lebensspendende Quelle in der Wüste!

## Anleitung zu wahrer Schönheit

Wie kann man für den Ehemann ein Leben lang eine erfrischende Kraftquelle sein?

*1. Hüte dich vor den Feinden des Guten!* – »Sie erweist ihm Gutes und nichts Böses alle Tage ihres Lebens« (Sprüche 31,12). Hier steht »Gutes« und »Böses« im selben Vers! Das sind zwei so verschiedene Verhaltensweisen – die eine ist wünschenswert, die andere ist furchtbar. Dass eine Frau ihrem Mann Böses erweisen kann, ist sehr realistisch, sonst würde Gott dies nicht erwähnen. Tatsächlich beschreibt die Bibel viele solche Frauen. Lies einmal diese Liste von Frauen, die für ihren Mann keine Quelle der Ermutigung waren:

- Eva, die als Gehilfin für Adam erschaffen wurde, verleitete ihn zur Sünde (1. Mose 2,18 und 3,6).
- Salomos Frauen wendeten sein Herz von Gott weg (1. Könige 11,14)
- Isebel stachelte ihren Ehemann zu bösen und gräulichen Taten an (1. Könige 21,25).
- Hiobs Frau riet ihm: »Sage dich von Gott los und stirb« (Hiob 2,9).
- Rebekka belog ihren Mann Isaak (1. Mose 27).
- Michal verachtete ihren Mann David (2. Samuel 6,16).

Wie kommt es zu solchen Katastrophen in einer Ehe? Erstens führt uns die *Neigung, uns mit anderen zu vergleichen,* auf Abwege (2. Korinther 10,12). Ich weiß, wie leicht es ist, meinen Mann, mein Leben, meine Ehe, meine finanzielle Situation (die Liste ist unendlich) mit anderen zu vergleichen. Solche Vergleiche und falschen Erwartungen und Vorstellungen können mein Herz schnell verändern (alle diese Gedanken enden garantiert mit Enttäuschungen). Besser ist, sich auf Gottes persönlichen Plan für *mein* Leben … *meinen* Mann … und auf *meine* von Gott gewollten Umstände … zu konzentrieren. Nur dann kann Gottes Plan für mich, nämlich eine Quelle des Guten zu sein, erfüllt werden.

Warum danken wir jetzt nicht Gott einfach für unseren Mann und für den Plan, den er mit uns hat? Bete, dass du dich nicht mehr mit anderen vergleichen willst und dass du deinen Mann mehr loben und ihm dafür danken willst, dass er zu deinem Wohlergehen beiträgt.

Ein weiteres gefährliches Gift, das unsere Seele vergiftet, ist die wachsende *Wurzel der Bitterkeit.* Wenn wir der Bitterkeit erlauben Wurzeln zu schlagen – Bitterkeit gegen unseren Mann, gegen unsere Kinder oder wegen unserer Lebensumstände – dann wird sie uns zerfressen. Letztendlich verachten wir damit andere Menschen, besonders jene, die uns nahe stehen wie Ehemann und Kinder (Hebräer 12,15).

Danke Gott lieber für alles, was er dir in deinem Leben geschenkt hat. Dankbarkeit, die uns auf Gott schauen lässt – nicht auf unseren Ehemann oder auf die Lebensumstände – ist die Waffe im Kampf gegen jede Art von Bitterkeit. Versuche es einmal. Du wirst sehen, dass du nicht gleichzeitig dankbar und bitter sein kannst!

Und zuletzt: Pass auf, dass du in keinen *geistlichen Abwärtsstrudel* gerätst. Eheprobleme können ein Indiz für Probleme im geistlichen Leben sein. Wenn wir ganz nah bei Gott bleiben – sein Wort lesen, beten und aus seiner Gnade leben – werden unsere Herzen verändert und wir werden zu einer Quelle der Liebenswürdigkeit und Güte. Im nachfolgenden Gebet geht es um den engen Zusammenhang, sowohl nahe bei Gott zu bleiben als auch unserem geliebten Gatten Gutes zu erweisen. Herr Jesus –

- um in enger Gemeinschaft mit meinem Mann zu leben, ziehe mich noch enger in deine Gemeinschaft;
- um meinen Mann zu verstehen, lass mich dich besser verstehen;
- um meinem Mann meine vollkommene und ehrliche Liebe geben zu können, lass mich dich mehr lieben als ihn;
- damit nichts zwischen mir und meinem Mann kommt, sei du allezeit unsere Verbindung und unser gemeinsamer Mittelpunkt;

- damit wir immer zusammen bleiben, lass jeden von uns allein mit dir Gemeinschaft haben;
- und wenn wir uns am allernächsten sind, dann lass uns auch das nicht ohne dich tun.[6]

Eigne dir dieses Gebet an und bete es oft. Bitte Gott, dass er dein Herz mit seiner großen Liebe erfüllt und lass diese Liebe zu deinem Mann überströmen.

2. *Folge Gottes Plan* – Die Kraft für unseren Auftrag, Gottes Vorbild an Gutem in der Ehe zu verwirklichen, bekommen wir von Gott, wenn wir Gutes planen und praktizieren.

*Plane, Gutes zu tun* – In den Weisheitssprüchen lesen wir: »Werden nicht jene irregehen, die nach *Bösem trachten*? Aber Gnade und Wahrheit wird denen zuteil, die nach Gutem trachten« (Sprüche 14,22). Ein Prediger, der unsere Gemeinde besuchte, verwies bei seiner Auslegung dieses Verses auf Adolf Hitler, der sechs Millionen Juden ermorden ließ. Der Prediger erklärte, dass Hitler *»nach dem Bösen getrachtet«* hat, – er plante Böses so penibel, wie andere Gutes planen, z. B. wie eine Braut minutiös ihre Hochzeit vorbereitet.

Wie sehen deine Pläne aus? Wir können entweder Gutes oder Böses vorhaben, aber als geistlich schöne Frau sind wir dazu berufen, Gutes zu tun! Setz dir also heute – und jeden Tag – zum Ziel, alle Tage deines Lebens deinem Ehemann Gutes zu tun.

*Führe deinen Plan aus* – Gib dich nicht nur mit der Planung zufrieden. Setze deine guten Absichten und Pläne in die Tat um. Das folgende »ABC der Güte und Freundlichkeit« wird dir hoffentlich dabei helfen, dass du zu einer überfließenden Quelle dieser Eigenschaften wirst!

## *Ein ABC der Güte*

A Achte stets darauf, ein geistlicher Beistand zu sein. Sei nicht wie Hiobs Frau, die ihren Mann geistlich entmutigte (Hiob 2,9).

B Bewundere deinen Mann. Achte darauf, immer freundlich über deinen Ehemann zu sprechen (Sprüche 31,26).

C Checke deine Ausgaben. Gehe mit der finanziellen Situation der Familie sorgfältig um.

D Disziplin, Erziehung und Unterweisung. Das sind nach Sprüche 31 die Bestandteile eines Erziehungsplans einer gläubigen Mutter für ihre Kinder.

E Ermutige deinen Mann, seine persönlichen Ziele und Ambitionen zu verwirklichen.

F Folge der Führung deines Mannes und vertraue dich seiner Leitung an. Eva brachte ihrem Mann – und der Welt – viel Leid ein, weil sie ihm nicht gefolgt war.

G Glück und Zufriedenheit. Schaffe ein gemütliches, glückliches Heim, wo dein Mann sich wohlfühlt. Sei nicht wie die streitsüchtige Frau aus Sprüche 19,13.

H Halte dich gewohnheitsmäßig daran, immer zuverlässig, berechenbar und ausgeglichen zu sein und für keine bösen Überraschungen zu sorgen.

I Innige Wertschätzung. Zeig ihm, dass du ihn schätzt. Ein gutes Wort erfreut das Herz (Sprüche 12,25). Lass deinen Mund zu einer Quelle der Güte und Freundlichkeit werden!

J Jugend – »Erfreue dich an der Frau deiner Jugend«, heißt es in Sprüche 5,18, und in Vers 19: »… in ihrer Liebe sollst du taumeln immerdar.« Dazu gehört auch der sexuelle Aspekt.

K Kontakt mit Gott. Achte auf dein geistliches Wachstum. Die regelmäßige lebendige Gemeinschaft mit dem Herrn ist die beste Voraussetzung, um deinem Mann Gutes erweisen zu können.

L Luxus. Schau nicht auf den Besitz anderer Menschen. Sei zufrieden und glücklich mit dem, was du hast.

M Mache das Gebet zum festen Bestandteil deiner gottgegebenen Rolle als Ehefrau. Nichts lässt die Quelle der Güte und Freundlichkeit üppiger sprudeln.

N Nun übe Hand und Herz darin, dieses ABC der Güte und Freundlichkeit zu vervollständigen! Denke täglich darüber nach und handle auch entsprechend!

An dieser Stelle möchte ich kurz bemerken, dass sich das »ihm« aus Sprüche 31,12 auf den Ehemann bezieht, der schon in Vers 11 erwähnt wird. Daher ist es klar, dass es in dem Vers um verheiratete Frauen geht. Aber alle Verse dieses Abschnitts (V. 10-31) richten sich sowohl an verheiratete als auch an ledige Frauen. Schließlich war der junge Mann, der von seiner Mutter unterwiesen wurde, unverheiratet und sollte diese Charaktereigenschaften bei einer unverheirateten Frau suchen! Natürlich will Gott, dass alle Frauen – ob verheiratet oder nicht – eine Quelle der Güte und Freundlichkeit sind!

## Wahre Schönheit entdecken

Und nun, meine liebe Freundin: Kannst du jetzt in Gottes wundervolle Augen der Liebe und Weisheit schauen und dich entschließen, deinem lieben Ehemann Gutes (und nicht Böses) zu erweisen? Auch wenn er dir gerade nicht so liebenswert erscheint, kannst du trotzdem eine erquickende Quelle der Güte und Freundlichkeit für ihn sein. Schließlich ist dein Ehemann Teil von Gottes souveränem Plan, dich zu einer Frau heranreifen zu lassen, die in seinen Augen immer schöner wird. Dieser Reifeprozess bedeutet, sich danach auszustrecken und daran zu arbeiten, aber auf jeden Fall völlig von Gottes wunderbarer Gnade abhängig zu sein. Und wisse: Wenn du dich an Gottes Umgestaltungsplan zu einer wahrhaft schönen Frau hältst, erwarten dich unsagbare Segnungen – und zu diesem Plan gehört es, deinem Mann Gutes zu erweisen.

Unabhängig von deiner Ehesituation sollst du wissen, dass dein Gatte der Mann ist, dem du nach Gottes Willen »alle Tage deines Lebens Gutes erweisen« sollst. Lass dir von Gott die Kraft dazu schenken, dann werden die Stärke des Herrn (Psalm 62,8) und die Gesinnung des Herrn (1. Korinther 2,16) mit dir sein und er, der immer treu ist, wird deine Quelle der Güte und Freundlichkeit zum Überfließen bringen.

## 6

# *Ein Brunnen der Freude*

## Ihr Herz

*Sie kümmert sich um Wolle und Flachs*
*und verarbeitet es mit willigen Händen.*
Sprüche 31,13

Ich möchte dich für einen Augenblick auf einen Spaziergang durch die Altstadt von Jerusalem mitnehmen, den ich mit Jim einmal machte. Es war kein angenehmer Spaziergang (abenteuerlich: ja; informativ: ja; angenehm: nein!), denn wir wurden von unzähligen Geräuschen und Gerüchen belästigt!

Überall wimmelte es vor Menschen – Leute rempelten uns in ihrer Eile an, Kaufleute und Händler priesen lautstark ihre Waren an und hielten uns vor ihren Marktständen fest. Tiere, die man für den Transport und zur Lieferung benutzte, gaben verschiedene Laute von sich und hinterließen üble Gerüche! Rohes, mit Fliegen bedecktes Fleisch, begann in der Hitze zu vergammeln und zu stinken. Auch Gemüse und Obst verfaulten und rochen streng.

In diesem orientalischen Gewimmel verpesteten unzählige Touristenbusse mit ihren Auspuffgasen die Luft, Müllwagen stanken nach Diesel und von Baustellen kam Lärm. Dazu kam noch die Mittagshitze, die gnadenlose Sonne und der unglaubliche Durst – du kannst dir vielleicht vorstellen, was wir erlebten. Es war keine Erleichterung in Sicht!

Dann führte uns der Reiseführer Bill durch eine der vielen geschlossenen Türen entlang der Straßen der Altstadt … direkt ins Paradies! Plötzlich standen wir im Innenhof eines Hauses, mitten auf einem kleinen Fleckchen saftigen grünen Rasens und einem

Blumengarten. Im Schatten mehrerer Olivenbäume und Palmen wuchsen blühende Weinranken die Mauer hinauf. Der zweite Stock des U-förmigen, dreiseitigen Bauwerks wurde von sieben Säulen gestützt (dies erinnerte mich an Sprüche 9,1!), und ihre anmutigen Steinbögen warfen ihre Schatten über einen Fußweg. In der Mitte dieses schönen Fleckchens Erde stand ein Springbrunnen. Stell dir das mal vor – nach so viel Staub und Hitze dort draußen auf der Straße erwartete uns Schatten und eine angenehme Kühle, außerdem Wasser und eine Grünanlage. Stell dir mal die Stille nach all dem Lärm der Menschenmassen, der Händler und der Tiere vor! Es war wirklich wie im Paradies!

Ich möchte aber noch etwas mehr über diesen Springbrunnen erzählen. In der damaligen Architektur war es üblich, dass man das ganze Haus, die Veranda, den Garten und die Fußwege um diesen Brunnen baute.[1] Wir waren voller Freude, dass der Brunnen das Einzige war, was man hörte. Dieser schöne Springbrunnen plätscherte fleißig vor sich hin und schien zu sagen: »Herzlich willkommen an einem Ort, wo man sich um alle Dinge kümmert und alles von Sorgfalt geprägt ist!«

Dieser Springbrunnen erinnert mich an uns, meine liebe Leserin. Als wahre schöne Frauen nach Gottes Vorstellung sollen wir das Herz unseres Heims, der Mittelpunkt alles Geschehens und eine Quelle der Freude sein. In Sprüche 31 dreht sich alles darum, für andere eine Quelle der Freude und des Lebens, der Liebe und der Ermutigung zu sein. Und darum bete ich, dass wir alle zu einer Quelle der Kraft werden, zu einem fröhlichen Herzen im Zentrum unseres Heims, zu einer treuen und fleißigen Arbeiterin, die mit Begeisterung und Beständigkeit das Heim zu einem angenehmen Ort macht.

## *Eine hilfsbereite Arbeiterin*

Ohne harte und ernsthafte Arbeit gibt es keinen Erfolg. Das gilt besonders dann, wenn man ein glückliches Zuhause schaffen möchte. In diesem Vers beschreibt die weise Mutter, welche Arbeitseinstellung die in Gottes Augen schöne Frau haben sollte: »Sie arbeitet mit willigen Händen« (Sprüche 31,13). Die zukünftige Frau ihres Sohnes sollte fleißig sein und ihre Arbeit fröhlich und sorgfältig machen. »Sie arbeitet *gern* mit ihren Händen«[2] (so Luther), und das macht sie »aus ihrem tiefsten Herzen.«[3]

Was genau macht denn diese fleißige Frau? Nach Sprüche 31 (Verse 13, 18, 19, 21, 24) ist das Weben ihre Hauptarbeit. Die jüdische Frau in jener Zeit war für die Herstellung der Kleidung ihrer Familie verantwortlich,[4] und Wolle und Flachs waren die zwei Hauptbestandteile, die man zum Weben brauchte. Also trägt sie mit Kraft und Eifer diese Rohstoffe »Wolle und Flachs« (Sprüche 31,13) zusammen. Dann beginnt die in Gottes Augen schöne Frau mit der Herstellung der Kleidung. Zuerst wählt sie die Stoffe aus, dann kauft, verarbeitet, färbt und spinnt sie das Rohmaterial und schließlich näht sie die Kleidung. Nach Sprüche 31,13 macht sie dies alles mit großer Freude!

Im Laufe der Geschichte Israels wurde Kleidung größtenteils aus *Wolle* hergestellt. Die Oberbekleidung in dieser Region wurde aus schweren warmen Fasern gemacht. Alle, die bereit waren, diese Arbeit zu machen – dazu gehört auch die kostbare Frau nach Gottes Herzen – färbten die Wolle. Unter der Aufsicht und den geschickten Händen der Frau aus Sprüche 31 entstanden Stoffe in Scharlach (Vers 21), Kanariengelb, Purpur (Vers 22), und Blutrot. Dann wurde alles von ihr geprüft, danach gewebt und schließlich wurde die Kleidung genäht. Vor dem Hintergrund des sonnendurchfluteten Landes sieht ihre Familie in diesen Farben sehr spektakulär aus.[5]

Die Frau aus Sprüche 31 arbeitet auch mit *Flachs*. Sie benutzt die Fasern dieser feinen Pflanze zum Spinnen. Die Pflanze muss zuerst geerntet, zerlegt, gedreht und gebleicht werden, bevor sie zu feinem Leinen für die Herstellung von Kleidung, Tunikas und Hemden verarbeitet wird (Vers 24). Bei der Verarbeitung wird die Pflanze getrocknet, geschält, geschlagen und schließlich gesponnen. Tatsache ist: Je mehr der Flachs geschlagen wird, desto mehr glänzt er.[6] Für unser Vorbild der fröhlichen und fleißigen Frau aus Sprüche 31 war jedoch keine Arbeit zu anstrengend!

## *Eine engagierte Arbeiterin*

Viele Frauen machen ihre Hausarbeit nur, weil es von ihnen erwartet wird oder weil sie es tun müssen. Die in Gottes Augen schöne Frau macht ihre Arbeit jedoch von ganzem Herzen und mit großer Freude. Sie akzeptiert ihre gottgegebene Rolle: »Alles, was deine Hand zu tun vorfindet, das tue mit deiner ganzen Kraft« (Prediger 9,10). Sie klagt nicht über die Anforderungen des Lebens, sondern erledigt gerne und vorbildlich ihre Aufgaben. Sie verrichtet ihre Arbeit mit ganzem Herzen und ganzer Seele. Es ist für sie nicht nur eine Pflichterfüllung, sondern sie tut es gerne und mit Freude!

Das Herz unserer schönen Frau ist eine Quelle der Freude. Sie ist erfüllt mit der Liebe zu Gott (Vers 30), mit der Liebe zu ihrer Familie (Vers 28, 29) und mit Liebe für ihr Heim (Vers 27). Mit dieser Liebe im Herzen führt sie ein Leben voller Kraft, Fleiß, Freude und Kreativität. Mit dieser Liebe begegnet sie auch ihren alltäglichen Aufgaben, und diese unglaubliche Freude in ihrem Herzen gibt ihr die Kraft, die sie für ihre vielfältigen Aufgaben braucht.

Manche Bibelausleger haben Vers 13 so ausgelegt, dass die Frau aus Sprüche 31 mit *willigen, fröhlichen und fleißigen* Händen arbeitet.[7] Mir gefallen alle diese Auslegungen, und ich hoffe, dass sie dir auch etwas sagen. Ihre Freude und ihr Fleiß verwandeln alles, was sie berührt, in etwas Schönes.[8]

## Anleitung zu wahrer Schönheit

Auch ich möchte diese unerschöpfliche Kraft und Freude haben! Auch ich möchte mit der gleichen Kraft und Freude meine täglichen Arbeiten verrichten – und ich bin sicher, dass auch du diesen Wunsch hast. Folgende Regeln haben mir in den letzten Jahren nicht nur dabei geholfen, mehr zu leisten, sondern meine Arbeit auch bereitwillig und freudig zu tun. Ich hoffe, dass diese Ratschläge auch dir helfen, zu einer überfließenden Quelle der Freude zu werden!

*1. Bete täglich* – Bete täglich für alle, die du versorgst und auch für dich selbst. Bete besonders für deine innere Einstellung zur Arbeit. Weil Gott dich hört und dir antwortet, können Gebete etwas ändern. Unser Herr kann dein Herz in eine Quelle der Freude verwandeln. Tatsächlich kann das Gebet bewirken, dass du alles aus Gottes Perspektive betrachtest und somit deine häuslichen Pflichten und Aufgaben »für den Herrn und nicht für Menschen« tust (siehe Kolosser 3,23).

*2. Lerne Bibelverse auswendig* – Stelle eine Liste mit Bibelversen zusammen, die dich ermutigen, deine Arbeit mit Freude zu tun. Mein Lieblingsvers ist Psalm 118,24: »Dies ist der Tag, den der Herr gemacht hat; wir wollen uns freuen und fröhlich sein in ihm!« Wenn wir solche Verse auswendig kennen und sie uns bei der Arbeit ins Gedächtnis rufen, dann werden wir uns »allezeit im Herrn freuen« (Philipper 4,4).

*3. Erledige deine Arbeit für den Herrn* – Wenn alles unerträglich erscheint und ich die richtige Sichtweise verloren habe, hilft mir ein anderer Vers weiter. In Kolosser 3,23 steht geschrieben: »Und alles, was ihr tut, das tut von Herzen, als *für den Herrn und nicht für Menschen.*« Wir sollten immer bedenken: *Alles, was wir tun,* tun wir für Gott selbst! Dieses Wissen erfüllt mein leeres Herz mit neuer Freude.

*4. Packe deine Aufgaben an* – Nimm deine Aufgaben tatkräftig, kreativ und freudig in Angriff.

*Tatkräftig* – Egal, was du tust, erledige deine Aufgaben »mit deiner ganzen Kraft« (Prediger 9,10). So machten es auch Nehemia und die anderen Juden, als sie Jerusalem wieder aufbauen sollten (Nehemia 2), denn das Volk »gewann Mut zur Arbeit« (3,38). Sie hatten genau wie du einen Auftrag!

*Kreativ* – Thomas Kinkade, der bekannte »Maler des Lichts« ließ bei jedem neuen Gemälde seiner ganzen Kreativität freien Lauf. Diese Kreativität entwickelte er während seiner Studienjahre, als er bei einer Tankstelle arbeitete. Er schrieb:

> Die Arbeit war eintönig, die Arbeitszeit schlecht, die Bezahlung mies. Meine Umgebung war schmutzig, die Kunden schlecht gelaunt. Trotzdem schaffte ich es, dass mir die Arbeit Spaß machte. Ich beobachtete endlose Menschenmengen, die sich durch die Tür drängten. Ich erfand Geschichten über die Menschen und skizzierte die Erinnerungen. Ich machte mir daraus ein Spiel, um zu sehen, wie schnell ich das Wechselgeld herausgeben oder die Zapfschläuche wieder auf Null setzen konnte. Außerdem machte es mir Spaß zu bedienen, weil ich wusste, dass ich den Leuten dadurch helfen konnte, den Tag leichter zu überstehen.[9]

Thomas Kinkade war ein kreativer Künstler, aber auch ein kreativer Arbeiter mit einem Herz voller Liebe!

*Freudig* – So wie das Herz der in Gottes Augen schönen Frau eine Quelle der Freude ist, kann und sollst auch du solch eine Quelle sein. Wenn ich manchmal diesen Vers über das freudige Herz lese, bin ich neidisch. Auch ich möchte diese Freude – diese Bereitwilligkeit zu arbeiten – haben und auch jenes Glücksgefühl, das sich bei dieser Frau einstellt, weil sie ihre Arbeit aus Liebe macht. Ich glaube, der Schlüssel zu ihrer Freude ist die Tatsache, dass sie ihre Arbeit eher mit einer gewissen Vorfreude macht als mit Unlust. Für sie sind die alltäglichen Aufgaben mehr eine Herausforderung als bloße Schufterei. Ihre positive Einstellung entspringt nicht nur der Liebe zu ihrer Familie, sondern rührt auch daher, dass sie den täglichen Herausforderungen des Lebens mit Freude begegnet und dass sie sich vorgenommen hat, diese Aufgaben bereitwillig und freudig für den Herrn zu tun!

*5. Erkenne deine Vorteile* – Mir gefallen die Gedanken Edith Schaeffers, die gelernt hat, aus der täglichen Bitte ihres Mannes nach einer Teepause am Nachmittag etwas Gutes zu machen. Sie beschreibt, wie sie diese Aufgabe erfüllt und davon profitiert hat:

> Erstens sage ich leise zum Herrn: »Danke, dass ich *dir* ganz *praktisch* so Tee servieren darf … Danke, dass ich dir so einfach dienen darf, indem ich anderen diene.«

> Zweitens sage ich zu mir: »Also, Francis [ihr Mann] braucht wirklich diese Erfrischung … etwas für seinen Blutzucker … einen guten Snack und so weiter.«
>
> Drittens denke ich, wenn ich die Treppe hinaufgehe: »Ich tue etwas für die Figur. Das Treppensteigen ist wie tägliche Gymnastik.«[10]

Edith erkannte, wie sie selbst davon profitierte, wenn sie anderen diente. Auf diese Weise können auch wir die Last unserer Aufgaben verringern.

6. *Mache Ruhepausen* – An wohlverdienten Pausen ist nichts auszusetzen. Gott warnt vor dem Müßiggang (Sprüche 31,27) und einem faulen Lebensstil (Sprüche 21,25), aber er verurteilt niemals unser körperliches Bedürfnis nach Ruhe. Lege also, wenn nötig, Ruhepausen ein und schöpfe neue Kraft vom Herrn (Jesaja 40,31). Mache ein kurzes Nickerchen, wenn du wieder Kraft brauchst.

7. *Achte auf deine Ernährung!* – Als ich in einem Jahr einmal die ganze Bibel durchgelesen habe, habe ich alle Verse zum Thema Ernährung markiert und dabei entdeckt, dass die Nahrung ein wichtiges Thema in der Bibel ist. Daher sollte auch für uns das Essen ein wichtiges Thema sein. Wir sollten auf gesunde Ernährung achten, die uns Kraft und Energie gibt. Um dieses Ziel zu erreichen, solltest du regelmäßig deinen Energielevel prüfen. Gibt das Essen dir Kraft oder bist du danach müde? Fühlst du dich manchmal tagsüber schwach und lustlos? Wenn ja, zu welcher Tageszeit und warum? Um unsere Aufgaben bereitwillig, fröhlich, freudig und tatkräftig ausführen zu können, brauchen wir körperliche Kraft und Energie. Sorge dafür, dass dein Körper alles bekommt, was er braucht.

8. *Schätze jeden Tag* – So wie ich Schritt für Schritt Masada hinauf kletterte, werden auch wir immer mehr in jene wundervolle schöne Frau nach Gottes Herzen umgestaltet. Die Frau aus Sprüche 31 erfreute sich an dem reichen Segen ihrer Kinder und am Lob ihres Mannes (Vers 28-31), aber nur, weil sie bereit war, Schritt für Schritt

ihre Aufgaben zu erfüllen. Jeden Tag werden wir weiter in diese außergewöhnliche Frau umgestaltet und werden den Segen erhalten, den auch sie bekam.

Was kannst du also heute tun? Wie wirst du leben? Wie nah wirst du bei Gott bleiben? Mache dir bewusst, dass er diese 24 Stunden benutzt, um aus dir den Menschen zu machen, den er haben will. Gott haushaltet so, dass nichts verschwendet wird; daher wird er diesen Tag, was auch immer er bereithält, ganz bestimmt nicht ohne Sinn vergehen lassen!

## Wahre Schönheit entdecken

Welch ein Segen ist es doch zu wissen, dass wir unserer Familie und unserem Heim etwas schenken können, das niemand anders anbieten kann – ein Herz, das mit Freude erfüllt ist! Mit einem frohen Herzen kannst du für deine Familie und dein Heim ein Segen sein.

Mit dieser Herzenshaltung kann sogar Hausarbeit zur Freude werden. Denn jede Arbeit, die du mit Freude tust, bringt all denen, die du liebst und für die du sorgst, reichen Segen. Ein frohes Herz erquickt müde und verletzte Seelen. Wie eine Quelle mit frischem Wasser in einem staubigen trockenen Land wird ein von Gottes Liebe erfülltes Herz das Leben meistern. Liebe Leserin, deine innere Herzenshaltung bestimmt, mit wie viel Freude *du* deine Arbeit erledigst und welche Stimmung in deinem Heim herrscht. Wenn du eine Arbeitsweise mit einer freudigen Herzenshaltung wählst, dann wirst *du* für alle zu einer wundervollen Quelle der Freude, einer Quelle der Freude, die von Gott kommt!

7

# *Unternehmergeist*

## Ihre Fürsorge

*Sie gleicht den Handelsschiffen;*
*aus der Ferne bringt sie ihr Brot herbei.*[1]
Sprüche 31,14

Einmal waren Jim und ich in der Weihnachtszeit bei einer lieben Glaubensschwester, bei der zu Hause die Weihnachtsstunde von Jims Erwachsenen-Sonntagsschulklasse stattfand. Als die Teilnehmer ihre Kindheitserinnerungen aus der Weihnachtszeit austauschen sollten, erzählte auch unsere Gastgeberin eine Geschichte. Sie beschrieb uns eine Sitte ihres Heimatlandes, in dem sie aufgewachsen war: Am Heiligen Abend öffneten die reichen Leute der Stadt ihre Fenstervorhänge, damit man von draußen ihre teure Einrichtung bewundern konnte. Auch unsere Freundin hatte als Kind sehr oft durch solche Fensterscheiben geschaut, um den Reichtum, die kostbaren Möbel, die Dekoration, die Weihnachtsbäume und das Festessen in diesen Wohnungen zu bestaunen.

Wenn wir betrachten, wie die in Gottes Augen schöne Frau für ihre Familie sorgt, dann merke ich, wie Gott auch uns einen solchen Blick in das Haus dieser Frau gewährt. Durch das Fenster seines Wortes blicken wir auf ihren Unternehmergeist und sehen, welche Auswirkungen diese Einstellung auf ihre Familie hat. Wir erkennen, dass ihr ganzes Heim von Schönheit und Fürsorge erfüllt ist. Gottes wunderbare Frau unternimmt alles, um ihre geliebte Familie zu versorgen.

## *Abenteuergeist*

In Sprüche 31,14 lesen wir: »Sie gleicht den Handelsschiffen.« Das ist zwar zunächst kein besonders ansprechender Vergleich, aber stell dir einmal kurz vor, dass die in Gottes Augen schöne Frau tatsächlich wie ein Handelsschiff wäre. Wir können uns zum Beispiel gut vorstellen, wie sie auf dem Markt nach Waren sucht, die die Lebensqualität ihrer Familie verbessern. Wenn es um das Wohlergehen ihrer Lieben geht, scheut sie weder Kosten noch Zeit, noch Mühe.

»Aus der Ferne bringt sie ihr Brot herbei«, so heißt es in diesem Vers 14 weiter. Die Frau aus Sprüche 31 investiert gerne ihre Kraft, um für ihren Haushalt ausersehene Güter aus aller Welt zu sammeln – und sie kamen wirklich aus fernen Ländern. Schauen wir einmal, wie das ablief!

*Die Schiffe* – Bereits seit 2400 v. Chr. segelten Handelsschiffe zwischen Phönizien (nördlich von Israel) und Ägypten hin und her. Sie liefen jeden Hafen im Mittelmeer an, um ihre Ladung gegen andere Güter zu handeln. In 2. Chronik 9,21 wird berichtet, dass diese Handelsschiffe ihre Route im Rhythmus von drei Jahren einmal durchlaufen haben.

*Die Güter* – Für die Leute in der Heimat wurde die lange Wartezeit mit ungewöhnlichen und exotischen Gütern belohnt. Die Schiffe, die nach Tarsis (im heutigen Spanien) fuhren, brachten Gold, Silber, Elfenbein, Affen und Pfauen mit nach Hause. Zedern wurden aus dem Libanon geholt. Farbe kam aus Tyrus. Gewürze, Nüsse, Balsam und Getreide wurden aus Ägypten importiert. Griechenland verkaufte Öl, Wein, Honig und exquisite Töpferwaren auf dem internationalen Markt. Viele verschiedene Waren aus Wolle, Kunstarbeiten, handgearbeitete Gegenstände und erlesener Schmuck wurden transportiert – manchmal von Karawanen durch die Wüste, ein andermal mit Booten über die Kanäle und Flüsse bis hin zu den Häfen der einzelnen Kontinente, um dort auf die Handelsschiffe verladen zu werden.

*Die Handelsstraßen* – Die Handelsgüter in den Häfen wurden dann von Karawanen ins Inland gebracht. Kamel-Karawanen durchquerten tatsächlich unaufhörlich das Heimatland unserer in Gottes Augen schönen Frau. Im Verlauf der Geschichte ist Israel immer der Knotenpunkt für alle Haupthandelswege des Nahen Ostens gewesen. Als ich in Israel war, reiste ich auf den zwei Hauptrouten, die das Gelobte Land einst zu einem Welthandelszentrum machten, dem King's Highway und der Great Trunk Road.

*Die Geschäfte* – Schließlich erreichten die Karawanen mit ihren Waren aus der ganzen Welt alle möglichen Geschäfte. Auf einem Platz und in den Straßen wurden Geschäfte eröffnet, Basare entstanden oder kleine Einkaufspassagen in zentraler Lage. In der Nähe der Stadttore und auf der öffentlichen Straße gab es mobile Läden unter provisorischen Markisen. Und wenn eine Karawane aus dem fernen Süden kam, wie z. B. von Sheba (im heutigen Iran) oder aus dem Orient wie z. B. Babylon und Indien, entstand dort stets ein Markt- und Handelsplatz, an dem sich die Kamele niederließen. Stell dir einmal die Begeisterung vor, wenn die Kamele die Waren und Lebensmittel, die Büchsen und Lederwaren, Süßigkeiten und andere echte Raritäten in die Straßen der Stadt brachten!

## *Erfindungsgeist*

Nun sehen wir uns die wunderbare Frau aus Sprüche 31 noch etwas genauer an, wie sie sich dafür einsetzt, Waren aus der Ferne herbeizuschaffen. *Ihre Familie* ist der Hauptgrund für ihre intensive Suche. Sie muss Lebensmittel besorgen, das Haus einrichten und dekorieren – und sie sieht es als ihre Aufgabe an, ihren Lieben nur das Beste zu geben. Deshalb geht sie auch im wahrsten Sinne des Wortes »die zweite Meile«.

Die Frau aus Sprüche 31 ist aber auch *kreativ*. Sie ist eine Künstlerin! Ich möchte das anhand eines Beispiels erklären. Da es in ihrem Haus keinen Kühlschrank gibt, kauft sie täglich alle Zutaten für die Mahlzeiten ein. Diese Pflicht könnte schnell lästig werden, aber die exotischen, ausländischen Marktstände nähren nicht nur ihre Familie, sondern auch ihre Kreativität – und so kann sie jeden Tag ihrem Einfallsreichtum freien Lauf lassen. An diesen Ständen entdeckt sie eine bunte und vielfältige Schönheit der Waren und sieht einzigartige und exquisite Dinge. Dort kommt sie auf neue Gedanken für kreative Rezepte und Mahlzeiten, für ihre Handarbeiten und ihre Haushaltsführung. Die alltägliche und regelmäßige Versorgung der Familie wird für sie so zu einem kreativen Erlebnis!

## *Ein fürsorglicher Geist*

Dieses Buch handelt von der Schönheit aus Gottes Sicht, und wir reden hier über … nun ja, das Einkaufen! Dazu muss man sagen, dass sich die in Gottes Augen schöne Frau mit ihrem Einfallsreichtum von anderen abhebt. Wie die Handelsschiffe ihrer Zeit setzt sie die Segel und gleitet dahin … sie sucht, prüft, wählt aus und kauft alles, was sie für ihre Familie braucht. Angetrieben von der Liebe erfüllt sie ihre Aufgabe voller Schwung und Elan. Dabei ist sie auch bereit, sich über ihre vertrauten Grenzen hinauszuwagen. Sie schweift in die »Ferne« (Vers 14), in abgelegene Ecken der Stadt und kehrt mit den Waren, die ihre Familie braucht, zurück. Diese besondere Hausfrau scheut keine Anstrengung und gibt sich nur mit dem Besten für ihre Familie zufrieden:

- Gesundheit: Alle in ihrem Haus sind gesund, weil sie ihrer Familie eine nahrhafte Ernährung serviert.
- Ersparnisse: Sie spart, weil sie sorgfältig aussucht, handelt und tauscht, um mit schönen Dingen für die Bedürfnisse ihrer Familie zu sorgen.
- Kultur: Während sie Waren aus fernen und exotischen Ländern einkauft, hört sie auch viele Geschichten und sammelt andere Informationen, die sie zu Hause weitergibt.
- Vielfältigkeit: Die vielfältigen ausländischen Speisen und Möbel aus fernen Ländern verleihen ihrem Heim Abwechslung.
- Qualität: Alle dürfen sich an hochqualitativen Waren erfreuen, weil sie darauf achtet, dass ihr persönlicher Anspruch erfüllt wird.

- Schönheit: Alle Familienmitglieder, die sich an diesen schönen Dingen erfreuen, werden dadurch gestärkt und erquickt.

## Anleitung zu wahrer Schönheit

Dieser Unternehmergeist, den Gott uns in diesem Kapitel vorstellt, setzt eine gewisse Mühe und Arbeit voraus. Ein Segelschiff gleitet auch nicht automatisch mit windgefüllten Segeln über das Wasser! So etwas Wunderbares kostet der Frau aus Sprüche 31 (und auch uns) einen gewissen Preis. Auch du kannst mit Gottes Gnade so einen Unternehmergeist entwickeln. Also lichte die Anker, geh auf Kurs und lass dich von ihrer Tatkraft und ihren Leistungen antreiben.

*1. Ein liebevolles Herz* – Ohne Liebe sind wir nichts (1. Korinther 13,2), und ohne Liebe werden wir auch nichts tun wollen! Also …

*Bete* – Bitte Gott, dass er jeden Bereich deines Herzens verändert, der dich davon abhält, deine Rolle als Ehefrau, Mutter und Verwalterin deines Heims einzunehmen.

*Gib deinem Zuhause die höchste Priorität* – Auch wenn du nicht so oft zu Hause sein kannst, wie du dir das wünschst, sollten dir dein Heim und deine Familie doch am Herzen liegen. Deine Familie sollte in deinem Herzen den ersten Platz einnehmen – und nicht deine Arbeit oder dein Beruf, auch nicht dein Hobby oder dein Ehrenamt.

*Verbringe Zeit mit anderen Frauen* – Höre anderen Frauen zu, die über ihren Mann, ihre Kinder und ihr Heim liebevoll sprechen (Titus 2,3-5). Ihr Eifer wird dich anstecken.

*2. Ein Sinn für Schönheit* – Die in Gottes Augen schöne Frau freut sich über schöne Dinge und darüber, dass andere Gefallen daran haben. Überlege dir, wie du deine Liebe ausdrücken kannst und zeige deiner Familie deine besondere Art der Zuneigung.

*Umgib dich mit schönen Dingen* – Als der große Impressionist Henri Matisse im Alter ans Krankenbett gefesselt war, ließ er exotische Pflanzen und Papageien in allen schillernden Farben in sein

Schlafzimmer bringen. All diese Dinge inspirierten ihn in seinem künstlerischen Schaffen. Angeregt von Matisse, habe ich die Wände in meinem Büro rot gestrichen, dann habe ich meine Lieblingsfotos und Bilder aufgehängt und alles mit schönen Dingen dekoriert (mit einem Kalender mit großartigen Kunstwerken dieser Welt, einer Kristallvase mit einer frisch geschnittenen Rose, einem großen Stein, den meine Tante in der texanischen Wüste gefunden und mit einem schlafenden Kätzchen bemalt hat). Das alles hat meine Kreativität gefördert. Von schönen Dingen umgeben, bemühe ich mich, Schönes zu produzieren. Mein Büro an sich lädt mich schon zum Schreiben ein.

*Verwirkliche deine Vorstellung von Schönheit* – Verbringe deine Zeit mit Leuten, die Sinn für Schönheit haben. Schau dir Zeitschriften an und besuche Geschäfte mit Geschenkartikeln und Wohnaccessoires. Achte auf die schönen Kleinigkeiten, die dir begegnen und lerne aus dem, was du siehst. Die Dekoration und die Möbel deines Heims sollten deinen persönlichen Schönheitsstil tragen.

Ich kann mich noch gut an einen Besuch bei einer Frau erinnern, die einen besonderen Sinn für schöne Dinge hatte. Als ich in ihrem wunderschön dekoriertem Wohnzimmer stand, dachte ich: »Sie ist wirklich eine Künstlerin!« Mein erster Gedanke war nicht, wie viel das alles gekostet haben muss, sondern ich bewunderte nur ihre Dekoration – wie zum Beispiel die hübsch gehäkelten Spitzendeckchen ihrer Großmutter über der Armlehne eines Sessels oder eine schöne Muschel, die sie am Strand gefunden hatte, oder eine tief hängende Lampe, die eine Pflanze auf einem kleinen Tischchen beleuchtete. Sie hatte auch die Vorhänge zurückgeschoben, damit man die exotischen, blühenden Lilien sehen konnte, die entlang der Veranda gepflanzt waren, als gehörten sie zum Zimmer. Außerdem waren die Fenster blitzblank. Diese Frau hat mit einem Sinn für schöne Dinge die Kleinigkeiten, die sie besaß, verändert und daraus etwas Besonderes gemacht!

*3. Gottes Gebot zu lieben* – Liebe deine Familie im praktischen Alltag.

*Beginne bei den Grundbedürfnissen* – Jeder Mensch braucht Nahrung, Kleidung und ein Dach über dem Kopf. Ein Autor stellte die Frage: »Bist du zu müde, um zu kochen und dein Haus in Ordnung zu halten? Willst du immer zum Essen ausgehen?«[2] Oder hast du die Kraft und Energie, dich um die Grundbedürfnisse deiner Familie zu kümmern?

*Kaufe klug ein* – Versuche Geld zu sparen und achte auf Sonderangebote. Vermeide spontanes Einkaufen, indem du jeden Kauf sorgfältig überdenkst (Sprüche 31,16). Finde heraus, was du brauchst und was du nicht brauchst. Finde heraus, was von guter Qualität ist und was nicht – und lerne auch einmal »nein« zu sagen! Geld, das man nicht ausgibt, ist gespartes Geld! Manchmal sage ich »nein«, indem ich mich entscheide, überhaupt nicht einkaufen zu gehen. Ein anderes Mal entscheide ich mich per Katalog einzukaufen. So spare ich Zeit und komme nicht in die Versuchung, durch Geschäfte und Einkaufszentren zu laufen. Manchmal sage ich »nein«, indem ich Dinge wieder aus meinem Einkaufwagen herausnehme, bevor ich zur Kasse gehe, und dann rechne ich nach, wie viel ich eingespart habe.

*Kaufe ausgefallene Dinge* – Warte so lange, bis du etwas gefunden hast, was einzigartig ist. Die Frau aus Sprüche 31 kauft auf dem Basar beeindruckende Sachen ein! Wie ein Künstler hat sie ein Auge für das Ungewöhnliche und freut sich über ausgefallene Dinge wie ausländische Waren, die von ihrer Familie und den Freunden bewundert werden – die dann ihren Einfallsreichtum loben!

*Sei offen für Tauschhandel* – Versuche deine Gaben und Fähigkeiten zu stärken. Sie könnten deine Währung sein, wenn du sie beim Tauschen für das einsetzt, was du brauchst. Finde heraus, was du brauchst und was du dafür geben kannst. Diese Art des Tauschhandels hat bei mir gut funktioniert. Mein Buch *Loving God with all your mind*[3] wurde ursprünglich von einer Neuseeländerin von den Lehrkassetten aus unserem Seminar abgeschrieben. Ihr Mann bekam dafür von meinem Mann drei Jahre lang ein Auto zur Verfügung gestellt. Sie brauchten ein Auto – und hatten kein Geld. Ich brauchte Hilfe – und hatte kein Geld (bzw. Zeit). Also tauschten wir!

*Werde zur »Künstlerin deines Hauses«* – Stell dir vor, dass du den Auftrag hast, dein Heim zu verschönern. Meine Freundin Karen –

die Künstlerin ihres Hauses – geht einmal pro Woche um 4 Uhr morgens zum Blumenmarkt nach Los Angeles, um frische Blumen für ihr Haus, ihre Terrasse und ihren Garten zu kaufen. (Sie verschenkt auch Blumensträuße, um andere damit aufzumuntern.) Wenn ich sie morgens um 7.30 Uhr anrufe, ist Karen schon dabei, ihr Haus schön zu dekorieren – das alles kostet sie nicht viel! Karen probiert jede Woche ein neues Blumenarrangement. Auch du kannst versuchen herauszufinden, wie du dein Heim verschönern kannst. Frag dich also: »Auf welchem Gebiet kann ich kreativer werden?«

## Wahre Schönheit entdecken

Jetzt, meine liebe Freundin, solltest du Gott in sein liebendes Angesicht schauen und seinem Herzenswunsch für dein Leben zustimmen. Unser weiser Vater ermutigt dich durch sein Wort, eine Hausfrau und Ehefrau mit Unternehmergeist zu sein, die Schönheit in ihr Heim bringt. Diese Berufung ist mit Mühe verbunden, aber es ist eine Berufung, die großen Segen bringt!

Ist dein Herz in Einklang mit Gottes großem liebevollen Herzen? Kümmerst du dich um das Wohl all deiner Lieben zu Hause? Setzt du deine ganze Kraft ein, wenn du deine Familie versorgst? Auch wenn Sprüche 31,14 von einem Handelsschiff spricht, geht es doch eigentlich um die Herzenshaltung, um die Liebe. Du siehst also: Nur die Liebe – Gottes grenzenlose Liebe – kann dich dazu antreiben, deinen Egoismus abzulegen und die Kraft aufzubringen, die du brauchst, um für andere zu sorgen. Und nur die Liebe Gottes, die dich über die Maßen erfüllt, kann dir die notwendige Ausdauer schenken, um auf die eigene Bequemlichkeit zu verzichten und dich für den Rest deines Lebens unermüdlich zum Wohle anderer einzusetzen.

Bitte Gott darum, dass er dir mehr Mut, Kraft und Entschlossenheit schenkt, damit du dich mit deiner ganzen Liebe dauerhaft für das Wohl deiner Familie einsetzen kannst! Nur diese Geisteshaltung ist in Gottes Augen wirklich schön!

## 8

# *Ein Zeitplan für den Haushalt*

## Ihre Disziplin

*Bevor der Morgen graut, ist sie schon auf; sie gibt Speise aus für ihr Haus und bestimmt das Tagewerk für ihre Mägde.*[1]
Sprüche 31,15

Ich konnte nicht schlafen – und der Grund dafür war ein heftiger Jetlag! Jim und ich waren einen Tag zuvor in Jerusalem angekommen, nach einem 15-stündigen Flug und einem Zwischenstopp in London. Wir waren schon seit einigen Stunden wach und warteten in unserem Hotelzimmer in der Altstadt von Jerusalem auf den Morgen, um uns anzuziehen und den dreiwöchigen Studienkurs in Israel beginnen zu können. Am Ankunftstag waren wir zu müde gewesen, um alles zu bewundern, aber jetzt warteten wir ungeduldig auf den Sonnenaufgang!

Schließlich brach der Tag an, und wir wagten uns auf die Dachterrasse unseres Hotels. Gemeinsam betrachteten wir die aufgehende Sonne und hörten aus der Altstadt die Kirchenglocken, die einen neuen Tag einläuteten. Als es im Osten immer heller wurde, konnten wir die jahrhundertealten Mauern der Jerusalemer Altstadt erkennen, die Flaggen auf der Festung Davids und den Tempelberg, wo Christus einst war – und wo er einst wieder sein wird. Es war ein atemberaubender Anblick. Wir sahen Plätze, die sich seit Jahrhunderten nicht verändert hatten! Wir waren in Jerusalem!

Dann sah ich sie. Auf einem nahegelegenen Hausdach arbeitete eine Frau. Ihre Wäsche hing schon an der Leine und ihre Eingangstür stand offen, damit die frische Morgenluft noch vor der Tageshitze das Haus kühlen konnte. Sie hatte ihre Veranda gefegt und geschrubbt und nun arbeitete sie auf dem Hausdach. Sie schnitt einige Blumen ab und brachte sie zusammen mit ein paar reifen Limonen von einem Zitronenbaum ins Haus.

Als ich diese reale jüdische Frau bei ihrer Arbeit sah, wurde ich an Sprüche 31,15 erinnert: »Bevor der Morgen graut, ist sie schon auf; sie gibt Speise aus für ihr Haus und bestimmt das Tagewerk für ihre Mägde.« Ich war froh, dass ich für diesen einzigartigen Ausblick früh aufgestanden war (auch wenn das hauptsächlich dem Jetlag zuzuschreiben war), denn diese hart arbeitende Frau ermutigte mich erneut, mir mehr Mühe zu geben, ein diszipliniertes Leben zu führen – ein Leben, das in Gottes Augen kostbar ist. »Danke, Gott«, flüsterte ich, »dass die Bibel lebendig ist! Danke, dass ich hier in deinem Land kurz auf diese Frau blicken durfte, die früh aufgestanden ist, um sich liebevoll um ihr Heim zu kümmern.«

In diesem Kapitel geht es darum, wie wir uns voller Liebe um unser Heim kümmern können. Die wunderbare Mutter, die ihrem Sohn das ABC einer gottesfürchtigen Frau beibringt (Sprüche 31,10-31), weiß sehr gut, was eine disziplinierte Frau ihrem Haushalt nützt, und sie weist ihren Sohn (und auch uns) auf drei Regeln der Disziplin hin, um einen Haushalt erfolgreich zu führen.

## *Disziplin 1: Früh aufstehen*

Nach Sprüche 31,15 steht eine Frau auf, »bevor der Morgen graut«. In jener Zeit, als Sprüche 31 geschrieben wurde, stand eine Frau aus mehreren Gründen früh morgens auf.

*Feuer im Haus anzünden* – Zuerst zündete sie die Lampe an. Diese kleine Lampe (genauer gesagt, ein mit Öl gefüllter Napf mit einem schwimmenden Flachsdocht) brannte die ganze Nacht, damit man am Morgen das große Feuer anzünden konnte. Die in Gottes Augen schöne Hausfrau stand nachts mehrmals auf, um das Öl in der Lampe nachzufüllen, damit diese nicht erlosch (Sprüche 31,18). Diese nächtlichen Unterbrechungen waren eine ideale Gelegenheit, um die Mahlzeiten des nächsten Tages vorzubereiten. Sie konnte Getreide mahlen, ein paar Sachen zurechtlegen und das Feuer anzünden.

*Das Feuer der Liebe in ihrem persönlichen Herzen entfachen* – In Sprüche 31,30 wird uns gesagt, dass die in Gottes Augen schöne Frau den Herrn fürchtet. Und weil sie so früh aufgestanden ist, konnte sie sich dem täglichen Gebet und dem Halten von Gottes Gesetz hingeben, denn die Schrift sagt: »Du sollst den Herrn lieben, mit deinem ganzen Herzen, mit deiner ganzen Seele und mit deiner ganzen Kraft« (5. Mose 6,5). Unsere Frau aus Sprüche 31 kümmerte sich nicht nur um das Feuer in ihrem Haus, sondern auch um das Feuer der Liebe zum Herrn in ihrem Herzen.

*Das Feuer der Liebe in den Herzen der Kinder entfachen* – Diese gottesfürchtige Frau wusste auch, dass das mosaische Gesetz ihr gebot, dass sie ihren Kindern das Wort Gottes und seine Gebote lehren und einschärfen sollte (5. Mose 6,7). Die gottgefällige Mutter erfüllt zuerst ihr Herz mit Gottes Wahrheiten und dann unterweist sie – wie die fürsorgliche Mutter aus Sprüche 31 – auch ihre Kinder den ganzen Tag lang in diesen Wahrheiten.

Wenn diese wichtigen Aufgaben auch auf deiner Liste stehen, musst du früh aufstehen!

## *Disziplin 2: Die Familienmahlzeiten*

Die Frau, die für ihr Heim ein Segen ist, »gibt Speise aus für ihr Haus« (Sprüche 31,15). Sie stand hauptsächlich so früh auf, um ihre Familie mit dem täglichen Brot zu versorgen. Ihre Familienmitglieder verließen sich darauf, dass sie mit allem versorgt wurden. Im Nahen Osten leben drei von vier Menschen nur von Brot und Nahrungsmitteln aus Getreide.[2] Brot war – und ist – das Grundnahrungsmittel und der Hauptbestandteil jeder Mahlzeit. Und Brot gibt es erst dann, wenn das Getreide gemahlen ist (die erste Pflicht am Tag). Dann wird der Teig geknetet und schließlich werden die kleinen flachen Pitabrote auf heißen Steinen und Asche gebacken.[3]

In diesem Vers steckt aber noch ein spannendes Bild: Das hebräische Wort für »Speise« an dieser Stelle bedeutet eigentlich »Beute« und meint die Beute eines Löwen. Die in Gottes Augen schöne Frau wird mit einem Löwen verglichen, der seine Beute jagt, die er zum Überleben braucht. Sie ist wie eine Löwin, die nachts herumschleicht (sie ist schon auf, »bevor der Morgen graut«, also nachts), um Nahrung für ihr Haus zu beschaffen.[4] Sie ist also nicht nur wie eine Armee (Sprüche 31,10), eine Kriegerin (Vers 10), eine Arbeiterin (Vers 13) und wie ein mächtiges Schiff (Vers 14), sie ist auch wie eine Löwin (Vers 15)! Die Bilder in diesen Versen weisen immer wieder auf ihre enorme Kraft und ihren Mut hin. Diese Frau ist so stark, dass sie die Verantwortung dafür übernimmt, sich um die Bedürfnisse (die Nahrung) der anderen im Haus zu kümmern.[5]

Jeder, der zu diesem Haushalt gehört, darf sich glücklich schätzen, unter ihrem Dach zu wohnen! »Haushalt« ist ein Sammelbegriff für eine Anzahl von Menschen, für eine ganze Gruppe, also für jeden, der im Haus lebt.[6] Dazu zählen alle wichtigen Personen (»VIPs«), wie ihr Ehemann (die wichtigste Person überhaupt), ihre Kinder (die auf der VIP-Liste an zweiter Stelle stehen), sowie alle anderen Familienmitglieder (damals lebten viele Familienmitglieder im selben Haus) und ihre Bediensteten und Gäste.

## *Disziplin 3: Einen Tagesplan erstellen*

»Sie bestimmt das Tagewerk für ihre Mägde« (Sprüche 31,15). »Tagewerk« oder »Zuteilung« bezieht sich auf etwas, was einem zusteht, einen Anteil oder eine Ration.[7] Die in Gottes Augen schöne Frau teilte ihren Mägden, die zur Familie gehörten, nicht nur das Essen, sondern auch die Arbeit zu. Sie erteilt eine »Anweisung« bzw. fertigt einen täglichen Arbeitsplan an.[8] Sie muss ihre eigene Arbeit planen und organisieren und ihren Mägden ihr Aufgabengebiet zuteilen (Vers 15). Da sie keine Minute verschwenden möchte, muss sie für alle bereit sein – und zwar sehr früh!

## *Das Erfolgsschema*

So wie die in Gottes Augen schöne Frau damals erfolgreich ihren Haushalt führte, können auch wir heute Erfolg haben, wenn wir ihrem Beispiel folgen: Sie stand früh auf (eine scheinbar leichte

Aufgabe, aber nicht unbedingt leicht in die Tat umzusetzen!), was ihr einen reichen Segen brachte!

*Zeit für sich selbst* – Immer wieder höre ich, wie sich Frauen darüber beklagen, dass sie keine Zeit für sich selbst haben. Immer sind die Kinder da (mit ihren Bedürfnissen und dem Lärm), das Telefon klingelt ständig (noch mehr Bedürfnisse und noch mehr Lärm). Der Fernseher läuft ununterbrochen (noch mehr Lärm) und die Mutter findet einfach keine Ruhe. Wenn man früh aufsteht, kann man diese kostbare und ruhige Zeit genießen. In der Ruhe der Morgendämmerung hast du wertvolle Zeit für dich alleine.

*Zeit mit Gott* – Wenn du früh aufstehst, kannst du Zeit mit dem Herrn verbringen, beten und ihn um seinen Segen für den Tag und deine Familie bitten. Anne Lotz sagte einmal anlässlich eines Muttertages in einem Interview: »Egal wann ich morgens aufgestanden bin, im Zimmer meiner Mutter brannte immer Licht. Wenn ich dann nach unten ging, saß sie hinter ihrem Schreibtisch und las in 14 verschiedenen Bibelübersetzungen. Auf diese Weise hat mir meine Mutter gezeigt, dass ich Gott nur durch sein Wort und das Gebet kennen lernen kann. Meine Mutter kennt Gott sehr gut.«[9] (Und sie steht dafür früh auf!)

*Zeit zum Planen* – In deiner ungestörten Zeit kannst du darüber nachdenken, wie du deinen Tag am besten planst. Diese Planungsarbeit ist für eine geregelte Haushaltsführung notwendig. Ein Experte für Zeitmanagement sagte einmal über das frühe Aufstehen: »Ich plane fast meinen gesamten Tagesablauf früh am Morgen. Damit verbringe ich ungefähr dreieinhalb Stunden pro Woche. Ich stehe noch vor den anderen um 5 Uhr morgens auf, um in dieser ruhigen Zeit das Wichtigste zu tun – nämlich zu planen.«[10]

*Zeit, um die Vorteile des frühen Aufstehens zu genießen* – Zweifelsohne löst das frühe Aufstehen eine Kaskade vieler Vorteile aus. Früh aufstehen bedeutet, die Zeit auskaufen! Diese stille Zeit hat viele Vorteile: Zeit mit Gott – seine Führung und Kraft bekommen.

Zeit allein – zum Planen. Zeit für Sport – manchmal die einzige Gelegenheit! Zeit, um den Tag schwungvoll zu beginnen – die kommenden Stunden weise zu verplanen. Zeit für das Frühstück – das Auftanken. Zeit für die Familienandacht – um den Tag gemeinsam auf Gott ausgerichtet zu beginnen. Wenn du dich dazu erziehst, jeden Tag früh aufzustehen, dann ist das ein entscheidender Schritt, um deiner Familie die richtige Einstellung und einen strukturierten Lebensablauf zu vermitteln.

## *Eine persönliche Geschichte*

Dank meines Mannes Jim darf ich oft die Vorteile des frühen Aufstehens genießen (jedenfalls an den meisten Tagen) – und ich will auch sagen, warum.

Als junger Student am Seminar kam Jim jeden Tag nach Hause und lobte einen Mann namens Mr. McDougal. Immer wieder sagte Jim: »Du musst unbedingt Mr. McDougal kennen lernen! Er ist Professor, hat eine Frau und Kinder und ist außerdem Doktorand an der Universität von Kalifornien, er joggt jeden Tag *und* er ist Pastor einer Gemeinde.«

Eines Tages fragte Jim diesen Don McDougal, wie er das alles schaffe. »Er steht jeden Tag um 4 Uhr morgens auf!« erklärte Jim, als er mir später die Geschichte erzählte. Ich dachte nur: »Wie schön für *ihn*«, aber Jim erklärte: »Auch wir werden jetzt jeden Tag um 4 Uhr aufstehen!«

So früh aufzustehen war und ist immer noch schwierig, aber die Vorteile haben sich sofort eingestellt. Erstens konnte ich immer Zeit mit Gott verbringen. Ich hatte Zeit, um in Gottes Wort zu lesen, darüber nachzudenken und in Ruhe zu beten. Zum ersten Mal konnte ich meinen hektischen Alltag mit Kleinkindern und Haushaltspflichten besser planen.

Aber das frühe Aufstehen brachte mir noch mehr Gewinn. Ich konnte jetzt Sport treiben – das tue ich immer noch jeden Morgen. Ich konnte die Geschirrspülmaschine ausräumen, die Buchführung machen, Briefe schreiben, die Bibel studieren und Studienmaterial erstellen – und das alles noch vor halb acht morgens.

Auch heute noch führe ich eine »Morgenakte« mit einer Liste voller Aufgaben, die ich täglich am frühen Morgen erledigen kann.

Wenn du also Zeit haben möchtest, wo dich niemand stört, eine Zeit der Ruhe, des Friedens und der Einsamkeit, versuche früh am Morgen aufzustehen. Vielleicht musst du dafür etwas früher ins Bett gehen. Aber was verpasst du schon? Ein bisschen Fernsehen? Du sollst auch Zeit mit deiner Familie verbringen, aber du wirst erstaunt sein, wie viel Zeit du gewinnst, wenn du Unwichtiges weglässt und motiviert bist, früh aufzustehen.

Nun, dass Jim seinen Abschluss auf dem Seminar gemacht hat, ist schon ein paar Jahre her, aber ich bemühe mich immer noch, jeden Morgen früh aufzustehen. Wie die Frau auf dem Dach in Jerusalem öffne ich im Sommer alle Türen und Fenster, um frische kühle Luft ins Haus zu lassen. Außerdem fange ich an, die Wäsche zu machen und gieße die Pflanzen. Ich mahle zwar kein Getreide, aber dafür die Kaffeebohnen, und ich mache Jim einen Kaffee zum Mitnehmen. Als Katherine und Courtney noch zu Hause waren, habe ich wegen der Geräusche am frühen Morgen ihre Zimmertüren leise geschlossen, damit sie noch ein bisschen länger schlafen konnten, bevor ihr Wecker klingelte … auch sie standen früh auf!

Und welche Geräusche sind das? Also, da ist die Kaffeemühle! (Alles schön der Reihe nach!). Das Öffnen der Fenster und der Türen. Das Einschalten des Rasensprengers. Das Ausräumen der Geschirrspülmaschine. Das Decken des Frühstückstisches. Das Vorbereiten des Mittagessens und das Entsorgen des Mülls. Das Summen des Laufbandes an einem Schlechtwettertag, wenn man nicht nach draußen gehen kann.

Und dann verstummen die Geräusche und alles ist ruhig – sehr ruhig! Bevor dann ein neuer ausgefüllter Tag anbricht, setze ich mich hin, um den Herrn zu loben und zu preisen und »die Lieblichkeit des Herrn zu schauen« (Psalm 27,4). Du siehst also, dass ich weiß, was mich erwartet! Mein Tag ist ausgefüllt und wird schnell vorbei sein. Wenn ich selbst nicht »ausgefüllt« bin, dann werde ich die täglichen Anforderungen nicht nach Gottes wunderbarem Plan erfüllen können. Ihn um Kraft und Stärke zu bitten, ist keine Option, sondern ein Muss! Ich weiß, dass ich die Kämpferin sein kann, die ich sein soll, und ich weiß, dass ich den Tag nur mit seiner Kraft und Stärke bewältigen kann. Nur mit seiner Kraft wird mir alles – auch ein hektischer Tag – gelingen (Philipper 4,13). Sein Friede ist ebenfalls keine Option. Es gibt nur einen Weg, um Sorgen zu besiegen – nämlich durch seinen Frieden, der alles Denken übersteigt (Philipper 4,6-7). Verstehst du jetzt, warum die frühen Morgenstunden so wertvoll für mich sind?

## Anleitung zu wahrer Schönheit

Du hast bestimmt schon oft gehört, wie wichtig Ruhe und Erholung für die Schönheit sind. Viel wichtiger jedoch ist es, früh am Morgen von Gott mit innerer Schönheit ausgestattet zu werden. Natürlich sollst du dich erholen können, aber das frühe Aufstehen bringt die Schönheit von Ordnung und Disziplin in dein Leben. Also, anstatt ein chaotisches Leben zu führen, das aus »hoppla!«, »igitt!« und »oh nein!« besteht und wo man verlorenen, vergessenen oder verlegten Dingen hinterher rennt und zu nichts kommt, versuche dich zu disziplinieren und früh aufzustehen. Wie macht man das?

*1. Bestimme eine Zeit* – Wahrscheinlich wirst du deinen Tag nicht um 4 Uhr morgens beginnen (wir taten dies, weil Jim um 5.30 Uhr das Haus verlassen musste). Finde heraus, um wie viel Uhr du mit dem Planen, den alltäglichen Vorbereitungen und den anderen morgendlichen Routinearbeiten fertig sein willst, und dann rechne rückwärts. Das ist der Zeitpunkt, an dem du aufstehen musst. Dein täglicher Zeitplan wird dir und deiner Familie bestimmt gefallen!

*2. Geh früh ins Bett* – Du kannst dich eine Zeitlang überfordern, aber das geht nicht lange gut! Also versuche eine Stunde früher schlafen zu gehen bzw. wenigstens eine Stunde früher *im Bett* zu sein!

*3. Bete* – Bete, wenn du dein Licht ausmachst. Konzentriere deine Gedanken am Tagesende auf den Herrn und denke an die Dinge, die du am nächsten Tag für ihn und sein Reich tun willst. Durch das Gespräch mit Gott in der Dunkelheit konzentrieren sich deine Gedanken auf die Aufgaben des nächsten Tages und du stellst dich gewissermaßen schon auf das frühe Aufstehen ein.

*4. Steh auf!* – Wenn du daran denkst, wie viel Zeit du durch das frühe Aufstehen gewinnst, sollte dich das motivieren! Ein Experte für Zeitmanagement sagte:

> Wenn du mit sechs Stunden Schlaf genauso gut auskommst wie mit acht, dann gewinnst du jeden Monat zusätzlich vierzig Stunden – oder eine zusätzliche Arbeitswoche –, wenn du zwei Stunden pro Tag, von Montag bis Freitag, einsparst … Wenn man jede Nacht eine Stunde weniger schläft, bedeutet das: sechs zusätzliche Arbeitswochen pro Jahr, was auf das ganze Leben umgerechnet mehr als fünf Jahre bedeutet. Überleg dir mal, was du in den zusätzlichen fünf Jahren erreichen könntest! – »Also, raus aus den Federn!«[11]

## Wahre Schönheit entdecken

Meine liebe Leserin, ich hoffe du hast eine Vorstellung davon bekommen, was für eine wichtige Rolle du in deiner Familie hast. Vielleicht hast du einen Job, machst Karriere oder sogar einen angesehenen Titel draußen in der Welt; trotzdem bist du der Schlüssel zu einem gut geführten Haushalt, der Schlüssel zu Ordnung und Effizienz, denn du stellst für deinen Haushalt die Weichen! Wenn du dir also Zeit zum Planen, Organisieren und zum Führen eines reibungslosen Ablaufs deines Haushalts nimmst, dann machst du deiner Familie – und dir selbst – ein Geschenk, das ihnen kein anderer machen kann. Du schenkst deinem Mann Frieden im Herzen und ein Empfinden für Ordnung und Wohlbefinden, während er dir vertraut und sich auf dich verlässt. Außerdem zeigst du deinen Kindern vorbildlich, wie sie ihr eigenes Leben führen sollen. Wenn sie dich beobachten, wie du planst und verwaltest und wie sie dann die Früchte genießen können, lernen sie, wie sie für den Herrn leben können.

Die in Gottes Augen schöne Frau aus Sprüche 31 ist für dich (und mich) ein Vorbild für die Disziplin, morgens früh aufzustehen. Mit deinem Gebet am frühen Morgen und einem Tageskonzept bekommst du einen Masterplan, der nicht nur für dein Heim gut ist, sondern deinem Leben auch Struktur gibt. Also, wie gesagt: »Raus aus den Federn!«

9

# Der Traumacker

## Ihr weitsichtiges Denken

*Sie trachtet nach einem Acker und erwirbt ihn auch;*
*vom Ertrag ihrer Hände pflanzt sie einen Weinberg an.*
Sprüche 31,16

Künstler wie meine Freundin Margaret behaupten, dass das Portrait-Zeichnen eine der schwierigsten Übungen der darstellenden Kunst ist. Die Kunst, Gesichtszüge genau wiederzugeben, stellt für jeden Künstler die letzte Hürde dar. In diesem Kapitel über die Frau aus Sprüche 31 nimmt ihr Gesicht immer mehr Konturen an, denn wir werden noch mehr über ihre Eigenschaften erfahren. Wir haben gesehen, dass sie mit willigen Händen arbeitet (Vers 13), dass sich ihr Mann auf sie verlässt (Vers 11) und wir waren beeindruckt, wie sie das Brot von weither beschafft, um ihre Familie zu versorgen (Vers 14).

Aber jetzt offenbart uns Gott, der eigentliche Künstler, wie diese gottesfürchtige Frau denkt und was sie alles kann. Im vorherigen Kapitel wurde uns gezeigt, wie sie mit ihrem scharfen Verstand plant und organisiert. Vers 16 zeigt uns, dass sie eine vorausdenkende Frau *und* eine Geschäftsfrau ist.

Vielleicht hast du schon einmal etwas von den Forschungsergebnissen über die rechte und linke Gehirnhälfte gehört. Man nimmt an, dass die eine Gehirnhälfte unsere *kreative Seite* steuert und die andere Hälfte die *praktische Seite*. Die in Gottes Augen schöne Frau hat auf wunderbare Weise beide Seiten ihres Gehirns trainiert! Im kreativen Bereich ist sie eine einfallsreiche Frau, die originelle Einfälle hat und ihre Vorstellungskraft gebraucht.[1] Sie hat für ihre Familie nur das Beste im Sinn und will das auch verwirklichen. Mit ihrer mehr praktisch ausgerichteten Gehirnhälfte setzt sie ihre kreativen Gedanken in die Realität um. Also ist sie sowohl eine Geschäftsfrau als auch eine Künstlerin.

## *Drei Handlungen*

Obwohl es in diesem Kapitel um Kreativität und Fantasie (und praktische Ideen!) geht, können wir von den drei konkreten Handlungen der in Gottes Augen schönen Frau aus Sprüche 31,16 sehr viel darüber lernen, wie sie ihre kreativen Gedanken praktisch umsetzt. Diese drei Schritte können auch uns helfen, damit unsere kreativen Ideen Realität werden.

*Schritt 1: Überlegen* – Stell dir folgende Szene vor: Unsere in Gottes Augen schöne Frau aus Sprüche 31 steht früh am Morgen auf, versorgt ihre Familie, verabschiedet sich von ihrem Mann, teilt ihren Angestellten die Arbeit zu und segelt wie ein Handelsschiff aus dem Haus, um die täglichen Einkäufe zu erledigen. Als sie auf dem Markt ihre Geschäfte erledigt, hört sie, dass im Ort ein Acker zum Verkauf angeboten wird. Aufgeregt stellt sie ein paar diskrete Fragen und holt weitere Informationen über das Grundstück ein.

Warum ist sie aufgeregt? Weil sie schon länger eine Idee hat: Es ist ein Gedanke, der aus lauter Liebe entstanden ist und der dem Wohl ihrer lieben Familie dient. Sie sucht ständig nach einer Gelegenheit, damit ihre Idee Wirklichkeit wird, und dieser Acker sieht wirklich nach einer Goldgrube aus, der den Reichtum und Status ihres Mannes mehren und so auch ihre Familiensituation verbessern kann. Aber wie reagiert sie auf die Nachricht, dass das Grundstück zu verkaufen ist? Rennt sie zum Eigentümer und kauft das Feld? Holt sie ihre Kreditkarte raus und sagt: »Setzen sie es auf meine Rechnung?« Nein.

»Sie *denkt* nach einem Acker« (nach der Lutherübersetzung von 1912). Sie setzt ihre Geschäftsmine auf und überlegt, ob der Kauf eine kluge Investition ist. Von ganzem Herzen möchte sie einen solchen Acker haben, aber sie setzt zuerst ihren Verstand ein (wie ein guter Soldat) und versucht alles über dieses Feld zu erfahren.

- Der Wert des Grundstücks – Sie *überdenkt die Kosten* und holt Informationen über den besagten Acker ein. Sie verlässt sich nicht nur auf Gerüchte oder Meinungen von Experten, sondern schaut sich das Grundstück selbst an.
- Die Finanzlage – Sie denkt an die Finanzen der Familie und *überlegt*, ob genug Geld da ist, um das Land zu kaufen und zu bebauen, ohne das Wohl der Familie zu gefährden.
- Zeitinvestition – Sie *überlegt,* ob die Familie nicht unter dem erforderlichen Zeitaufwand, den der Besitz dieses Ackers mit sich bringt, leiden würde.
- Ihre Prioritäten – Ihre Familie steht für sie an erster Stelle, also *überlegt* sie gründlich, ob die Familie durch die Arbeit auf dem Feld womöglich vernachlässigt würde.

Die Frau aus Sprüche 31 weiß, dass sie noch viel lernen, viel abwägen und darüber beten muss, bevor sie irgendeine Investition tätigt.

Ich glaube aber auch, dass sie nach vielen Überlegungen und Gesprächen mit dem Herrn letztendlich ihr Vorhaben mit ihrem Mann bespricht. Sie legt ihrem Mann alle wirtschaftlichen Fakten vor und erklärt ihm, warum der Erwerb dieses Ackers vernünftig ist und welche Vorteile er ihrem Mann und der Familie bringen wird.

Warum wird diese kluge Frau mit ihrem Mann darüber sprechen? Mir fallen mehrere Gründe ein, die alle etwas mit ihrer großen Charakterstärke zu tun haben. Als *tugendhafte Frau* handelt sie nicht unabhängig von ihrem Mann, der das von Gott bestimmte Oberhaupt der Familie ist (1. Mose 3,16). Als *starke Frau* handelt sie nicht impulsiv (Sprüche 19,2). Als *weise Frau* handelt sie nicht, ohne einen weisen Rat eingeholt zu haben (Sprüche 12,15). Und als *Ehefrau* handelt sie nicht gegen den Willen ihres Ehemannes (Sprüche 19,14). Die in Gottes Augen schöne Frau möchte mit ihrem Leben Gott erfreuen, und dazu gehört auch, ihrem Mann Freude zu bereiten (1. Mose 2,18). Sie ist ein Teammitglied, das den Willen ihres Mannes akzeptiert und ihm dabei hilft, seine ihm aufgetragenen Aufgaben und Pflichten zu erfüllen. Zusammen sind sie eine feste Einheit und bewältigen alles zusammen! Sie bauen ihr Leben gemeinsam auf, und gemeinsam verwirklichen sie ihre Wünsche: ihren Wunsch nach einer stabilen und besseren finanziellen Lage der Familie (Vers 16) und seinen Wunsch, erfolgreich seinen Dienst im Sozialgefüge zu tun (Vers 23)!

Mit seiner Zustimmung (wie könnte er in Anbetracht ihrer Erfolgsbilanz, ihrem Geschäftssinn und ihrer Arbeitsmoral nicht zustimmen) macht sie den nächsten Schritt und erwirbt diesen Acker – ihren Traumacker.

*Schritt 2: Erwerben* – »Sie trachtet nach einem Acker und *erwirbt* ihn auch«, so heißt es in Sprüche 31. Ein Bibelausleger bemerkt dazu: »Diese Aussage lässt nur eine Auslegung zu: Es ist offensichtlich, dass diese Frau Ackerland kauft und verkauft …«[2] Der Begriff »erwerben« in Vers 16 stammt aus dem Geschäftsleben und bedeutet kaufen und verkaufen, das Geben und Nehmen in der Geschäftswelt.[3] Wir sehen also, dass die Frau aus Sprüche 31 ihren Traumacker in Besitz nimmt.[4]

Bevor ich nach Israel reiste, versuchte ich mir immer ihren Acker wie eine Ranch oder eine Farm vorzustellen. Aber nachdem ich die Felder in Israel gesehen habe, weiß ich jetzt, dass ihr Acker nur eine schlichte Parzelle von vielleicht 15 mal 25 Metern war. Jeder Grundstückseigentümer musste zunächst einmal den Acker von vielen großen Steinen befreien, aus denen er eine Mauer um das Feld baute. Dann bearbeitete und bepflanzte er das Land. Die Arbeit war hart, mühsam und zeitaufwendig.

Aber woher hat die in Gottes Augen schöne Frau das Geld, um ihren Traumacker zu kaufen? Es stammt aus ihrem geschäftstüchtigen Wirtschaften. Ihre Sparsamkeit macht sich sowohl im täglichen Leben als auch beim Handeln bezahlt. All ihre Mühen – ihr Haushalten, ihre Arbeit, ihr Fleiß, der Tauschhandel und das Weben, ihre Verkäufe, ihr Verzicht, ihr »Nein« – vermehren das Kapital, mit dem sie sich ihre Wünsche erfüllen kann. Jemand sagte einmal: »Harte Arbeit ist wie Hefe, die den Teig aufgehen lässt!«

*Schritt 3: Bearbeiten* – »Sie trachtet nach einem Acker und erwirbt ihn auch; vom Ertrag ihrer Hände *pflanzt* sie einen Weinberg an.« Obgleich dieser Vers etwas anderes suggeriert, handelt es sich hier um zwei verschiedene Landstücke und zwei unabhängige Käufe. »Acker« und »Weinberg« meinen zwei unterschiedliche Grundstücke. Unsere in Gottes Augen schöne Frau kauft nicht einen Acker und pflanzt dann einen Weinberg darauf, sondern sie kauft sowohl einen Acker als auch einen Weinberg.[5] Mit ihrem hart verdienten, gut verwalteten und ehrlich ersparten Geld kauft sie nicht nur einen Acker, sondern auch einen Weinberg, den sie mit den besten Pflanzen, die sie sich leisten kann, anlegt.

Warum einen Weinberg? Ihre Auswahl der Anbaufrüchte war weise. In ihrem trockenen Heimatland, wo das Wasser so knapp ist, waren Weintrauben und Wein Grundnahrungsmittel. Da jeder Mensch Flüssigkeit braucht, sorgte die in Gottes Augen schöne Frau mit dem Kauf des eigenen Weinbergs gut für ihre geliebte Familie. Was davon übrig blieb, verkaufte sie wieder, um mit dem verdienten Geld ihren nächsten Wunsch erfüllen zu können. Alle profitierten davon! »Vom Ertrag ihrer Hände« pflanzte sie einen Weinberg, um ihre Familie mit allem Notwendigen und allen Annehmlichkeiten zu versorgen.

## Anleitung zur wahrer Schönheit

Wenn wir unsere kreativen Ideen verwirklichen wollen und dabei Gottes Weisheit suchen, befolgen und selbst hart daran arbeiten, dann wird jeder davon profitieren. Hier sind ein paar Tipps, damit deine kreativen Ideen Wirklichkeit werden.

*1. Trachte nach dem, was in Gottes Augen schön ist* – Bitte den Herrn, dass er dich mit wunderbaren Tugenden ausstattet. Bitte ihn um folgende Dinge:

- Geduld – damit du warten kannst, bevor du handelst, wenn sich Gelegenheiten bieten.

- Vernunft – damit du sorgfältig darüber nachdenkst, während du wartest.
- Gebet – damit du die Weisheit des Herrn suchst, während du wartest und abwägst.
- Ratschläge einholen – damit du bereit bist, deinen Mann – oder Eltern, Pastor oder Chef – zu Rate zu ziehen – nachdem du gewartet, nachgedacht und gebetet hast.
- Das richtige Ziel erkennen – damit Gott dein Herz in die richtige Richtung lenkt, nämlich in seine Richtung.
- Ausdauer – damit du das tust, was nötig ist, um deine kreativen Ideen zu verwirklichen.

*2. Akzeptiere und erfülle Gottes Plan für dein Leben* – Und das bedeutet für dich, dass die Familie an erster Stelle steht! Deine Aufgabe ist es, dich um deine Familie und dein Heim zu kümmern (Sprüche 14,1), deiner Familie einen ehrenwerten Namen zu verschaffen (Sprüche 22,1) und die nächste Generation aufzuziehen (Sprüche 31,28). Mach dir keine Sorgen, ob du etwas zurück bekommst oder was es dich persönlich kostet (ich spreche nicht von finanziellen Kosten!). Kümmere dich nicht darum, ob andere dir für deinen selbstlosen Dienst danken oder ob sie es überhaupt zur Kenntnis nehmen. Als gläubige Frau dienst du nicht, um etwas zu *bekommen*, sondern du tust es, weil Gott dich in die Frau umgestaltet, die in seinen Augen schön ist – nämlich in eine tugendhafte Frau! Selbstloser Dienst spiegelt wahre Schönheit und höchste Freude wider, denn in diesem Dienst zeigt sich die Herrlichkeit unseres Herrn!

*3. Dein Ehemann hat die höchste Priorität* – Erinnere dich daran, dass »das Herz ihres Mannes« sich auf seine Frau verlässt (Vers 11). In Vers 16 wird uns eine weitere Möglichkeit gezeigt, wie wir Vertrauen gewinnen können. Das beinhaltet auch, dass du bereitwillig deine persönlichen Wünsche gegenüber denen deines Mannes zurückstellst und unterordnest. Ich will nochmals darauf hinweisen, dass dies freiwillig geschieht. (Die in Gottes Augen schöne Frau tut alles bereitwillig – Vers 13!) Wenn du die geistlichen Tugenden stärkst und im Alltag zum Ausdruck kommen lässt, und wenn du mit deinem Mann über alle familiären und häuslichen Dinge sprichst, wirst du auch sein Vertrauen auf dich stärken. Dein Mann wird sich freuen, wenn du ihn um Rat bittest. Er wird dann sagen: »Sie ist wirklich wunderbar! Woher nimmt sie all diese Ideen? Und woher nimmt sie die Kraft?! Ich habe wirklich Glück, dass sie meine Frau ist!« Er wird dich dann, wie der Mann aus Sprüche 31,28-29, loben und dich für »die Beste von allen Frauen« halten.[6]

4. *Kreativität macht reich!* – Während du anderen selbstlos dienst, wirst du überrascht sein, wie viele Möglichkeiten es gibt, deine Liebe auf kreative Weise auszudrücken. Dein Verstand und dein Herz werden »verborgene Kunstschätze« preisgeben (wie Edith Schaeffer unsere schöpferischen Leistungen im Alltag nennt).[7] Achte einmal darauf, woher diese Ideen stammen, über die ich kürzlich etwas auf einem Zeitmanagement-Seminar für vielbeschäftigte Frauen gehört habe. Weißt du, wo die Rednerin die geheimnisvollen Methoden lernte, die sie uns präsentierte? Zu Hause – mit einem Ehemann und fünf Kindern! Ich habe auch an Kursen teilgenommen: »Wie koche ich Mahlzeiten in weniger als 20 Minuten?« Es ist immer wieder die gleiche Erfolgsgeschichte: Eine überaus beschäftigte und unter Zeitdruck stehende Frau entdeckt, wie sie schnell und erfinderisch ihre Familie versorgen kann.

Meine gute Freundin Kris, die drei Kinder und dazu einen Mann hat, der seine Ausbildung noch nicht abgeschlossen hat, kauft die Kinderkleidung in einem »Ein-Dollar-Laden«. Mit einer Klebepistole und ein paar kleinen Teilchen (Knöpfchen, Filzblumen, Stoffresten) verschönert sie wunderbar die Kleidung ihrer Kinder – und das kostet fast nichts! Sie überlegte, wie sie dieses Talent noch einsetzen könnte, und so wurde daraus ein permanenter Stand auf einer Kunsthandwerkermesse. Mittlerweile verkauft sie ihr künstlerisches Material an andere Mütter – und beteiligt sich somit auch an den Ausbildungskosten ihres Mannes. Diese Geschäftsidee wurde am Bügelbrett in der Küche geboren. Ihr kamen einige kreative Gedanken – und sie wurden Wirklichkeit, weil alles vorhanden war, was man dazu benötigte: ein Fokus auf die Familie, liebevolle Fürsorge, pflichtbewusster Dienst und ein Fünkchen Kreativität!

*5. Trau dich zu träumen!* – Wenn du die Finanzen deiner Familie verbessern könntest, was würdest du am liebsten tun? Wenn du deine persönlichen Herzenswünsche und deine kreativen Veranlagungen berücksichtigst, was würdest du tun? Wie die kreative Frau aus Sprüche 31 (Vers 13.18.21-22.24), die ihren Mann, die Kinder und das Haus versorgen will, kannst auch du deine Kreativität praktisch umsetzen.

Also, vergiss nicht zu träumen! Alles, was die in Gottes Augen schöne Frau tut, spart Geld: ihre Familie betreuen und das Haushaltsbudget planen, aber auch ihr Verzicht, ihre Sparsamkeit, ihre Enthaltsamkeit und die Zeit, die sie aufbringt, um günstige Angebote zu finden. All das führt dazu, dass ihre kreativen Ideen Wirklichkeit werden. Natürlich will sie nicht Geld verdienen und sparen, um es für sich selbst und für Belanglosigkeiten auszugeben, sondern um ihre kreativen Gedanken zugunsten ihrer *Familie* in die Tat umzusetzen. *Sie* profitiert davon. *Ihr Leben* wird besser. Es ist wichtig, dass auch du mit Geld vernünftig umgehst. Wenn du eines Tages deine kreativen Ideen verwirklichen willst, musst du dafür sorgen, dass du das Geld dafür hast.

*6. Arbeite!* – Wie werden Träume Wirklichkeit? Bei der in Gottes Augen schönen Frau gab es in etwa folgende Entwicklung:

Aus ihrer Tugendhaftigkeit (Vers 10) folgte
  ihr bereitwilliges Herz (Vers 13), daraus folgte
    ihr Fleiß (Vers 13), daraus folgte
      ihr Gewinn (Vers 11), daraus folgten
        ihre Investitionen (Vers 16), daraus folgte
          ihr Wohlstand (Vers 25).

Jede Erfolgsgeschichte ist schlicht das Ergebnis harter Arbeit: angetrieben von der Liebe zur Familie, von einem vorausschauendem

Denken für das Wohl der Familie, von kreativen Ideen, die Familie glücklich zu machen, und von Gottes gnädigem Segen!

## Wahre Schönheit entdecken

Und jetzt zu dir, meine liebe Freundin, mit deinen überreichen Gaben! Ich könnte das gleiche auch über *dich* schreiben! Ich möchte, dass du jetzt anfängst, dich deinem Traumacker zu widmen. Schalte den Fernseher aus. Schalte das Radio, die Musik und alles aus, was dich vom kreativen Denken, Überlegen und Planen ablenkt.

Jetzt beschreibe deine kreative Idee – oder zehn deiner kreativen Träume! Dann beginne mit folgenden Schritten, deine Ideen zu verwirklichen: *Erstens, überdenke deine Idee oder deinen Wunsch.* Bete. Überschlage die Kosten. Bete. Sammle Informationen. Bete. Und sprich mit deinem Mann darüber. *Dann beginne zu arbeiten.* Geld verdient man durch harte Arbeit. Also tu alles, was nötig ist, damit du Geld sparen, verdienen und anlegen kannst. Wenn du dann Geld hast, kannst du anfangen, den »Acker« zu kaufen, die Materialien, deine Grundausrüstung. Und dann mache weiter. Achte darauf, dass du dein Heim und die Familie nicht vernachlässigst. Denn schließlich verfolgst du deine kreativen Gedanken zum Wohle deiner Familie. Du bist nicht auf dieser Erde, um ein Geschäft aufzubauen; du sollst dich um dein Heim kümmern (Sprüche 14,1), deiner Familie einen ehrenwerten Namen verschaffen (Sprüche 22,1) und die nächste Generation heranwachsen lassen (Sprüche 31,25.28). Also, ich wiederhole: Hinter jeder Erfolgsgeschichte steht harte Arbeit – die angetrieben wird von der Liebe zur Familie, vom Wunsch nach ihrem Wohlergehen, von einer kreativen Idee und von Gottes gnadenreichem Segen!

## 10

# *Tatendrang und Eifer*

## Ihre Arbeit

*Sie gürtet ihre Lenden mit Kraft und stärkt ihre Arme.*
Sprüche 31,17

Jedes Mal, wenn ich an eine Umfrage denke, die ich vor einigen Jahren gemacht habe, muss ich schmunzeln. Im Laufe eines Seminars mit dem Titel »Die weise Hausfrau« stellte ich hundert Frauen die Frage: »Was hält euch von der Hausarbeit ab?« Folgendes Ergebnis kam dabei heraus:

1. Grund: Schlechte Zeiteinteilung
2. Grund: Fehlende Motivation
3. Grund: Unzureichende Planung
4. Grund: Aufschieben

Mit einem lächelnden Kopfnicken kann ich diesen Punkten voll und ganz zustimmen. Die erwähnten Dinge auf der Liste leuchten mir vollkommen ein!

Denn bei mir läuft das gewöhnlich so ab: Meine schlechte Zeiteinteilung hat immer etwas mit fehlender Motivation zu tun. Das zeigt mir, dass ich nicht sicher bin, was ich eigentlich erreichen will! Wenn ich also nicht weiß, *warum* ich etwas erreichen will, wenn ich keine oder unklare Ziele habe, dann bin ich vollkommen unmotiviert und nutze meine Zeit sehr schlecht.

Und was ist mit der Planung? Wenn ich keine Ziele habe, brauche ich auch nicht planen – oder zumindest ist es unsicher, wofür ich planen soll.

Und dann gibt es noch den Punkt des Aufschiebens. Wenn ich nicht weiß, was oder wofür ich etwas mache, lasse ich es ganz sein. Wie gesagt, leuchtet mir das alles vollkommen ein.

Also, liebe Freundin, wenn du wie ich bist, dann können wir beide Gott für diese wunderbare Frau aus Sprüche 31 danken, die ihre Zeit – und zwar jede Sekunde – gut nutzt! Sie kennt ihre Ziele: Sie hat von Gott den Auftrag bekommen, sich um ihr Heim zu kümmern (Sprüche 14,1), daher ist sie hoch motiviert. Ihre Tage plant sie weise, damit jeder Tag sie ihren Zielen und Vorstellungen näher bringt. Sie arbeitet – und sie arbeitet *hart* –, sie schiebt nichts auf, sie nutzt ihre Zeit immer gut, sie konzentriert sich mit ihrer ganzen Kraft darauf, ihre Vorhaben in die Tat umzusetzen. Ich hoffe, du kannst mit mir von Herzen sagen: »Danke, Herr, für diese wunderbare Frau!« Was würden wir tun, wenn wir sie nicht als Vorbild hätten, dem wir nacheifern sollen?

Beim intensiven und systematischen Studium von Sprüche 31 staunen wir über die zwei Seiten der geistlich schönen Frau: Wie man an ihrer Einstellung und ihrer Arbeit erkennen kann, ist sie sowohl mental als auch körperlich in einer starken Verfassung. Wir wollen zunächst einmal ihre mentale, seelische Stärke und innere Einstellung betrachten. Ohne mentale Stärke können wie niemals körperlich hart arbeiten!

## *Vorbereitung zur Arbeit*

Wie erledigt die gottgefällige Frau – die, bildlich ausgedrückt, wie eine Armee, eine Kriegerin, ein Schiff, eine Löwin und eine Landwirtin ist – ihre Arbeit erfolgreich? Was ist der Schlüssel zu ihrem Erfolg bei allem, was sie anfasst?

Erstens sagt uns Sprüche 31,17: »Sie *gürtet ihre* Lenden mit Kraft.« Mit diesen sorgfältig gewählten Worten beschreibt die Lehrerin die *Arbeitseinstellung* der künftigen Ehefrau ihres Sohnes. Diese bildliche Beschreibung möchte ich jetzt erklären.

Als vor dreitausend Jahren dieses Gedicht geschrieben wurde, trugen Frauen (und Männer) lange, wallende Gewänder. Um körperliche Arbeit verrichten zu können, mussten sie ihre Kleidung zusammenraffen und mit einem Gürtel befestigen. Nur dann konnten sie sich ungehindert bewegen, um schwere Arbeiten zu verrichten. Dieses Zusammenbinden der Kleidung gehörte zu den notwendigen Vorbereitungen für harte Arbeit[1] und nahm Zeit in Anspruch.[2]

Außerdem hatte es auch einen positiven Effekt auf die Psyche. So wie man vor Arbeitsbeginn eine Schürze, Arbeitskleidung, Sportsachen oder Malerkittel anlegt und die Ärmel hochkrempelt, bereitete man sich mit dem Schnüren des Gewandes auf die Arbeit vor. Mit dieser Tätigkeit und der richtigen Kleidung stellte man sich mental auf die Arbeit ein.

Zweitens: »Sie gürtet ihre Lenden *mit Kraft*« (Sprüche 31,17). Die Betonung der körperlichen Kraft und Ausdauer der Frau in Sprüche 31 deutet in der hebräischen Sprache darauf hin, dass sie bereit und motiviert ist, hart zu arbeiten. Ihre Stärke ist zum Teil darauf zurückzuführen, dass sie *entschlossen* ist, hart zu arbeiten. Das Gürten ist ein Bild für ihre mentale und körperliche Kraft. Das Gürten ihrer Lenden verdeutlicht, dass sie motiviert und bereit ist, tatkräftig zu arbeiten. Dieser Satz könnte auch anders übersetzt werden: »Sie kleidet sich mit Kraft!«[3] Die Bibel spricht in Psalm 84,8 auch davon, »von Kraft zu Kraft« zu gehen, und genau daran hat die in Gottes Augen schöne Frau ihre Freude: Mit ihrer Selbstdisziplin bekommt sie noch größere Kraft und Ausdauer![4]

Drittens lesen wir, dass sie »ihre *Arme* stärkt« (Sprüche 31,17). Dieser Hinweis auf ihre körperliche Stärke zeigt, dass sie hart arbeiten kann. Sie ist seelisch und körperlich vorbereitet, und sie hat die Kraft und Ausdauer einer Löwin.[5] In einer anderen Übersetzung heißt es: »Wie frisch widmet sie sich ihrer Arbeit und wie unermüdlich sind ihre Arme!«[6]

## *Das persönliche Erfolgsrezept für Arbeit*

Wenn ich Sprüche 31,17 heute mit meinen eigenen Worten wiedergeben könnte, würde ich sagen: »Die in Gottes Augen schöne Frau hat die Bereitschaft, den Willen und die Fähigkeit, hart zu arbeiten!« Als ich über diese Eigenschaften der in Gottes Augen schönen Frau nachgedacht habe, habe ich gemerkt, dass ihre seelische Verfassung der Schlüssel zu ihrem Arbeitspensum ist, und diese Verfassung bzw. ihre innere positive Einstellung offenbaren folgende vier Herzenseigenschaften:

*Entschlossenheit* – Arbeit ist eine Herzenssache, und wo das Herz nicht dabei ist, gelingt die Arbeit nur spärlich oder gar nicht. Zu Beginn meines Hausfrauendaseins musste ich mich immer dazu zwingen, den Kampf mit der Hausarbeit aufzunehmen. Ich wollte viel lieber lesen, entspannen und fernsehen. Eines Abends jedoch hörte ich eine Christin, die ich bewunderte, sagen: »Ich sitze niemals bloß herum!« Über diese Aussage dachte ich tagelang nach (auch heute noch!), und schließlich verpflichtete ich mich, aktiver zu werden, mehr in Bewegung zu sein und immer etwas zu tun. Sprüche 14,23 lehrt uns schließlich: »Wo man arbeitet, da ist Gewinn«!

*Bereitwilligkeit* – Unsere Bereitschaft zu arbeiten spielt eine wesentliche Rolle dabei, wie leicht uns die Arbeit fällt und wie viel wir erledigen können. Wir können zwar sehr entschlossen für die Arbeit, unser Heim, für die Familie und für Gottes Plan mit uns sein, aber wir müssen auch bereit sein, dies in die Tat umzusetzen! Als gläubige, tugendhafte Frau haben wir uns sozusagen für die Armee verpflichtet; wir haben unterschrieben; wir haben uns freiwillig zur Verfügung gestellt. Also müssen wir mental bereit und entschlossen sein, das Notwendige zu tun, wenn uns die Pflicht ruft!

*Motivation* – Für mich spielt die Motivation eine wichtige Rolle bei der Arbeit, weil die Motivation der Grund für alles ist, was ich tue. Ich überlege mir ständig und bete dafür, wie mein Leben aussehen soll, was ich für meine Familie und mein Heim wünsche und wie ich meiner Gemeinde, anderen Christen und Menschen dienen kann. Ich wünsche mir das, was die Frau aus Sprüche 31 in ihrem Leben erntete: bei allem Tun Gott als treibende Kraft zu haben; Jims Leben zu bereichern; der Gemeinde, der Welt und der nächsten Generation zwei gläubige Töchter zu schenken, meiner Familie ein geordnetes und schönes Heim zu geben; meine Gemeinde mit allem, was sie braucht, großzügig zu versorgen; die Liebe Christi auch in das Leben anderer Frauen hineinzubringen. Meine liebe Leserinnen, genau das wünsche ich (und ich glaube, das ist es, was Gott will), und ich wünsche dies alles so sehr, dass ich – von Sonnenaufgang bis Sonnenuntergang – daran arbeite, dass dies alles (wenn Gott will) Wirklichkeit wird. Diese Ziele werden mich mein Leben lang motivieren und geben mir die Kraft, um sie zu verwirklichen.

*Disziplin* – Autsch! Das Stichwort Disziplin tut mir persönlich weh. Bis jetzt ging es nur um Vorstellungen, Wünsche, Ziele und Gerede! Aber in Sprüche 14,23 heißt es ganz zu Recht: »Wo man nur Worte macht, da herrscht Mangel!« Nur mit Disziplin können die gesetzten Ziele in die Tat umgesetzt werden. Ich möchte erklären, wie ich das gemacht habe. Ich möchte zwar ein sauberes Haus haben, aber einzig und allein Selbstdisziplin bringt mich aus dem Bett, wenn der Wecker verstummt ist. Nur Selbstdisziplin lässt mich vom Sofa oder von einem bequemen Sessel aufstehen. Nur mit Selbstdisziplin kann ich staubsaugen und putzen. Disziplin lässt mich weiter arbeiten, wenn ich eine Pause machen will. Mit Disziplin kann ich meine Arbeit fertig bringen, anstatt etwas gar nicht oder nur halb zu tun. Mit Disziplin kann ich alles wieder wegräumen, wenn ich mit der Arbeit fertig bin!

Und diese Disziplin ist vor allem eine Frage des Willens! Wenn wir Disziplin aufbringen müssen, findet immer ein Kampf gegen innere Widerstände statt. Mit unserem Verstand, unseren Gedanken, treffen wir Entscheidungen –, hier und jetzt entscheiden wir, wie wir unsere Zeit und Energie gebrauchen. Darum ist mentale Stärke eine Voraussetzung für Arbeit. Wenn wir willensstark sind, gewinnen wir den Kampf gegen die Faulheit, gegen das Aufschieben, gegen die Unordnung und andere Feinde der Produktivität.

## Anleitung zu wahrer Schönheit

Ich möchte jetzt ein paar Tipps weitergeben, die mir geholfen haben, meine innere Einstellung zu verbessern, um mehr Disziplin und Arbeitseifer aufzubringen.

*1. Erkenne Gottes Willen für dein Leben* – Wenn du dir nicht sicher bist, was Gottes Wille für dein Leben ist, kannst du das in Sprüche 31 nachlesen. Studiere daher diese Bibelverse sehr genau. Gib ihre Aussage mit deinen eigenen Worten wieder, verinnerliche sie, denke darüber nach und richte dein Leben danach aus!

*2. Bleibe im Wort Gottes* – Lass den Heiligen Gottes durch die Kraft des Wortes Gottes deinen Verstand, dein Herz und deinen Sinn stärken. Dass die in Gottes Augen schöne Frau den Herrn liebte und fürchtete (Vers 30), war die Grundlage für ihr ganzes Wesen. Ihre Ziele leitete sie aus seinem Wort ab; ihre Kraft zog sie aus seinem Wort, und die Gnade des Beharrens wurde ihr durch sein Wort und seinen Geist gegeben!

*3. Entwirf deine Lebensziele* – Eine Gesamtschau, ein »Big Picture« dessen, was du erreichen willst und welche Möglichkeiten dein von Gott zugeteilter Dienst hat, wird für dich eine Antriebskraft sein. Denke für einen Moment darüber nach, wie deine Vorstellung von einer Familie, einem schönen ordentlichen Heim, einem gut geführten Haushalt und Frieden in deinem Haus Wirklichkeit wurde. Erweitere deinen Horizont und stelle dir die Zukunft deiner Familienmitglieder vor und was sie für die Gesellschaft tun könnten. Gebete wie das folgende können dabei hilfreich sein: »Herr, hilf mir, mich selbst zu beherrschen, damit ich anderen dienen kann.«[7]

*4. Frag dich warum* – Vielleicht wiederhole ich mich, aber es ist wichtig, dass du weißt, *warum* du tust, was du tust. Dieses *warum* ist die Motivation hinter jeder Arbeit. Ein Lehrer hat diese Tatsache einmal so ausgedrückt: »Das Geheimnis der Disziplin ist Motivation. Wenn jemand nur genug motiviert ist, wird sich die Disziplin von selbst einstellen.« Vielleicht weißt du, was du tun musst und hast alle notwendigen Fähigkeiten dazu, aber wenn du nicht motiviert bist – also nicht weißt, warum du das tust und keine Leidenschaft dafür aufbringst – dann wirst du die Aufgabe wahrscheinlich nicht erledigen!

*5. Bete für eine freudige innere Einstellung* – Wenn du abends das Lichts ausschaltest, bete für die Arbeit, die dich am nächsten Tag erwartet. Bitte Gott, dass er dir hilft, den kommenden Tag mit Freude zu beginnen (siehe Psalm 118,24). Wenn dann der Wecker klingelt, danke Gott für diesen Tag, an dem du ihm dienen und für deine Familie liebevoll sorgen darfst.

*6. Erstelle einen Zeitplan* – Mithilfe eines Zeitplans kannst du deine Arbeit gut organisieren. Du weißt, was auf dich zukommt und kannst deine Kräfte gut einteilen.

*7. Entwickle Routine* – Je mehr Arbeit zu deiner täglichen Routine wird, desto besser. Alle täglich anfallenden Tätigkeiten (wie beispielsweise die Andachtszeit mit dem Herrn, das Anziehen, Sport, Kaffee kochen, Blumen gießen, den Geschirrspüler ausräumen, das Bett machen, die Zeitung holen, aufräumen, Frühstück machen, Mittagessen und Abendessen kochen, andere Hausarbeiten usw.) nehmen weniger Zeit in Anspruch, wenn sie Teil einer Routine sind. Du sollst irgendwann sagen können: »An diesem Tag mache ich *immer* Sport ... räume auf ... bezahle die Rechnungen. An einem anderen Tag putze ich *immer* das Haus ... gehe einkaufen ... mache die Wäsche ... jäte Unkraut.« Hast du erst einmal eine Routine entwickelt, wird dir deine Arbeit viel leichter fallen; du musst weniger Entscheidungen treffen und nicht mehr so unentschlossen sein, was du als nächstes tun willst. Du wirst viele Arbeiten zügig erledigen und mehr Zeit für Gebet, kreative Ideen und Pläne haben. Wenn man die nächste Aufgabe kennt, kann das außerdem eine gewisse Vorfreude hervorrufen.

*8. Lies Bücher über Zeitmanagement* – Sprüche 31 stellt uns eine hervorragende Frau, Ehefrau, Mutter, Hausfrau *und* eine Managerin vor. Sie ist einfach die Beste von allen, und Gott möchte, dass wir auch unser Bestes geben. Beschäftige dich daher mit Organisationssystemen und wende sie an. Probiere die besten, schnellsten, effektivsten und wirtschaftlichsten Arbeitsmethoden aus. Literatur über Zeitmanagement zu lesen, wird deinen

Arbeitseifer anspornen *und* du lernst, wie du deine Gaben besser einsetzen kannst!

*9. Fang mit den fünf unangenehmsten Aufgaben an* – Es gibt keinen Grund unglücklich zu sein, nur weil du eine unangenehme Arbeit tun musst. Erledige diese Arbeit einfach zuerst! Hat man erst einmal das Unüberwindliche aus dem Weg geräumt, verläuft der restliche Tag viel reibungsloser und leichter. Wenn du die größte Hürde des Tages schon früh bewältigst, hast du wieder neue Kraft für andere, angenehmere Aufgaben.

*10. Höre Musik* – Eines Nachmittags rief ich um 15 Uhr meine Freundin Karen an. Ich musste einen Moment warten, weil sie ihre Musik leiser stellen musste – ein Brandenburgisches Konzert von Bach. Sie erklärte: »Immer wenn ich nachmittags müde werde, schalte ich Musik ein. Das hält mich auf Trab!« Das ist ein guter Rat. Probiere das auch mal aus.

*11. Finde heraus, wie schnell du arbeiten kannst* – Versuch deine eigene Geschwindigkeit zu übertreffen. Mach aus deiner Hausarbeit ein Spiel. Die Belohnung ist mehr Zeit für deine eigenen Hobbys und Vorhaben. Hast du deine Hausarbeit erledigt, kannst du dich z. B. deiner Handarbeit widmen, so wie es die in Gottes Augen schöne Frau mit ihren Webkünsten tat. Der Gedanke, dass du deinen Tag mit einer wunderbaren schönen Tätigkeit krönen wirst, wird deine Arbeitsmoral beflügeln.

12. *Hab Acht auf dich selbst* – Denke über die Botschaft in diesem Gedicht nach und bete, dass du dir nicht selbst im Weg stehst:

> Alle Hindernisse auf dem Wege,
> das zu werden und zu sein,
> was dein Tun und Wünschen rege,
> bist du allein![8]

## Wahre Schönheit entdecken

Schön, dass du nicht aufgegeben hast! Von ganzem Herzen wünsche ich mir, dass auch du in die Herrlichkeit dieser Frau umgestaltet wirst! Ich bin von dieser in Gottes Augen schönen Frau so begeistert, dass ich alles versuche, um etwas von ihrer inneren Schönheit zu erhaschen.

Als ich eben noch einmal den Abschnitt über Motivation gelesen habe (lies ihn auch nochmal!) wurde mir erneut bewusst, wie wichtig du mir bist. Natürlich habe ich alle Dinge aufgezählt, die ich für *mein* Leben möchte, aber, meine liebe Freundin, all dies möchte ich von ganzem Herzen auch für *dich!* Warum? Weil Gott möchte, dass wir diese selbstlosen liebevollen Dinge tun – und wenn wir auf seinen Wegen wandeln (Psalm 16,11), werden wir auch reichen Segen empfangen.

Ich möchte außerdem, dass auch du jene unaussprechliche Freude und Zufriedenheit erfährst, die du bekommst, wenn du jenen Wünschen des Herzens folgt, die Gott dir eingepflanzt hat (Psalm 37,4). Du sollst das Glücksgefühl und die Motivation erleben, die aus jenen edlen Bemühungen entspringen. Also halte inne, bete, schütte Gott dein Herz aus – weine, wenn dir danach ist – und vertraue auf Gottes Gnade und halte daran fest, deine gottgegebene Rolle zu erfüllen!

11

# *Das Geheimnis des Erfolges*

## Ihre Zuversicht

*Sie sieht, dass ihr Erwerb gedeiht;*
*ihr Licht geht auch bei Nacht nicht aus.*
Sprüche 31,18

Bevor wir ein weiteres Kapitel über wahre Schönheit beginnen, will ich gestehen, dass dieser Vers 18 mein Lieblingsvers ist. Ich werde gleich auch den Grund dafür nennen, aber zuerst muss ich noch etwas erklären.

Erstens: Ich weiß, dass jeder einzelne Vers über die in Gottes Augen schöne Frau stärkend, lebensverändernd und wichtig ist, weil Gott selbst dies alles sagt. Ich weiß auch, dass mein Mann, meine Kinder und mein Heim an erster Stelle stehen, wenn ich nach Gottes Willen leben will. Als verheiratete Frau finde ich meine größte Erfüllung darin, für meine Familie zu sorgen und mein Heim für alle zu einem Ruheort zu machen. Indem ich mein Leben nach Gottes Willen ausrichte, werde ich reich gesegnet und in mein Leben kommt Freude.

Aber Vers 18 – diese kleine Perle inmitten dieser gewaltigen Lektion – gibt mir eine lebenslange Motivation. Vers 18 ist der Funke, der nicht nur bei der Frau aus Sprüche 31, sondern auch bei mir und vielleicht auch bei dir die Flamme entfacht, ein erfolgreiches »Geschäft« zu betreiben. Wie wir gesehen haben, macht die in Gottes Augen schöne Frau alles wirklich gut und freut sich aufgrund ihrer hohen Ansprüche über ihren Erfolg. Wir haben auch gesehen, dass sie hart arbeiten kann und wie sie spart, indem sie Tauschhandel betreibt, kauft und verkauft. Weil sie sparsam ist, hart arbeitet und auf Dinge verzichtet, spart sie so viel Kapital an, dass sie Grundstücke kaufen kann. Nachdem sie sich um die Familie und ihr Haus gekümmert hat, eröffnet sie jetzt ihr eigenes kleines Geschäft.

## *Exzellenz in allen Bereichen*

Wie begann ihr Geschäft? Womit fing alles an? Die weise königliche Mutter, die dieses Alphabet der Weisheit lehrt, offenbart uns die Erfolgsformel – und die lautet in einem Wort: *Exzellenz!* Wenn wir in allen Dingen nach Exzellenz streben, können wir den gleichen Erfolg erleben wie die in Gottes Augen schöne Frau.

*Exzellenter Geschmack* – Sprüche 31,18 beginnt mit den Worten: »Sie sieht, dass ihr Erwerb gedeiht.« Das Wort *sehen* ist das gleiche hebräische Wort, das in Psalm 34,8 mit *schmecken* übersetzt wird: »Schmeckt und seht, wie freundlich der Herr ist.« Wir sehen also, dass die in Gottes Augen schöne Frau sehen und schmecken kann, wie ihr Erwerb gedeiht. Sie experimentiert und erkennt, dass ihre Arbeit gut ist. Sie geht Risiken ein und probiert neue Ideen und Methoden aus. Sie strengt sich an und sieht, dass sie etwas Gutes produziert. Sie kann mit ihrer Arbeit zufrieden sein und ist es auch.

*Exzellente Produkte* – Aber welcher Erwerb ist es denn, der gut gedeiht? Zuerst hat diese Frau einen Acker gekauft und bewirtschaftet. Außerdem hat sie einen Weinberg gepflanzt (Vers 16). Der Ertrag ihres Landes – Getreide, Trauben, Wein – ist mehr, als die Familie benötigt, also verkauft sie die Erzeugnisse.

Diese ausgezeichnete Frau verkauft auch ihre Webereien. Denken wir nur an den aufwendigen Prozess bei der Verarbeitung von Wolle und Flachs (Vers 13), an das Spinnen (Vers 19) und die Herstellung der teuren Waren für ihre Familie, ihr Heim und für sich selbst (Vers 21.22). Da sie weiß, dass sie gute Kleidung produziert (sie muss viele Komplimente bekommen haben!), kann sie ihre Waren getrost auch an andere weiterverkaufen (Vers 24).

*Exzellente Ergebnisse* – Ihr Erwerb *gedeiht* (Vers 18), weil ihre Waren *gut* sind! Ihre Familie steht dabei an erster Stelle und nichts ist gut genug für sie. Sie würde ihren Lieben niemals etwas Minderwertiges anbieten. Ihr hoher Qualitätsstandard bedeutet, dass auch ihre Arbeit von höchster Qualität ist. Wenn von diesen exzellenten Waren also etwas übrig ist, verkauft sie diese. Ihre ausgezeichneten Waren sind auf dem Markt sehr gefragt, und sie kann einen guten Preis dafür erzielen.

*Exzellentes vorbildliches Arbeiten* – Vers 18 berichtet weiter, dass »ihr Licht auch bei Nacht nicht ausgeht«. Gottes wunderbare Hausfrau führt ihr Geschäft zuversichtlich weiter, auch wenn das Nachtarbeit bedeutet. Dass ihr Erwerb gedeiht, gefällt ihr und spornt sie dazu an, auch in der Nacht zu arbeiten. Ihre Kreativität und der daraus resultierende finanzielle Gewinn motivieren sie, immer fleißiger und gewissenhafter zu arbeiten. Damit die Geschäfte weiterhin so gut laufen, verbrennt sie sogar das Nachtöl.[1] Aus ihrer intellektuellen Wahrnehmung (»sie sieht«) wird körperliche Aktivität (»ihr Licht geht auch bei Nacht nicht aus«), wobei sie sowohl ihre Familie versorgt als auch ihre Kreativität zum Ausdruck bringt.

Bevor wir weitermachen, möchte ich eine kurze Bemerkung über das hier erwähnte Licht machen. Wenn es Abend wurde, brauchte man für jede weitere Tätigkeit eine Lampe. Wie schon gesagt, waren diese Lampen flache Teller mit Olivenöl und einem darin schwimmenden Docht. Das Leuchten der Lampe hatte mehrere Bedeutungen.

- In erster Linie bedeutete Licht, dass weitergearbeitet wurde. Natürlich wurde im Haus der in Gottes Augen schönen Frau viel gearbeitet!
- Gastfreundschaft war ein weiterer Grund für ein brennendes Licht. Das Licht signalisierte Reisenden, dass es hier Komfort und Speise gab.
- Ein brennendes Licht bedeutete, dass wertvolles Öl verbrannt wurde und signalisierte so auch Wohlstand (Sprüche 21,20).

- Schließlich war ein brennendes Licht ein Zeichen von Weisheit: Jemand im Haus war praktisch veranlagt und so weise, eine Lampe brennen zu lassen, damit das Küchenfeuer am Morgen angezündet werden konnte. Denke einmal nach, wer es wohl war, der in der Nacht immer wieder aufstand, um zu prüfen, ob die Lampe noch brannte (Vers 18)!

Die in Gottes Augen schöne Frau ist eine fleißige Frau, die nicht nur ihren Mägden Arbeit gibt, sondern selbst bis spät in die Nacht und früh am Morgen arbeitet (Vers 15). Draußen auf dem Feld und im Weinberg arbeitet sie am hellen Tag (Vers 16) und im Haus sogar auch noch in der Nacht (Vers 18) und kümmert sich so um ihre gewinnbringenden Projekte.

Also meine liebe Freundin, es sollte uns nicht überraschen, dass ihr Geschäft erfolgreich ist. Schließlich drückt sich unsere in Gottes Augen schöne Frau um keine harte Arbeit – und dank ihrer geschickten Hände und mit Gottes Segen macht sie gute Arbeit, die Gewinn einbringt (Vers 18)! Sie tut etwas, was ihr Freude macht (sie macht gerne praktische Arbeit und das von ganzem Herzen), und gleichzeitig trägt sie zur finanziellen Sicherheit ihrer Familie bei (sie erweist ihrem Mann Gutes und an Gewinn mangelt es ihm nicht). Ihre Kreativität zeigt sich auch bei der Herstellung ihrer Kleidung und ihr Geschäftssinn bringt der Familie Gewinn. Die Freude an der Arbeit und der daraus resultierende Gewinn motivieren sie weiterzumachen. Mit Fleiß, harter Arbeit und Gottes Segen entstand so ein Familienbetrieb!

## *Eine Anregung zur Exzellenz*

Ich möchte das kleine Geschäft der in Gottes Augen schönen Frau »Das Sprüche-31-Projekt« nennen. Und du sollst dafür beten, was du tun willst – oder tun könntest –, um zu den Finanzen deiner Familie beizutragen. Ich hoffe, dass folgende Liste von mir bekannten Frauen, die bis spät abends arbeiteten, auch dich ermuntern und anspornen wird. Lass dich von ihnen und ihren Projekten anstecken und ermutigen, dass auch du dein Licht in der Nacht scheinen lässt.

- Meine Tochter Courtney macht für ihren Haushalt die Buchführung und Steuererklärung. Als Vergütung bekommt sie von ihrem Mann Paul alle Steuererstattungen. Dann startete sie von zu Hause aus ihr eigenes kleines Geschäft und macht jetzt auch für andere die Steuererklärung.
- Eine examinierte Krankenschwester holt jeden Abend vom örtlichen Krankenhaus Krankenakten ab, überprüft und bearbeitet sie zu Hause und bringt sie am nächsten Tag wieder zurück. Dafür wird sie auch bezahlt! Als sie ihr erstes Baby bekam, hat sie einfach ihren Beruf ein wenig verändert und nach Hause verlegt.
- Eine Frau aus unserem Theologischen Seminar backt ihr eigenes Brot – und auf Bestellung auch für andere! Ihr Mann nimmt ihre selbstgebackenen Waren mit in die Schule, wo sie in der Pause an Schüler verkauft werden. Mit dem Verdienst bestreiten sie seine Ausbildungskosten!
- Als die frühere Sekretärin meines Mannes ihr erstes Kind bekam, erledigte sie Schreibaufträge von zu Hause aus. Sie nimmt Schreibaufträge von Studenten an und schreibt für mich von Kassetten ab!
- Eine andere Freundin kümmert sich um Swimmingpools! Um Geld zu sparen, fing sie an, ihren Pool selbst zu reinigen und instand zu halten. Ihr Mann bezahlte ihr monatlich die gleiche Gebühr, die er sonst für die Reinigung bezahlt hätte. So entstand ihre eigene Reinigungsfirma für Swimmingpools – mit der sie zum Unterhalt der Familie beisteuerte. Als ihr Nachbar ihren blitzblanken Pool sah, bat er sie, auch seinen Pool zu reinigen. Heute reinigt Kathy jeden Pool in ihrer Nachbarschaft. Mit dem Verdienst unterstützt sie ihre Familie.
- Und dann gibt es noch meine Freundin Lisa, eine kluge verheiratete Frau mit zwei Kleinkindern und einem Haus. Sie hat einen Masterabschluss in Englisch, ein gutes Herz und Mitgefühl und ein unglaubliches Schreibtalent. Lisa ist meine Lektorin – und eine sehr gute Lektorin für viele andere. Sie kann sehr gut mit ihrer Zeit und ihrer Kraft umgehen. Wie die in Gottes Augen schöne Frau (Vers 15 und 18) steht sie sehr früh auf und

arbeitet bis spät am Abend, um aus ihrer Leidenschaft einen ertragreichen Beruf zu machen.

Warum nimmst du dir in Anbetracht dieser Beispiele einfallsreicher Frauen nicht einmal die Zeit, um deine Ideen, deine Fähigkeiten und Interessen neu zu überdenken? Bete, wie du zur finanziellen Situation deiner Familie beitragen kannst.

Auch wenn du bereits ein bestimmtes Sprüche-31-Projekt im Auge hast, möchte ich dich daran erinnern, dass du einen bedeutenden finanziellen Beitrag schon dadurch leistest, dass du dich um deinen Haushalt und die Familie kümmerst. Wir haben darüber gesprochen, wie viel Geld du sparen kannst, wenn du die Rechnungen regelmäßig bezahlst, klug einkaufst, einen wöchentlichen Speiseplan erstellst und gesunde Nahrung auftischst. Hinzu kommen Gartenarbeit, putzen und viele andere Dinge, die du vielleicht lieber selbst machen möchtest, als jemanden dafür zu bezahlen. Ein weises Sprichwort sagt treffend: »Gespartes Geld ist leicht verdientes Geld.«

Wenn deine Situation kein solches Sprüche-31-Projekt zulässt, ist das auch in Ordnung. Ich weiß, jede Frau ist anders und jede Lebenslage individuell (acht Kinder – oder keine Kinder?). Aber wenn Gott dir eine besondere Begabung oder bestimmte Voraussetzungen gegeben hat, wie beispielsweise einen guten Geschäftssinn oder andere besondere Fähigkeiten, oder besonders viel Freizeit, keine Kinder oder bereits erwachsene Kinder außer Haus, oder Vermögen, dann denke darüber nach und bete, wie du diese gottgegebenen Gaben und Umstände zum Wohle deiner Familie einsetzen kannst.

## Anleitung zu wahrer Schönheit

Im Folgenden einige Tipps, wie du dein persönliches Projekt erkennen kannst.

*1. Höre auf andere* – Wirst du für irgendetwas, was du tust, gelobt? Meistens sehen wir unsere Gaben als selbstverständlich an. Wir neigen zu denken: »Ach, das kann doch jeder! Das ist so einfach!« Aber wir merken nicht, dass es kein anderer macht – oder jedenfalls nicht so gut oder so wirkungsvoll oder mit dem gleichen Fingerspitzengefühl wie wir. Manchmal denken wir auch: »Ach, das ist nichts Besonderes! Andere machen das besser!« Stattdessen sollten wir Gott für die Gaben und Fähigkeiten, die er uns gegeben hat, danken und sie auch einsetzen.

2. *Gib nicht auf* – Hast du Fehler gemacht? Ist die Mahlzeit oder der Anstrich nicht gelungen? Sind dir beim Schreiben nicht die treffenden Worte eingefallen (das kann ich nachfühlen!) oder keine passenden Noten für deine Musikkomposition? Hast du deine Rosen überdüngt? Gib nicht auf, sondern mach weiter und denk an Thomas Edison, den Erfinder der Glühlampe, der selbst nach tausenden Versuchen nicht aufgab, sondern sagte: »Wo keine Fehler gemacht werden, gibt es keinen Fortschritt!«[2]

3. *Stärke deine Fähigkeiten* – Damit dein Projekt Erfolg hat, solltest du noch besser und versierter werden. Meine Tochter Courtney nahm an einem kulinarischen Kochkurs teil, um ihre wunderbare Kochkunst noch weiter zu verbessern. Sie ist talentiert und wünscht sich, mehr in der Küche zu arbeiten. Sie hat schon so viel Erfolg gehabt, dass sie den Traum von einer eigenen Gastronomie nicht aufgibt. Bilde dich auf jeden Fall weiter, denn das fördert nicht nur deine Fähigkeiten, sondern auch dein Zutrauen.

4. *Nutze die Zeit richtig* – Wenn du deinen Blick für das Wesentliche schärfst, hast du mehr Zeit für dein Sprüche-31-Projekt, für eigene kreative Vorhaben oder für dein eigenes »Geschäft«. Als ich mich ganz auf meine Schreibtätigkeit und meine Vorträge konzentrierte, hörte ich mit einigen anderen Tätigkeiten ganz auf. Ich guckte nicht mehr stundenlang Fernsehen, ging nicht mehr so lange auf Shoppingtour, nahm weniger an Kaffeekränzchen und Ausflügen teil und telefonierte nicht mehr so lange. Dafür widmete ich jetzt meiner Arbeit mehr Zeit, und das tue ich auch gerne bis spät abends (gerade jetzt ist es bei mir 22.30 Uhr)!

*5. Riskiere etwas* – Sei kreativ und probiere auch mal etwas Neues aus. Mache es wie meine Freundin Julie, die probierte, Blumengestecke zu arrangieren und so gut darin wurde, dass sie sie verkaufte. Sei einfach mutig, was immer du vorhast.

*6. Gib dein Bestes* – »Alles, was deine Hand zu tun vorfindet, das tue mit deiner ganzen Kraft.« Das ist die Weisheit aus Prediger 9,10. Die in Gottes Augen schöne Frau steckt natürlich ihre ganze Kraft und ihr ganzes Herz in ihre Arbeit. Alles, was sie tut, macht sie hervorragend. Daher sind alle ihre Produkte exzellent.

*7. Tu alles für den Herrn* – Sowohl im Alten Testament in Sprüche 16,3 als auch im Neuen Testament in Kolosser 3,23 wird uns gesagt, dass wir alles *für den Herrn* tun sollen. Wenn der Herr der Grund für deine Arbeit ist, und wenn er dein Chef ist und du alles zu seiner Ehre tust, dann wird er dich segnen und dir Kraft und Führung schenken. Du musst nur in enger Gemeinschaft mit ihm bleiben.

*8. Plane für den Profit* – Wie wir bei der in Gottes Augen schönen Frau gesehen haben, kann man finanziellen Gewinn auf unterschiedliche Weise erzielen. Wir können die Familienkasse aufbessern, indem wir Geld sparen, Geld verdienen und Geld investieren.

*9. Wisse, dass deine Tätigkeit wichtig ist* – In Psalm 34,9 sagt David: »Schmecket und sehet, wie freundlich der Herr ist.« Mit »sehen« ist hier »überzeugt sein« gemeint – und die Person, die man am schwersten vom Wert der eigenen Bemühungen überzeugen kann, bist natürlich du! Denk daran, dass es in diesem Kapitel um das Zutrauen der in Gottes Augen schönen Frau geht – es geht darum, was sie Gott und den von ihm gegebenen Gaben und Fähigkeiten zutraut. Sie kann das völlige Zutrauen haben, diese Gaben zum Wohle ihrer Familie und anderer Menschen einzusetzen.

*10. Die Familie kommt zuerst* – Jesus lehrte, dass jeder gute Baum auch gute Früchte bringt (Matthäus 7,15-20). Für die in Gottes

Augen schöne Frau steht die Familie an erster Stelle. Alles, was sie tut, tut sie für ihre Familie. Weil sie sich von ganzem Herzen wünscht, dass es ihrer Familie gut geht, sind auch die Früchte ihrer Mühen gut. Nicht Habgier ist ihre Motivation, sondern die Sorge für ihre Familie. Diese Motivation treibt sie an, ihr Bestes zu geben, und Gott gebraucht sie auf vielerlei Weise zum Segen für ihre Familie und andere Menschen (Sprüche 31,20.24), einschließlich der Finanzen.

Überprüfe daher für einmal deine Motive. Stehen hinter deinen Bemühungen die richtigen Motive? Ein weiser Prediger erklärte: »Du kümmerst dich um die Tiefe, und Gott kümmert sich um die Breite.« Um eine in Gottes Augen schöne Frau zu werden, bedeutet das also: Du kümmerst dich um deine Familie, und Gott wird sich darum kümmern, deine anderweitigen Bemühungen zu segnen und deren Wirkungsbereich auszuweiten.

## Wahre Schönheit entdecken

Ich hoffe und bete, dass dich dieses Kapitel über die in Gottes Augen schöne Frau zu folgenden Dingen ermutigt hat:

- Stecke deine ganze Kraft und Energie in deine Familie und deinen Haushalt.
- Bete um die richtige Erkenntnis, wo du dich einbringen sollst und was du als Sprüche-31-Projekt anfangen könntest.
- Fördere deine Fähigkeiten und verbessere deine Versiertheit.
- Plane ein paar lange Abende für kreative Ideen ein.
- Sei bereit, den Erfolg zu »schmecken und zu sehen«!

## 12

# *Eine kleine Nachtarbeit*

## Ihr Fleiß

*Sie greift nach dem Spinnrocken,*
*und ihre Hände fassen die Spindel.*
Sprüche 31,19

Es geschieht jeden Tag. Die Sonne, die unserer Erde Licht schenkt und unserem Leben und unserer Arbeit Kraft gibt, geht wieder unter und unser erschöpfter Geist und unser müder Körper merken, dass ein weiterer Tag zu Ende geht. Wir beide wissen, wie es dann weitergeht: Bald wird das Abendessen serviert, das Geschirr wird gespült und die Küche sauber gemacht, es wird gebadet, die Zähne werden geputzt, Geschichten werden vorgelesen und die Kinder ins Bett gebracht. Der Tag ist vorbei, und es ist Zeit, schlafen zu gehen.

Es war ein langer und ausgefüllter Tag – ausgefüllt mit Herausforderungen, Kreativität, Beschäftigung und Arbeit. Und ... ach ... es wird so gut tun, sich hinzulegen und auszuruhen, unter die Decke zu kriechen und die Augen zu schließen – bevor man am nächsten Tag wieder aufstehen muss! Das sind die Gedanken und Gefühle, die sich in unseren müden Körper und Verstand einschleichen, während Gott den dunklen Vorhang über einen weiteren arbeitsreichen Tag ausbreitet.

Aber Moment mal! Wenn wir Sprüche 31 lesen, dann entdecken wir eine weitere Eigenschaft dieser in Gottes Augen schönen Frau. Diese Eigenschaft veranlasst uns, neu zu überdenken, wie wir unsere Abende verbringen könnten! Gerade als wir dachten, dass der Tag für uns zu Ende ist, zeigt uns Gottes wunderbare Lehrerin in

Lektion 12 (wir haben die Hälfte geschafft!), was es bedeutet, in Gottes Augen schön zu sein. Sie weist ihren jungen Sohn darauf hin, wie fleißig die Frau aus Sprüche 31 ist, wenn sie noch ein wenig Nachtarbeit macht, bevor sie ins Bett geht.

## *Hinter den Kulissen*

Es stimmt, dass hinter jedem Erfolg harte Arbeit und nochmal harte Arbeit steckt. Das hat uns die Erfolgsgeschichte der Frau aus Sprüche 31 bisher gezeigt. Natürlich ist sie eine Frau, die immer fleißig ist und hart arbeitet. Weil sie ihre Familie liebt und Freude an ihrer Arbeit hat, steht sie früh auf, kümmert sich um den Haushalt und arbeitet bis spät. Sie nutzt den Abend gut aus.

Im vorigen Kapitel sahen wir, dass die in Gottes Augen schöne Frau am Abend lieber länger arbeitet, anstatt sich auszuruhen: »Sie sieht, dass ihr Erwerb gedeiht; ihr Licht geht auch bei Nacht nicht aus« (Sprüche 31,18). Aber was, so fragen wir uns, tut sie am Abend? Sprüche 31,19 gibt uns darauf eine klare Antwort: »Sie greift nach dem Spinnrocken, und ihre Hände fassen die Spindel.« Am Abend verlegt die in Gottes Augen schöne Frau ihre Arbeit von draußen auf den Feldern nach drinnen ins Haus, wo sie beim Licht einer Lampe arbeitet (Vers 18). Trotz eines langen Arbeitstages arbeitet sie auch am Abend weiter. Damals war es vollkommen normal und zulässig, sich am Abend Ruhe zu gönnen, aber unsere Heldin arbeitet weiter … aber nur ein wenig.

Und nach Sprüche 31,19 arbeitet sie mit einem Spinnrocken und einer Spindel. Diese zwei stabförmigen Geräte, die im Alten Testament an keiner Stelle sonst erwähnt werden, benutzte man, um Wolle zu spinnen.[1] Mit ihren geschickten Händen verwandelte sie mit Spinnrocken und Spindel die Wolle und den Flachs in Garn und Zwirn. Diese zwei Utensilien waren die eigentlichen Werkzeuge für den Textilienhandel der Frau aus Sprüche 31.

In Vers 13 haben wir gesehen, wie sie sich um die Wolle und den Flachs kümmert und dann alles verarbeitet. Jetzt am Abend, wo sie müde ist, setzt sie sich hin und bereitet die Wolle und den Flachs für das Weben vor. Sie weiß nämlich, dass die eintönige Arbeit des

Spinnens zuerst abgeschlossen sein muss, bevor sie kreativ werden und mit dem Weben beginnen kann.

Ohne diese Vorbereitungen kann kein großes Werk entstehen. Ein Gemälde kann erst entstehen, wenn die Leinwand auf den Rahmen gespannt ist. Ohne Schnittmuster kann kein Kleidungsstück genäht werden. Ohne das Einüben der Tonleiter kann keine Oper gesungen werden. Ohne gute Recherche kann kein Buch geschrieben werden. Ohne das Abkleben der Fußleisten kann keine Wand gestrichen werden. Eine Mahlzeit kann erst gekocht werden, wenn vorher die Zutaten gewaschen, klein geschnitten und abgewogen worden sind. Solche Arbeiten hinter den Kulissen können banal, routinemäßig, unspektakulär, langweilig, anspruchslos und sogar kinderleicht sein, aber diese Vorbereitungen sind die Voraussetzung dafür, um etwas Gutes und Nützliches entstehen zu lassen. Also verbringt die in Gottes Augen schöne Frau bereitwillig, fröhlich und freudig ihre Abende mit eintönigen, aber sehr notwendigen Arbeiten, die die Grundlage für ihre wunderbaren Kunstwerke bilden.

## Anleitung zu wahrer Schönheit

Als ich anfing abends zu arbeiten, anstatt mich mit Chips und Cola vor den Fernseher zu hocken, fiel mir das nicht leicht! Nach und nach lernte ich, meine Abende auf nützliche und kreative Art zu nutzen, und entwickelte Selbstdisziplin, um meine Familie und meine Gemeinde zu unterstützen. Jetzt schätze ich meine Abende, die vorher so lange ein verborgener Schatz waren.

Eigentlich fing für mich mit dieser neu gewonnenen Zeit ein ganz neues Leben an. Vor zehn Jahren gründeten Jim und ich die *Christian Development Ministries* (»Christlichen Entwicklungsdienste«). Weil ich meine Abende klug einteilte, konnte ich mit Jim zusammen unsere christliche Organisation führen und fördern und mit meinen Gaben das Leben gläubiger Frauen bereichern. Ich bin immer wieder darüber entsetzt, wenn ich daran denke, was ich tun würde (oder nicht tun würde), wenn ich dieses Geschenk Gottes, meine Abende auf nützliche Art zu verbringen, weiterhin ignoriert hätte!

Eine Expertin für Zeitmanagement rät, jene Abende und Wochenenden zu zählen, die man verschwendet![2] Ich hoffe, dass einige dieser ersten Schritte, die mein Leben – und meine Abende – revolutioniert haben, auch dich dazu ermutigen, es mir gleich zu tun.

*1. Bewerte deine Abende* – Kürzlich hörte ich, wie ein hoch bezahlter Sportmanager über seinen Tagesablauf sprach. Er sagte, wie wichtig Zeit ist und dass er jeden Tag (und seine Wochenenden) im 20-Minuten-Rhythmus plant. Weißt du, was du an deinen Abenden tust, wenn du sie in Blöcke von je 20 Minuten einteilst? Die Antwort könnte dir die Augen öffnen!

*2. Plane deine Abende* – Eines Sonntagmorgens wäre ich in der Gemeinde fast achtlos an einer Freundin vorbeigelaufen. Gott sei Dank hielt sie meinen Arm fest und erzählte mir von einer wunderbaren Sache – sie hatte nämlich 20 Kilo abgenommen! (Deswegen war ich auch an ihr vorbeigelaufen!) Als ich sie fragte, wie sie das geschafft habe, erzählte sie mir, dass sie angefangen habe, jeden Abend nach der Arbeit Sport zu treiben. Sie hatte sich für das neue Jahr das Ziel gesetzt, diese eine Aktivität in ihr Leben zu integrieren, besonders an ihren Abenden. Mit anderen Worten, sie hatte ihre Abende geplant und konnte sich über das Ergebnis wirklich freuen!

Ich versuche meine Abende im Voraus zu planen, denn wenn es erst einmal Abend ist, bin ich zu müde, um daran zu denken, noch etwas Sinnvolles zu tun! Also habe ich mir eine »Abendakte« angelegt (das Gegenstück zu meiner »Morgenakte« aus Kapitel 8). Darin steht alles, was ich am Abend tun kann.

Zum Beispiel stelle ich meine Bibelstudienhefte zusammen; zurzeit sind das etwa 100 Stück. Ich schreibe meine Kurse für die Bibelstudiengruppen eigenhändig. Einmal pro Woche erledige ich meine Korrespondenz. (Manchmal habe bis spät abends diktiert – manchmal sogar bis 2.00 Uhr morgens –, so dass man mich kaum noch verstehen konnte). Sinnvolle Tätigkeiten für den Abend sind

Rechnungen bezahlen und das Konto überprüfen. Spät abends sortiere ich Werbung und Kataloge aus und werfe sie direkt in den Müll. Am Abend lege ich auch die Kleidung zusammen, und nach Sonnenuntergang werden alle Bügelarbeiten erledigt. Als Lehrerin und Autorin brauche ich viele Illustrationen, also blättere ich in Büchern nach Zitaten, suche biografische Notizen und überfliege Kunstbücher. Am Abend konzentriere ich mich auf Einfaches und am Tag auf die Dinge, die mehr Konzentration erfordern. Die schwierigen Kommentare und Nachforschungen (und meine Kraft) spare ich mir für den Tag auf. Ich weiß nicht, wie das bei dir ist, aber ich habe zu Hause viele Papierstapel, also bearbeite ich an manchen Abenden ein oder zwei Stapel.

Erstelle dir deine eigene »Abendakte« mit kleinen leichten Arbeiten. Auf dieser Akte könnte stehen: Gutscheine sortieren, Rezepte sammeln und einheften oder Speisepläne erstellen. Wenn du in die Fußstapfen der in Gottes Augen schönen Frau treten willst, könntest du stopfen, stricken, häkeln oder Stickarbeiten machen. Du könntest abends Weihnachtsgeschenke basteln und einpacken, deine Lieblingszeitschriften, eine Tageszeitung oder Fachzeitschriften lesen. Nutze den Abend für deine persönlichen Interessen. Wenn dir Kunst, klassische Musik, Kochen, Gartenarbeit oder Geschichte gefallen, dann könntest du dir auch ein Video darüber ausleihen, anstatt fernzusehen! Oder höre dir Vortragsaufnahmen zum Thema an und mache dir Notizen dazu.

Vielleicht möchtest du mit deiner Familie fernsehen – oder einfach nur mit ihnen zusammen sein. Ich kenne viele Frauen, deren Männer einfach wünschen, dass sie am Abend neben ihm sitzen. Die Autorin Anne Ortlund macht 22 Vorschläge, die du währenddessen tun könntest: Nimm deinen Kalender und plane voraus, gönn dir eine Pediküre und Maniküre, schreibe Briefe an Freunde, bringe dein Rezeptbuch auf den neuesten Stand, klebe Fotos ins Album, poliere das Silber und schreibe Kranken ein paar ermutigende Zeilen.[3]

Meine liebe gläubige Freundin, die Arbeit, die am meisten geistige und körperliche Kraft beansprucht, solltest du tagsüber erledigen. Wenn es dann dunkel wird und deine Kraft schwindet, solltest du nicht abschalten oder dich aufs Sofa werfen, sondern dem Beispiel unserer in Gottes Augen schönen und fleißigen Frau folgen: Such dir eine andere Arbeit. Denn Sprüche 10,4 sagt uns: »Eine nachlässige Hand macht arm, aber eine fleißige Hand macht reich.« Mit anderen Worten: Der Faule erntet nichts, aber die Fleißigen haben Erfolg. Also sei fleißig!

*3. Bereite deine Abende vor* – Wenn du eine »Abendakte« führst, dann kannst du entscheiden, was du machen willst, und dann weißt du genau, wie du dich darauf vorbereiten kannst. Also bevor die Sonne untergeht und du zu müde wirst, hol alles heraus, was du für deine Abendarbeit brauchst. Wenn ich meine Bibelstudienhefte zusammenstelle, dann lege ich alles, was ich dafür brauche, auf den Wohnzimmertisch. Wenn ich unsere Buchhaltung mache, dann nehme ich alle Unterlagen und setzte mich zu meiner Familie. Ich habe eine Freundin, die einen kleinen Sortierkasten für Postkarten, Notizblöcke, Briefmarken, Briefumschläge, Kugelschreiber und ihr Adressbuch gebastelt hat. Auch du könntest so deine Schreibarbeiten in der Nähe deines Mannes erledigen. Meine Freundin Julie hat ihre Staffelei im Hobbykeller stehen. Mein Laufband und Ergometer stehen im Hobbyraum – und erinnern mich immer daran, dass ich mich körperlich betätigen muss!

Ich habe sogar einige Tricks, um abends noch mehr erledigen zu können. Dazu gehören Sport oder ein Spaziergang, um meinen Energielevel für die Abendaktivitäten anzuheben. Ein anderer Trick ist, dass ich zu mir sage: »Also Liz, jetzt mache nur noch eine Sache.« Immer wenn ich etwas zu Ende gebracht habe, denke ich daran, dass ich noch *eine* Sache machen kann. Bevor der Abend vorbei ist, habe ich mehr als nur eine Sache erledigt! Oder ich sage mir: »Nur noch fünf Minuten. Dann höre ich auf!« (Ich habe mal gelesen: »Es gibt einen Unterschied zwischen einem Profi und einem Amateur – und das sind fünf Minuten.«[6]) Ich muss es noch einmal sagen: Ich bin überrascht und begeistert, wenn diese »fünf zusätzlichen Minuten« letztendlich drei oder vier zusätzliche Stunden ausmachen, in denen ich viel mehr erledigen konnte.

*4. Nutze deine Abende!* – Es ist wunderbar, abzuwägen, zu planen und Vorbereitungen zu treffen, aber du musst deine Pläne dann auch in die Tat umsetzen. Und das bedeutet Anstrengung! Die Hände der für Gott schönen Frau »greifen nach dem Spinnrocken« (Sprüche 31,19). Wonach greifen deine Hände? Nach einem Imbiss? Oder einem Liebesroman? Einem Video? Dem Internet? Dem Telefon? Deinem Kissen? In diesem Kapitel geht es um Fleiß; es ist eine Einladung für dich, deine Abende produktiver zu gestalten.

Wenn du berufstätig bist, könnte das für dich eine besondere Herausforderung sein. Eine Frau beschreibt dies in einem Artikel mit dem Titel »Alle berufstätige Frauen, bitte dies zuerst lesen«:

> Der Abend? Für den nächsten Tag die Kleidung zurechtlegen und den Frühstückstisch decken … Nachdem ich alle begrüßt habe, schalte ich die Waschmaschine an. Dann koche ich. Das Abendessen bedeutet Zeit mit der Familie, und ich versuche, diese Zeit angenehm und gemütlich zu gestalten. Nach dem Abendessen stecke ich die Wäsche in den Trockner und putze die Küche. (Immer wenn ich abends koche, bereitete ich gleichzeitig Teig für die traditionellen Weihnachtsplätzchen und den Kuchen vor. Der Teig kommt dann in den Kühlschrank, und an einem anderen Abend starte ich mein Backfest). Den Kühlschrank und die Küchenfliesen reinige ich abends. Manchmal, wenn ich einen harten Arbeitstag hatte, gönne ich mir ein 30-minütiges Nickerchen. Da ich im Moment viel schreiben muss, verbringe ich mehr Zeit am Computer. Egal, was ich mache, mit einem Ohr achte ich auf den Trockner, damit ich sofort die Sachen herausholen kann … Die letzten 30 Minuten bevor ich ins Bett gehe, nutze ich für mich. Das bedeutet Gymnastik und Haut, Zahn- und Nagelpflege.[5]

Diese in Gottes Augen schöne Frau hat so viele gute Ideen und so viel zu tun, dass sie einfach keine Zeit für endlose Telefonate, Fernsehen oder zum Faulenzen hat, auch wenn sie einen harten Arbeitstag hatte. Nein, sie weiß, dass sie das Herz des Hauses ist und ihre Erfüllung darin findet, für ihr Heim und ihre Familie zu sorgen.

Aus diesem Grund war sie den ganzen Abend motiviert, Zeit mit der Familie zu verbringen, Hausarbeiten zu machen, zu backen, zu kochen und Schreibprojekte in Angriff zu nehmen. Wenn du einmal angefangen hast, abends ein wenig zu arbeiten, wird dich das auch zum Weitermachen motivieren!

5. *Sei auch am Abend geistig aktiv* – Auch wenn du monotone Routinearbeiten machst, kannst du geistig aktiv bleiben. Mit ein bisschen Fantasie kannst du auch während der Hausarbeit kreativ sein. Während die Frau aus Sprüche 31 ihre Rohmaterialien verarbeitet, stellt sie sich wahrscheinlich vor, was sie aus dem Garn und dem Leinen machen könnte; vielleicht schreibt sie ihre Ideen auf. Während ihr Körper ruht und ihre Hände an der Spindel gleiten, entwirft sie im Kopf ein schönes Gewand und überlegt, wie sie den Stoff verzieren und gestalten könnte. So anspruchslos deine Arbeit auch sein mag, beschäftige dein Gehirn mit einer kreativen Aufgabe, wähle ein lustiges oder ernstes Thema, über das du nachdenken kannst oder übe dich darin, gute Ideen zu haben!

## Wahre Schönheit entdecken

Apropos gute Ideen: Ich möchte dich herausfordern, gute Ideen zu haben! Denke zuerst an etwas, was du gerne tust, an etwas Persönliches, an eine Vorliebe in deinem Herzen. Ist dir bewusst, dass du dieses »persönliche Etwas« in »etwas Professionelles« verwandeln kannst, indem du abends ein wenig arbeitest? Ich kenne viele Frauen, die zwei Berufe haben – einen bei Tag und einen am Abend.

Zum Beispiel war meine Mutter tagsüber eine Shakespeare-Forscherin und Lehrerin und abends war sie Schneiderin. Als ich aufwuchs, nähte sie alle meine Kleider selbst und schickte mir auch später, als ich schon auf dem College war, jede Woche ein Paket mit neu genähten Sachen. Meine Mutter verbrachte ihre Abende – manchmal bis 2 Uhr morgens – mit dem Nähen unserer Gardinen, der Rüschen, Deko-Kissen und Kopfkissenbezüge. Ihre Hände arbeiteten auf wunderbare Weise, und so machte sie uns allen Bademäntel und sogar Puppenkleidung für meine »Puppenbabys« und einen Weihnachtsmantel für unseren Hund! Meine Mutter lebte so, wie es in einem netten Gedicht heißt: »Die Liebe einer Frau ist wie ein Licht, das in der Nacht am hellsten leuchtet.«[6]

Ich kenne noch mehr Frauen, die zwei Berufe haben. Eine Freundin ist tagsüber Grundschullehrerin und abends eine begabte Künstlerin für Deko-Malerei. Eine andere ist tagsüber Schulleiterin und abends Schriftstellerin. Eine weitere Freundin ist Tagesmutter von Vorschulkindern und abends eine Meisterin in Ölmalerei.

Ich bitte und fordere dich noch einmal auf zu überdenken, was du am Abend tun könntest, damit alles, was du dir für deine Familie, für dein Zuhause und für deine kreativen Begabungen wünschst, erfüllt werden kann. Auf welche Art kannst du, wie die in Gottes Augen schöne Frau, eine persönliche Vorliebe zu einem Beruf machen? Bete zu Gott, dem Schöpfer aller schönen Dinge, und bitte ihn um Führung, dass du erkennst, auf welchem Gebiet du abends arbeiten könntest, damit deine guten Ideen Wirklichkeit werden.

13

# *Eine helfende Hand*

## Ihre Barmherzigkeit

*Sie tut ihre Hand dem Unglücklichen auf*
*und reicht ihre Hände den Armen.*
Sprüche 31,20

Die in Gottes Augen schöne Frau ist wirklich beeindruckend, nicht wahr? Sie zeichnet sich durch absolute Zuverlässigkeit, Hilfsbereitschaft, Fleiß, Sparsamkeit, Kreativität, Organisationstalent und Aufmerksamkeit aus. Aber ist es nicht ermutigend zu sehen, dass ihre nächste herausragende Eigenschaft *Barmherzigkeit* ist? Diese Frau aus Sprüche 31, die in Gottes Augen wahrlich schön ist, arbeitet hart für ihren Gewinn, und von diesem Gewinn profitieren sogar auch Menschen, die nicht zu ihrer Familie gehören, denn »sie tut ihre Hand dem Unglücklichen auf und reicht ihre Hände den Armen« (Sprüche 31,20). Ihr Fleiß und ihre Tugenden kommen zwar ihrer kostbaren Familie zugute, aber sie ist auch immer bereit, Notleidenden zu helfen. Obwohl sie im Haushalt viel zu tun hat, vergisst sie nicht die Not anderer Menschen. Ohne diese gottgegebene Barmherzigkeit könnte sie mit ihrer Geschäftigkeit schnell ungeduldig werden oder überlastet sein; sie wäre zu beschäftigt, um sich um andere kümmern zu können.

### *Ihre Hand*

Zwölf Kapitel lang haben wir die in Gottes Augen schöne Frau und ihre körperliche Kraft bewundert. Jetzt in Vers 20 beschäftigen wir uns mit ihren Händen. Im ersten Teil des Verses heißt es: »Sie tut ihre *Hand* dem Unglücklichen auf.« Die Schönheit dieser barmherzigen Frau wird uns hier durch die hebräische Sprache verdeutlicht (wie sich ihre Hand öffnet). Das Bild von der Hand, die sich auftut, beschreibt ihre Großzügigkeit. Wenn jemand Geld braucht, dann greift sie in ihre Tasche und teilt ihren Wohlstand mit anderen. Wenn es an Brot mangelt, dann verteilt sie ihre selbstgebackenen Brote. Wenn jemand warme Kleidung braucht, dann verteilt Gottes barmherzige und großzügige Frau ihre eigenen handgemachten Gewänder aus Wolle (Vers 21) – das Ergebnis monate- und nächtelanger Arbeit (Vers 13.18-19). (Zu jener Zeit kostete ein Wollgewand zwei Monatslöhne![1]) Eine Frau schrieb einmal: »Wenn Nachbarn sich in Lumpen kleiden und leiden, dann aktiviere ich Nadel und Faden (und nicht meine Zunge) und versuche zu helfen.«[2] Wenn es in ihrer Macht steht, dann hilft die Frau aus Sprüche 31, wo immer es nötig ist (Sprüche 3,27).

## *Ihre Hände*

Weiter heißt es in unserem Vers: »Sie reicht ihre *Hände* den Armen.« Für die geistlich schöne Frau hört die Großzügigkeit nicht beim bloßen Geben auf. Der Plural »Hände« weist darauf hin, dass man dafür beide Hände braucht. Für die Pflege von Kranken braucht man zum Beispiel zwei Hände. Gleiches gilt bei Babys, Kleinkindern und älteren Menschen. Die Frau aus Sprüche 31 setzt ihre Hände ein, um für andere zu sorgen. Sie krempelt ihre Ärmel hoch und versorgt alle Notleidenden. Welche Not es auch sein mag, sie streckt ihre Hände aus, um ihren Reichtum zu teilen oder praktisch zuzupacken.[3]

## *Ihr Herz*

Es ist schön zu sehen, wie die in Gottes Augen schöne Frau hilft und ihren Wohlstand teilt, aber als die weise Mutter und Lehrerin ihren Sohn (und auch uns) darüber belehrt, bewegt das auch ihr Herz. Die Verben »auftun« und »reichen« bedeuten, dass sie sich so weit streckt wie irgend möglich.[4] Dieses Geben setzt ein großzügiges Herz voraus – ein Herz voller Liebe und Mitgefühl, ein Herz nach dem Wohlgefallen Gottes (Vers 30). Diese liebe Frau gibt den Armen und Bedürftigen von ganzem Herzen.[5]

Wenn sie ihre Barmherzigkeit und ihr Mitgefühl zeigt, öffnet sie auch ihr Herz. Anstatt ihre schönen Hände zu falten, sich auszuruhen, ihren Gewinn festzuhalten oder wie verrückt zu arbeiten, um noch größeren Gewinn zu erzielen, reicht sie ihre Hände den Bedürftigen! Sie weiß um diese Menschen, hat Verständnis für ihre Not und ist bereit zu helfen. Ihr reiches Herz und ihre vollen Schatzkammern quillen über, und sie möchte den Armen großzügig und reichlich geben und sie glücklich machen. Sie schottet sich nicht ab, sondern öffnet den engen Kreis ihrer Familie, folgt ihrem Herzen und holt die Armen herein. Mit ihrer Liebe schließt sie alle ein, die ihre Hilfe brauchen.

## *Sie hört auf Gottes Wort*

Wenn ich einen Vortrag halte, dann nehme ich mir gewöhnlich Zeit für Fragen und Antworten. Vor Jahren wurde eine Frage gestellt, die ich aufgeschrieben und archiviert habe. Jemand fragte: »Nehmen Sie aufgrund ihrer Studien von Sprüche 31 bitte Stellung dazu, dass an keiner Stelle erwähnt wird, dass die Frau irgendein geistliches Amt ausübt.«

Wenn ich die in Gottes Augen schöne Frau betrachte, dann erkenne ich ganz deutlich, dass es zu ihrem geistlichen Dienst gehört, den Bedürftigen und Armen zu helfen (Vers 29). Ihre Wohltätigkeit ist nicht nur auf ihre Herzensgüte zurückzuführen, sondern auch auf ihren Gehorsam gegenüber Gott, den sie anbetet. Diese gottesfürchtige Frau (Vers 30) gehorcht seinem Wort. Und jetzt wollen wir hören, was der Herr zum Thema Barmherzigkeit und dem damit verheißenen Segen sagt:

- »Wenn aber ein Armer bei dir ist … so sollst du dein Herz nicht verhärten noch deine Hand vor deinem armen Bruder verschließen, sondern du sollst ihm deine Hand weit auftun und ihm reichlich leihen, so viel er nötig hat.« (5. Mose 15,7-8)

- »Es ist dir gesagt, o Mensch, was gut ist und was der Herr von dir fordert: Was anders als Recht tun, Liebe üben und demütig wandeln mit deinem Gott?« (Micha 6,8)
- »Eine segnende Seele wird reichlich gesättigt, und wer anderen zu trinken gibt, wird selbst erquickt.« (Sprüche 11,25)
- »Wer sich über den Armen erbarmt, der leiht dem Herrn, und Er wird ihm seine Wohltat vergelten.« (Sprüche 19,17)
- »Wer freigebig ist, der wird gesegnet, denn er gibt dem Armen von seinem Brot.« (Sprüche 22,9)

Wenn wir weiter lernen, was in Gottes Augen schön ist, dann verstehen wir, dass für Bedürftige und Arme zu sorgen ein Hauptanliegen Gottes ist. Diese wunderbare gottesfürchtige Frau weiß um diese Wahrheit, weil sie Gottes Gebote kennt und ernst nimmt. Deshalb frage ich dich: Hast du jemals darüber nachgedacht, dass der große Segen über ihrem Haus mit ihrer Barmherzigkeit gegenüber den Armen und Bedürftigen zu tun hat? Dass sie reich ist, liegt nicht nur daran, dass sie hart arbeitet, eine tüchtige Wirtschafterin oder eine kluge Geschäftsfrau ist, sondern daran, dass Gott ihre Großzügigkeit segnet. Gott gebraucht sein Volk, um für die Armen und Bedürftigen zu sorgen, und er segnet jene, die sich aus Gehorsam gegenüber seinem Wort um diese Menschen kümmern!

## *Ihre barmherzigen Schwestern*

Erinnerst du dich noch daran, wie wir unseren Aufstieg zu den Höhen der in Gottes Augen schönen Frau begonnen haben? Es hat uns enorm ermutigt, dass diese Frau wirklich real ist und auch wir mit Gottes Hilfe uns zu ihren Höhen aufschwingen können. Zuvor haben schon andere Frauen ihre Charaktergröße erlangt. Die geistlich schöne Frau aus Sprüche 31 ist nicht allein, sondern teilt ihren Dienst des barmherzigen Gebens mit anderen Frauen in der Bibel. Ihre Mitschwestern in der Barmherzigkeit spiegeln ebenso die Barmherzigkeit Gottes wider. Diese in Gottes Augen schönen Frauen waren zum Beispiel Abigail, die den 600 hungernden Männern Davids zu essen brachte (1. Samuel 25); die Witwe von Zarpat, die den Propheten Elia aufnahm (1. Könige 17); die Schunamitin, die den Propheten Elisa regelmäßig verpflegte und ihn in ihr Haus aufnahm (2. Könige 4); und Tabitha, die den Witwen der ersten Gemeinde in Joppe Röcke und Kleider machte (Apostelgeschichte 9). Die Frau aus Sprüche 31 kann auch auf diese Liste auserlesener Frauen gesetzt werden – und das Gleiche gilt auch für dich!

## Anleitung zu wahrer Schönheit

Wenn du dich erstmal auf den Pfad des barmherzigen Gebens begeben hast, wirst du keine Probleme haben, goldene Gelegenheiten zu finden, um den Armen und Bedürftigen Gottes Barmherzigkeit zu weiterzugeben. Vielleicht helfen dir am Anfang ein paar Tipps, wie du eine reiche Geberin werden kannst. Versuch es mal mit folgenden Schritten:

*1. Beginne zu Hause* – Mit jedem Sonnenaufgang bietet sich dir eine neue Gelegenheit, anderen gegenüber barmherzig zu sein, und das wird nicht ohne Folgen bleiben: Deine Kinder werden davon profitieren, weil sie direkt erleben, wie ihre Mutter – eine Frau, die in Gottes Augen schön ist – barmherzig und wohltätig ist.

Edith Schaeffer war solch eine Mutter, die anderen ihre helfende Hand reichte. Regelmäßig klopften »Landstreicher und Vagabunden«, die an ihrem Haus vorbei reisten, an ihre Tür und fragten nach einer Tasse Kaffee und etwas Brot. Sie hat nie jemanden weggeschickt, sondern sie betrachtete jeden dieser Männer als ihre »geringsten Brüder« (Matthäus 25,40) oder unerkannte »Engel« (Hebräer 13,2), für die sie etwas tun konnte. Sie brachte ihnen geröstete Haselnüsse, zwei große belegte Brote und eine warme Suppe. »Das ist wirklich für mich?«, war immer die erstaunte Reaktion, wenn sie mit einem Tablett aus der Küche kam, auf dem ihr gutes Geschirr, ein Strauß Blumen, eine brennende Kerze stand – und ein Exemplar des Johannesevangeliums, das jeder mitnehmen durfte. Später erfuhr Edith Schaeffer, dass man ihr Haus mit einem Kreidezeichen gekennzeichnet hatte – ein Zeichen für andere Landstreicher, dass man dort etwas zu essen bekam. »Das macht nichts«, lächelte Edith. »Das alles war Teil der Erziehung unseres ersten Kindes Priscilla. Woanders hätte sie das nie gelernt!«[6]

2. *Spende regelmäßig bei deiner Gemeinde* – Die meisten Gemeinden kümmern sich um Obdachlose und Bedürftige. Durch die finanzielle Unterstützung deiner Gemeinde (1. Korinther 16,2) kannst du also mit dazu beitragen, dass den Armen und Bedürftigen geholfen wird (Sprüche 31,20). Meine Gemeinde teilt Kleidung an Obdachlose aus. Mit einem Teil der Spenden werden auch unsere Missionare unterstützt. Wenn du deiner Gemeinde etwas spendest, dann hat das weitreichende, ja, sogar weltweite Auswirkungen.

3. *Halte Augen und Ohren offen* – Sei sensibel für die Bedürftigen in deiner Nähe. Kaufe die doppelte Menge an Nahrungsmitteln und teile sie mit Notleidenden. Oder öffne deine Geldbörse, wenn für ein besonderes Anliegen Spenden gesammelt werden. Du kannst die Kleidung deiner Kinder an eine junge Familie verschenken, die in Not geraten ist. Wenn du auf Flohmärkte gehst, kaufe Artikel, die andere gebrauchen könnten (eine Gehhilfe für Behinderte, eine Babywippe für eine ledige Mutter). Du kannst für eine Frau, die gerade eine Chemotherapie bekommt, eine besondere Mahlzeit kochen. Du musst für diese einzigartigen Gelegenheiten Augen und Ohren offen halten, damit du großen Segen ernten kannst.

4. *Unterstütze eine seriöse, bedürftige Organisation oder eine Person* – Ich beschäftige mich gerade mit den Frauen, die Jesus nachfolgten und ihn finanziell unterstützten (Lukas 8,2-3). Sie sind für uns ein gutes Vorbild – und genauso wie sie können auch wir Menschen und Organisationen finanziell unterstützen. Du könntest zum Beispiel direkt eine Missionsgesellschaft oder eine Missionarsfamilie, die du kennst, unterstützen. Du könntest Theologiestudenten unter die Arme greifen, z. B. bei den Stipendien oder bei der Finanzierung ihrer Lehrbücher. Du kannst junge Leute auf ihren Missionseinsätzen unterstützen. Warum fragst du Gott nicht einfach, wie und wo du helfen kannst, um an seinem Werk mitzuarbeiten?

*5. Bete für ein persönliches Projekt* – Frage Gott, wo er dich in seinem weltweiten Werk miteinbeziehen möchte und bitte ihn, dass er dir dein persönliches Projekt zeigt, das du finanziell unterstützen kannst. Vielleicht wirst du über die Antwort Gottes auf dieses Gebet so überrascht sein wie in der folgenden Geschichte:

Auf einer Missionskonferenz hörte ich einmal einen Bericht, wie es zur Gründung der Mittelamerikanischen Missionsgesellschaft (CAM) gekommen war. Zwei kanadische Frauen, deren Ehemänner eine Kaffeeplantage in Costa Rica hatten, saßen im Jahre 1879 bei einer Tasse Tee zusammen. Sie waren zutiefst um die geistliche Not der Menschen in Mittelamerika besorgt, wussten aber um ihre eigenen persönlichen Grenzen. Sie baten Gott im Gebet um eine Lösung. Im Februar 1891 kam aus den USA der erste Missionar in Costa Rica an. Weil zwei Frauen gebetet hatten, wurde eine Missionsgesellschaft geboren! Wenn du betest, könnte Gott dein großzügiges Herz berühren und auch dir zeigen, wo du mithelfen kannst. Wäre das nicht wunderbar?

*6. Sei im Zweifelsfall auf der Seite der Großzügigkeit* – Ein bekannter Evangelist sagt einmal stolz über seine Frau: »Alle Geldangelegenheiten erledigt sie – und damit geht sie eher großzügig als sparsam um!«[7] Wie schön ist es doch, ein großzügiges Herz zu haben! Du siehst also: Geld ist nur nützlich, wenn es wie Wasser fließt. Du willst doch nicht wie das Tote Meer in Israel sein: Obwohl es riesig ist und von Frischwasser gespeist wird, ist es nutzlos und tot von Salz, weil das Wasser nicht abfließen kann!

Aber eine Warnung: Wenn du verheiratet bist, besprich mit deinem Mann eure Grundsätze des Spendens. Kläre, was er über finanzielle Unterstützung denkt und in welchem Umfang er sie leisten will. Seid euch einig und akzeptiere seine Entscheidung. Dann fangt an, mit allen Kräften an diesen Aufgaben zu arbeiten.

*7. Zeige deine Liebe* – Als man den Kirchenvater Augustinus fragte, wie Liebe aussieht, antwortete er: »Liebe hat Hände, um anderen zu helfen. Sie hat Füße, um zu den Armen und Bedürftigen zu eilen. Sie hat Augen für das Elend und die Not. Sie hat Ohren, um zu hören, was der Herr sagt. So sieht Liebe aus.« Wenn du diese Art der Liebe zeigst, wirst du für andere ein großer Segen sein. Das ist in Gottes Augen wahre Schönheit.

## Wahre Schönheit entdecken

Und jetzt, meine liebe Leserin, sollten wir uns einmal selbst einschätzen. Es ist wunderbar, wenn du ein schönes Heim schaffst, alles gut organisierst, deine gottgegebenen Gaben entfaltest, beruflich glänzt, deinen Mann glücklich machst, die Finanzen der Familie überwachst und deine Ersparnisse vermehrst und klug investierst. Aber Gott legt sehr großen Wert auf eine weitere Eigenschaft in deinem Leben – und das ist Barmherzigkeit!

Mehr als jede andere Tugend spiegelt Barmherzigkeit die Gegenwart des Herrn in deinem Herzen und Leben wider. Barmherzigkeit verleiht dir und allem, was du tust, den lieblichen Wohlgeruch des Herrn. Barmherzigkeit erfreut den Herrn und ist in seinen Augen wertvoll und kostbar. Daher bete ich, dass du dir ernsthaft wünschst und Gott bittest, dass er dir hilft, großzügig, hilfsbereit, liebevoll, barmherzig und eine in Gottes Augen wirklich schöne Frau zu sein, die mit Freude (und Exzellenz!) allen Notleidenden ihre helfende Hand reicht. Tu es – im Namen des Herrn!

# 14

# *Ein zweifacher Segen*

## Ihre Vorsorge

*Vor dem Schnee ist ihr nicht bange für ihr Haus,*
*denn ihr ganzes Haus ist in Scharlach gekleidet.*
Sprüche 31,21

Niemand, so verkündete Jesus in seiner berühmten Bergpredigt, sei je so prächtig und stattlich gekleidet gewesen wie König Salomo im Alten Testament (Matthäus 6,29). Die Familie der Frau aus Sprüche 31 konnte da aber beinahe mithalten!

Was für eine Freude empfindet sie in ihrem Herzen über ihre Lieben – und was für eine Freude macht sie ihnen mit den Meisterstücken, die sie spinnt, webt und verziert! Ihre Familienmitglieder treten hinaus auf die kahlen, trostlosen Gassen Israels und sind gekleidet wie Könige. Wenn ihre Familie auf der Straße geht, wird sie von allen beachtet!

Bevor du nun anfängst zu denken, die geistlich schöne Frau sei jetzt aber doch aus dem Gleichgewicht geraten und übermäßig besorgt um ihr Äußeres, und bevor du meinst, einen Makel an ihr gefunden zu haben und sie gar abstempelst als verschwenderische Modepuppe, bedenke, dass diese Frau weiß: »Anmut ist trügerisch und Schönheit vergeht« (Sprüche 31,30). Weit davon entfernt, selbstgefällig oder eitel zu sein, beweist sie wieder einmal ihre Fürsorge und ihr Anliegen für andere, ihre Kreativität und große Geschicklichkeit. Nur sind diesmal ihre Mühen für alle sichtbar, weil es die Kleidung ihrer Familie ist, durch die ihr Charakter zum Ausdruck kommt.

## *Ein Blick in die Zukunft*

Es ist erstaunlich, aber wahr: In Israel schneit es! Auf unserer Israelreise konnte ich mir das bei der extremen Hitze dort gar nicht vorstellen. Wenn wir durch die vertrocknete, kahle Hügellandschaft wanderten, sorgten wir uns weniger um unsere Kleidung oder unser Aussehen, als darum, ob wir genügend Trinkwasser dabei hatten! Ich habe mir zwar ein Foto aus der *Los Angeles Times* ausgeschnitten, auf dem Juden zu sehen sind, die an der Klagemauer fast knietief im Schnee stehen, dennoch fällt es mir schwer, mir Schnee in Israel vorzustellen.

Also fragte ich unseren Berater Bill Schlegel, einen Amerikaner, der schon seit 13 Jahren in Israel lebt. »Aber ja«, meinte er und nickte bekräftigend, »das können Sie mir glauben!« Und dann beschrieb er, wie nass, kalt und windig der Winter in Jerusalem ist und wie die Menschen das aushalten müssen – auf den steinigen Straßen, in eisigen Steinhäusern, hinter Steinmauern – und das weitgehend ohne Heizung. Bill selber verbrachte einen Winter zwei Monate lang ohne Heizung, und in dieser Zeit hatte es zweimal um die 40 Zentimeter Schnee gegeben! Trotz der erbarmungslosen Hitze, die ich erlebt habe, kann man in Palästina wohl fast jedes Jahr mit Schnee rechnen.

Die in Gottes Augen schöne Frau weiß, dass es in ihrem Heimatland Schnee geben wird, aber »vor dem Schnee ist ihr nicht bange für ihr Haus« (Sprüche 31,21). Und warum? Weil sie für die Zukunft, was auch immer sie bringen wird, gerüstet ist. Sie schaut beständig voraus und sorgt klug für ihre Familie vor: »Ihr ganzes Haus ist in Scharlach gekleidet«, so die Schlussfolgerung in Vers 21. Diese Vorsorge und ihr vorausschauender Einsatz sollten uns eigentlich nicht überraschen. In 13 Kapiteln haben wir nun schon das liebende Herz der Frau aus Sprüche 31 gesehen, ihre Klugheit, ihre Bereitschaft, ihre Fähigkeit im Voraus zu planen und ihre Strategien, alle Dinge zu managen. Wir wissen, dass sie eine Planerin ist, die stets die Zukunft im Blick behält (Verse 15 und 27). Ich kann mir gut vorstellen, dass sich etwa folgende Szene abspielte, lange bevor auch nur eine einzige Schneeflocke gefallen war:

Wenn die in Gottes Augen so schöne Frau frühmorgens aufsteht (Vers 15), betet sie für ihre liebe Familie. Sie bringt jeden Einzelnen im Gebet vor Gott und überlegt sich, wie sie ihnen ihre Liebe bekunden könnte. Dabei macht sie sich in Gedanken eine Liste mit verschiedenen Notizen: »Vorbereitungen für den Winter. Das heißt: Wolle besorgen, etwas rote Farbe ausfindig machen, Garn spinnen, Stoffe weben und Wintermäntel machen.« Sie wird mit diesen dringend benögtigten Wintersachen ihre Familie glücklich machen!

## *»Erweiterte Fürsorge«*

Achte nun aber einmal darauf, wer so glücklich ist, auf diese Art gesegnet zu werden. Der Vers sagt: »Denn ihr *ganzes* Haus ist in Scharlach gekleidet« (Sprüche 31,21). Jeder, der unter dem Dach dieser geistlich schönen Frau lebt, ist ansehnlich und warm für den Winter gekleidet – in scharlachroten Wollmänteln.

Man sieht, die Frau aus Sprüche 31 kümmert sich um jeden, und darum nenne ich ihren Dienst »erweiterte Fürsorge«! In Vers 20 haben wir bereits gesehen, dass sich ihre Fürsorge auf die Armen und Kranken erstreckte. Ob es an Nahrung oder Kleidung mangelt, ob jemand Pflege braucht oder Hilfe beim Hausputz – sie bot es an.

Aber die in Gottes Augen schöne Frau widmet ihre Fürsorge auch ihrer weiteren Verwandtschaft. Überlegen wir einmal, wer alles unter ihrem Dach lebte. Außer ihrem Mann und den Kindern waren damals (und oft heute noch) auch die Großeltern ein Teil der Familie. Wahrscheinlich sind auch Schwiegerkinder da – und deren Kinder – und ebenso verwaiste Nichten und Neffen und verwitwete Angehörige und natürlich auch die Bediensteten (Vers 15)! Eine ganzer Clan besansprucht also ihre Fürsorge, und sie bietet sie großzügig an: »Ihr ganzes Haus ist in Scharlach gekleidet«!

## *Kleidung, die eines Königs würdig ist*

Was bedeutet es nun, wenn die in Gottes Augen schöne Frau ihre Familienmitglieder »scharlachrot« kleidet? Diese Farbe verdeutlicht einiges über ihre Fürsorge.

- *Wärme* – Die Farbe Rot bzw. Scharlach (was von »scheinen« stammt) weist auf Wärmespeicherung hin.[1]
- *Vornehme Erscheinung* – Scharlachrot ist die Farbe der Gewänder von Königen[2] und drückt Würde[3], Luxus und Pracht[4] aus.
- *Qualität* – Nur das Beste ist gut genug für die Familie der in Gottes Augen schönen Frau. Die Tatsache, dass sie in Wolle gekleidet ist – und dazu noch in scharlachroter – spricht für die gute Qualität der Kleidung, mit der sie alle versorgt.
- *Doppelte Stärke* – Sicherlich hast du schon einmal den Unterschied zwischen billiger, dünner Wolle und einer, die von starker, schwerer Qualität ist, gefühlt. Nun, eine Bedeutung des hebräischen Wortes für Scharlach ist »doppelt«, und natürlich würde die in Gottes Augen schöne Frau nur Kleidung von guter, doppelt starker Qualität machen, die dann auch eine doppelte Wohltat für ihre Lieben ist.
- *Doppelte Farbe* – Wolle muss natürlich erst scharlachrot eingefärbt werden, und damit sie wirklich rot wurde, tauchte man sie mehr als einmal in das Färbebad.
- *Hohe Kosten* – Wegen der Färbung und der zusätzlichen Arbeit und des nötigen Zeitaufwands waren scharlachrote Textilien luxuriös und kostspielig.[5]

Es ist erstaunlich, dass eine einfache Bemerkung über scharlachrote Kleidung so viel über das Herz der Schneiderin verrät und eine so starke Botschaft von ihrem Herzen zu den Herzen derjenigen übermittelt, für die sie näht!

## Anleitung zu wahrer Schönheit

Und noch erstaunlicher ist es, dass wir – du und ich – dazu imstande sind, eine ebenso starke Botschaft der Liebe zu vermitteln. Unsere Familienmitglieder werden sich glücklich schätzen, wenn wir uns um sie und ihre Bedürfnisse kümmern. So wie sich die in Gottes Augen schöne Frau, ausgerüstet mit einem Kalender und einer Aufgabenliste, die Zeit nimmt, für die Bedürfnisse ihrer Familie zu sorgen und alles herzurichten, kannst auch du das in gleicher Weise tun. Die folgenden Punkte sollten ganz oben auf deiner Aufgabenliste stehen:

1. *Plane zukünftige Aufgaben* – Am besten legst du einen Kalender für den Zeitraum eines Jahres mit allen anstehenden Aufgaben an. Denke an die Arbeiten, die du zur Instandhaltung innerhalb des Hauses erledigen musst: Alles muss für den Winter bzw. für den Sommer hergerichtet werden: Polster, Vorhänge und Teppiche sind zu reinigen. Wollkleidung muss mottensicher verwahrt und Feuerholz muss bestellt werden.

Als Nächstes kommen die Pflichten außerhalb des Hauses. Habt ihr einen Swimmingpool, der geleert werden muss, Rosen, die beschnitten und Regenrinnen, die gesäubert werden müssen? Wann ist es nötig, den Garten herzurichten, Pflanzen zu säen und Blumenzwiebeln zu setzen?

Und stehen irgendwelche besonderen Familienereignisse an? Wird es eine Schulabschlussfeier geben, eine Hochzeit oder bekommt jemand ein Baby? Hast du dir alle Geburtstage und Jahrestage in deinem Kalender notiert? Dass Ostern und Weihnachten – und die Ferien – vorbereitet werden müssen, ist klar. Die Liste geht weiter mit Vorbereitungen für den Schulanfang, besondere Gäste, die zum Essen kommen, Familientreffen usw.

Notiere dir alles Notwendige und jedes anstehende Ereignis in deinem Kalender. Genau wie bei der in Gottes Augen schönen Frau sollte es auch dein Ziel sein, mit den Augen der Liebe vorauszuschauen, weise zu handeln und vorzusorgen!

2. *Sorge für Notfälle vor* – Diesen Punkt habe ich lange nicht eingesehen. Seit meine Familie aber 1994 in Südkalifornien ein Erdbeben der Stärke 6,8 erlebt hat, steht er ganz oben auf meiner Liste! Als wir von dem Erdbeben überrascht wurden, hatten wir nicht eine einzige Taschenlampe im Haus – heute haben wir in jedem Zimmer eine, in jeder Handtasche, jeder Schublade, jedem Koffer und auch im Auto. Ich verlasse nie das Haus ohne Taschenlampe!

Dieser Aufruf, vorbereitet zu sein, gilt aber nicht nur für Bewohner von Erdbebengebieten, sondern allen, egal wo sie leben. Meine Eltern lebten in einem Tornadogebiet und waren vorbereitet. Meine Tochter Courtney lebte auf Kauai; dort gibt es Wirbelstürme. Lebst du in einer malerischen Wintersportregion, wo es möglicherweise Lawinen gibt? Oder am Ufer eines Flusses, der bei starkem Regen über die Ufer tritt?

Lass es mich noch einmal sagen: Jeder, überall auf der Welt, sollte sich auf Notfälle einstellen. Wir alle sollten Feuerübungen absolvieren, Notfallpläne ausgearbeitet haben und Erste-Hilfe-Zubehör, Lebensmittel und Wasser vorrätig haben. Der in Gottes Augen schönen Frau »ist nicht bange« (Vers 21), weil sie *vorbereitet* ist, und – mit ein wenig Vorbereitung – kannst auch du die gleiche Seelenruhe genießen.

*3. Kümmere dich um Kleidung* – Wenn es um die Kleidung deiner Familie geht, steht die Sauberkeit ganz oben auf der Liste. Bestimme einen Tag in der Woche zum Waschtag, und denke daran – dies fällt mir oft schwer – die Wäsche ist erst erledigt, wenn sie gewaschen, getrocknet, gebügelt, zusammengefaltet *und* wieder aufgeräumt ist! Dein Ziel sollte es sein, die Kleidung so bereitzuhalten, dass man sie anziehen kann – und das heißt, dass auch alle losen und fehlende Knöpfe angenäht werden müssen. Sieh zu, dass die Kleidung gegen Motten gesichert aufbewahrt und – wenn nötig – eingepackt wird. Das erhält den Wert deiner Kleidung. Zur Zeit der Frau aus Sprüche 31 wurde Kleidung oft auch als Zahlungsmittel verwendet (Sprüche 20,16).

*4. Achte auf Qualität* – Die Marinesoldaten brauchen »nur ein paar gute Leute«, und ebenso braucht deine Familie nur wenige gute Kleidungsstücke. Die scharlachrote Farbe macht deutlich, dass es der geistlich schönen Frau wichtig ist, bei der Kleidung ihrer Familie auf hohe Qualität zu achten – und nicht auf Quantität!

*5. Achte auf Komfort* – Zweifellos teilst du mit der Frau aus Sprüche 31 das Anliegen, in deiner Familie für Gemütlichkeit, Komfort, Geborgenheit, Wärme und Gesundheit zu sorgen. Tatsächlich besteht keinerlei Zweifel daran, dass hinter den roten Kleidungsstücken die Sorge um ihre Familie steht. Die rote Farbe der Kleidung, ihre doppellagige Stärke und hohe Qualität haben nur einen Grund: Solch ein Gewand oder Mantel würde nicht nur warm halten, sondern auch sehr schön sein – das ist eine doppelte Wohltat!

*6. Achte auf Schönheit* – Die Frau, die in Gottes Augen schön ist, gestaltet alles in ihrem Leben entsprechend den Maßstäben Gottes, auch die Auswahl der Kleidung für ihre Familie. Da sie das Weben und andere Kunstfertigkeiten gelernt hat, kann man sich gut vorstellen, dass die Kleidung der Menschen in ihrem Haus schön war. Offensichtlich waren die Stoffe farbenfroh und auf feine und kunstvolle Weise mit Perlen, Juwelen und Goldfäden gewoben (Sprüche 31,21.22.24). Aber da ich die Tugenden dieser Frau kenne, bin ich mir sicher, dass der Ausdruck von Schönheit bei ihr niemals übertrieben war. Mit diesen selbstgenähten Kleidungsstücken hat sie ganz einfach ihre große Zuneigung ausdrücken wollen – und die kannst auch du durch dein gutes Herz gegenüber deiner Familie zum Ausdruck bringen.

Liebe Leserin, ich kann dieses Kapitel einfach nicht abschließen, ohne dir von meiner Freundin LaTonya zu erzählen, einer Mutter von fünf Kindern. Wenn ich am Sonntagmorgen sie und ihren glücklichen Ehemann und ihre süßen Töchter alle so herausgeputzt sehe, dann ist mein Tag gerettet. Ich weiß nicht, wie lange sie brauchen, all diese kleinen Zöpfchen, Pferdeschwänze und Haartrachten zu frisieren und mit Bändern und Haarspangen zu schmücken! Von ihren polierten Lacklederschuhen bis zu den gestärkten und gebügelten Kleidchen, den sauberen, strahlenden Gesichtchen und den glänzenden Haaren bis zu den kleinen Täschchen und Bibeln zeugen sie von LaTonyas liebevoller Fürsorge. Durch ihre Hingabe, mit der sie sich um sie kümmert und für sie sorgt, ist ihre Familie wahrhaftig gesegnet. Und auch deine Familie wird auf diese Weise gesegnet sein!

## Wahre Schönheit entdecken

Auf den ersten Blick scheint ein Kapitel über Kleidung und Vorsorge nicht gerade besonders wichtig zu sein, oder? Aber, liebe Leserin, dieses Kapitel handelt ja noch von einer anderen Tugend der in Gottes Augen schönen Frau: Es geht um Vorsorge.

Zuallererst musst du wissen, dass die Arbeit der Vorsorge für Gott etwas Wichtiges ist, und dass er über deine Planungen wachen wird. Schließlich versorgt *er* uns doch. Sein besonderer Name lautet »Jahweh-jireh«: »Gott wird versorgen« (1. Mose 22,14)! Diese Seite seines Charakters spiegeln wir wider, wenn wir unsere Lieben versorgen – und durch Planen und Vorbereiten wird das Versorgen leichter, ja, sogar segensreicher ausfallen. Zweitens drücken wir eine klare Botschaft unserer Liebe aus, wenn wir unsere Familien mit Kleidung versorgen und uns um die zukünftigen Bedürfnisse kümmern. Wenn du dann für alle Phasen des Lebens vorgesorgt hast und auf unseren sorgenden, liebenden und gnädigen Gott vertraust, wird es in deinem Heim keinen Platz mehr für Angst geben. Durch deine Vorsorge *und* durch die Fürsorge Gottes werden deine Lieben tatsächlich zweifach gesegnet sein!

## 15

# *Vielfältig herausgeputzt*

## Das Werk ihrer Hände

*Sie macht sich selbst Decken;*
*Leinen und Purpur ist ihr Gewand.*
Sprüche 31,22

Bevor wir zum ersten – und einzigen! – Mal sehen, wie die in Gottes Augen schöne Frau tatsächlich etwas für sich selbst tut, möchte ich, dass wir innehalten und auf den bereits zurückgelegten Weg blicken. Seit wir im ersten Kapitel unsere Klettertour begonnen haben (erinnerst du dich noch an Masada?), sind wir Schritt für Schritt der Schönheit, wie Gott sie meint, näher gekommen, während uns die großartige Frau aus Sprüche 31 immer begleitet hat.

Das Wunder ihres Charakters hat uns verdeutlicht, dass die in Gottes Augen schöne Frau von guten Eigenschaften und Exzellenz geprägt ist. Wir haben gesehen, wie ihre körperliche und mentale Kraft ihr es ermöglicht, die Herausforderungen und Ansprüche des Alltags mit Erfolg zu meistern. Voller Bewunderung sehen wir ihre konstante, tiefe Liebe zu ihrem Mann und ihren Kindern. Diese Liebe setzt sie auf vielerlei Weise in die Tat um und dafür ist ihr kein Opfer zu groß. Und ihre Liebe macht nicht etwa an der Haustür halt, nein, sie erstreckt sich weiter auf die Bedürftigen ihres Haushalts und ihrer Nachbarschaft. Wir haben keinen Zweifel an ihrem fähigen Management, ihrer Kreativität oder an ihrem erstaunlichen Fleiß.

Wie ich bereits erwähnt habe, ging es für die Menschen des Alten Testaments oft ums bloße Überleben. Aber da ist auch diese Frau mit einer Fülle von Tugenden. Sie sorgt nicht nur für das Allernötigste zum Leben, nein, sie versorgt die Menschen ihres Hauses so reichlich, dass noch genug für die Armen da ist und auch etwas zum Verkaufen an jene, die es sich leisten können. Und da nun für die Grundbedürfnisse ihrer Familie wie Nahrung und Kleidung gesorgt ist, widmet sie sich nun der Dekoration ihres Heims. Wir dürfen einen Blick in das Heim dieser geistlich schönen Frau werfen und wir werden sie sogar selbst kurz zu sehen bekommen. Aber ich will nicht vorgreifen – zuerst zu ihrem wunderschönen Heim!

## *Ein schönes Zuhause*

Welche Frau freut sich nicht, wenn sie ihr Zuhause dekorativ einrichten kann? Die in Gottes Augen schöne Frau ist da nicht anders, ja, sie übertrifft darin sogar alle anderen Frauen (Sprüche 31,29)!

In Sprüche 31,22 heißt es: »Sie macht sich selbst Decken«. Auf den ersten Blick scheint sich dieser Satz auf ihre Kleidung zu beziehen, aber bei den »Decken« handelt es sich um Einrichtungsgegenstände. Es gibt Bibelübersetzer, die hier von Teppichen, gewobenen Decken oder von Polstern[1] sprechen. Eine Version lautet gar: «Sie macht sich selbst Steppdecken«![2] (Im alten Orient gehörten verschiedene Arten von Wandteppichen und Decken zu den wichtigsten Ausstattungen von Zelten und Wohnungen.)

Wie wir bereits gesehen haben, spielte das Weben und Wirken im Leben der in Frau aus Sprüche 31 und in der Kultur des alten Orients eine wichtige Rolle. Als kreative Kunsthandwerkerin mit einer genauen Vorstellung von ihrem Werk, sammelt sie Wolle und Leinen und verarbeitet dann das Rohmaterial zu gebrauchsfertigen Werkstoffen. Sie verbringt viele Stunden mit Spinnrocken und Spindel und spinnt die Wolle und den Flachs zu Garn und Zwirn. Daraus webt sie herrliche Stoffe, wie sie sich nur ein Künstler erdenken kann, und verwendet sie dann, um ihre Familie einzukleiden – in königlichem Rot, der würdigen Kleidung eines Königs. Sie hat aber noch Reste von Garn und Stoff übrig – und noch viel Energie und Kreativität! Warum also nicht (Wand-) Teppiche für das Heim anfertigen, die ebenfalls eines Königs würdig sind?

Also macht sich die in Gottes Augen schöne Frau mit eifrigen Händen und einem Herz voller Liebe daran, Gewebe und Wirkereien herzustellen für Decken, Kissen, Vorhänge, Teppiche, Wandbehänge, Tischdecken, Fußmatten, Läufer und Sitzpolster, um ihr Zuhause damit zu schmücken. Unsere geschickte Textilarbeiterin gestaltet und fertigt auch Servietten, Handtücher, Leinentücher, Zudecken und Überdecken. Eine Vielfalt an Farben, Strukturen, Mustern und Stilen bringt Schönheit und Wärme in das sonst kahle Haus und verwandelt es in ein Schmuckstück, in eine Wohltat für die Sinne. Sie ist wirklich eine Künstlerin! Alle ihre Handarbeiten sind Kunstwerke!

Diese Tatsache wird auch durch einen bildlichen Ausdruck unterstützt, der in dem Wort »machen« in Vers 22 verborgen ist: »Sie *macht* sich selbst Decken.« Unsere Frau aus Sprüche 31 macht die Decken zum einen im eigentlichen Sinne mit ihren Händen. Zum anderen bedeutet *machen* im Hebräischen aber auch »ausbreiten« oder »ausstaffieren« bzw. »schmücken«. So vermittelt der Ausdruck das Bild eines verlockenden und gemütlichen Bettes.[3] Wenn die in Gottes Augen schöne Frau fertig ist, dann ist ihr Bett mit farbenfroh gewobenen Kissen, Matratzen, Decken und Teppichen »ausgebreitet«.[4] Tatsächlich ist ihr ganzes Haus mit gewirkter und gewobener Schönheit geschmückt.

## *Ein Schönheits-Check*

Bevor wir das Heim der Frau aus Sprüche 31 wieder verlassen, wollen wir uns einmal in unserem eigenen Zuhause umsehen und überlegen, wie wir unser Heim schön ausstaffieren können.

*1. Stell dir vor, du bist ein Besucher* – Geh durch deine Wohnung. Was siehst du? Was würde einem Gast auffallen? Welche Stimmung vermittelt deine Wohnung? Was gefällt dir und was würdest du verbessern? Gibt es irgendeinen unschönen Anblick oder irgendwo Unordnung? Als Hausfrau kannst du deinem Heim eine starke Ausstrahlung verleihen und eine einladende Atmosphäre und ein schönes Umfeld schaffen.

*2. Nimm dir einige Verbesserungen vor* – Sicher ist die geistlich schöne Frau sehr gut im Selbermachen! Überlege also, wenn du in deinem Zuhause Bestandsaufnahme machst: Welche Projekte hast du momentan vor? Ich selbst suche gerade nach Bettlaken mit Paisleymuster, um daraus Vorhänge für die Fenster in meinem Arbeitszimmer zu machen. Müssen deine Schränke poliert oder neu angestrichen werden? Sind auf dem Teppich Fettflecken, die mit etwas Aufwand entfernt werden könnten? Müssten deine Fenster mal wieder geputzt werden? Gibt es Dinge, die schon längst hätten repariert werden müssen? Verschönerungen müssen nicht immer eine Menge kosten. Manchmal ist es einfach am besten, sauberzumachen und die Unordnung zu beseitigen! (Wenn dieses Buch fertig ist, werde ich meinen Wandschrank im Schlafzimmer ausmisten. Ich fühle mich schon schuldig, wenn ich nur über Unordnung *schreibe!*) Oft sind kleine Dinge am wirkungsvollsten. Ich denke da an eine einzelne Blume in einer schmalen Vase oder an einen interessanten oder farbenfrohen Gegenstand, der einen schönen Platz bekommt; auch mit dem Umstellen von Möbeln, mit ein paar Kleinigkeiten auf verschiedenen Tischchen oder einem besonderen Kleinod kannst du deinem Heim deine ganz persönliche, liebenswürdige Note verleihen.

*3. Sprich mit deinem Mann darüber* – Die in Gottes Augen schöne Frau hat ihre Prioritäten geordnet. Der erste Punkt auf ihrer Liste ist die Bekleidung ihrer Familie. Danach kommt das Haus. Jetzt erst geht es ums Geld für Verschönerungen im Haus – aber selbstverständlich nur, wenn der Ehemann und der Kontostand es erlauben. Schließlich kann die Frau aus Sprüche 31 warten (Sprüche 19,2).

*4. Nimm dir Zeit* – Die in Gottes Augen schöne Frau hatte einen langen Arbeitstag (Sprüche 31,18). Reserviere dir also einen Samstag oder ein bis zwei Abende für das Projekt »Unser Heim soll schöner werden«.

Wo immer dein Zuhause ist, es ist ein Ausdruck *deiner* selbst – *deiner* Eigenschaften, *deiner* Fähigkeiten, *deiner* Liebe. Es kann sein, dass du dir die Art deines Domizils nicht aussuchen kannst, aber seine Schönheit kannst du dir aussuchen. Du bestimmst, ob es sauber und ordentlich ist. Und du wählst, was dir am besten gefällt in punkto Farben, Stil und Stimmung.

Aber womöglich ist dein Zuhause sehr spartanisch. Dann bedenke, welche Orte deine Glaubensschwestern in der Bibel ihr Heim nannten! Eva wohnte in einem Garten. Die Frau von Noah wirtschaftete in einer Arche. Sara war »Hausherrin« eines Zeltes. Esther bewohnte einen Palast in einem fremden Land. Maria kam vorübergehend in einem Stall unter. Die Schwiegermutter von Petrus bot ihm Gastfreundschaft in ihrem schlichten Häuschen. Ganz gleich, wie oft du also dein Zuhause wechselst, bist *du* die schöne Frau mit dem schönen Herzen, und du verwandelst deine Unterkunft in ein Zuhause. *Du* bist zuständig für die Handarbeiten und die Dekoration, die deine Wohnung zu einem »trauten Heim« machen!

Was die Haushaltsführung angeht, stand ich einmal einer wahren Herausforderung gegenüber, als wir uns als Missionare in Singapur aufhielten. Beide Häuser, die wir dort bewohnten, waren aus Beton – die Wände, die Fußböden und die Decken. (Als wir das Haus innen reinigten, haben wir es tatsächlich von oben bis unten einfach mit dem Wasserschlauch abgespritzt!) Und trotzdem habe ich uns dort am Äquator, weit weg von meiner Familie und den Freunden, ein Heim »eingerichtet« und ihm, so gut ich konnte, einen Hauch von Wärme und Liebe verliehen (Sprüche 14,1). Als wir in die USA zurückkehrten, standen wir erneut Herausforderungen gegenüber. Wir mussten innerhalb von zwei Monaten viermal umziehen; an zwei Orten schliefen wir in Schlafsäcken auf dem Boden. Aber jede Unterkunft war ein Zuhause, weil ich mir fest vorgenommen hatte, sie dazu zu machen! Auch vier Schlafsäcke, die in einer Reihe auf dem Boden liegen, können schön sein, wenn man diesen Platz zu einem Heim macht!

## *Ein Hauch von Klasse*

Endlich! Für alle ist gesorgt. Die Bedürftigen haben es warm. Die Familienmitglieder sehen in ihren roten Kleidern beeindruckend aus. Das Haus ist schön und strahlt auf alle, die es betreten, Frieden und Behaglichkeit aus. Nun ist für die in Gottes Augen schöne Frau die Zeit gekommen, dass sie auch an ihr eigenes Aussehen denken kann. Es ist an der Zeit, sich ihrer Stellung und ihren Möglichkeiten entsprechend zu schmücken.

Zuerst erfahren wir: »Leinen und Purpur ist ihr Gewand« (Sprüche 31,22). Da sie auf jeden Fall Geschmack und Eleganz hat, gibt sie ihrer Kleidung einen Hauch von Klasse. Der in Gottes Augen schönen Frau gebührt feines »Leinen und Purpur«, und es steht ihr! Als tugendhafte, kluge, starke und würdevolle Dame hat sie das Format, um solch königliche Kleidung tragen zu können. Ihre Kleidung ist ganz einfach der Ausdruck ihres Charakters.

Obwohl manche Übersetzungen von Sprüche 31,22 besagen, dass ihre Kleidung aus *Seide* war, so ist die richtige Bezeichnung doch wohl *feines Leinen* (»Byssus«), da jener Stoff gemeint ist, der aus Flachs gewoben wird. Aus diesem Stoff hat sie ein elegantes Gewand genäht, und nun glänzt das feine Leinen im Sonnenlicht wie Seide. Was sie sich geschneidert hat, bringt ihre innere »Kraft und Würde« zum Ausdruck (Vers 25).

Außerdem erfahren wir, dass ihre Kleider von Purpur sind, d. h. gefärbt mit einem seltenen und teuren Farbstoff. Purpur wird in winzigen Mengen von Schalentieren, den Purpurschnecken, gewonnen, die an der östlichen Mittelmeerküste beheimatet sind.[5] Womöglich hat die in Gottes Augen schöne Frau diesen seltenen und kostbaren Farbstoff erstanden, wenn Handelsschiffe kamen und sie dort ihre Handarbeiten im Tauschhandel gegen Purpur veräußern konnte. Das Purpur ist sicher ein weiteres Indiz für ihre harte Arbeit und ihre Geschäftstüchtigkeit.

## *Ein Hauch von Geschmack*

Wir haben nun viel über Aufwand, Kosten und Erlesenheit gehört und das klingt vielleicht protzig oder albern. Es gibt jedoch ein paar Fakten, die man bedenken sollte.

Als Erstes sei gesagt: Die in Gottes Augen schöne Frau hatte keinen Schrank voller Kleider. Sie besaß ein paar Stücke von guter

Qualität, deren Anfertigung sie viele Monate – vielleicht sogar ein Jahr – gekostet hatte.

Zweitens ist Sprüche 31 eine Art Loblied. Außer ihren vielen Tugenden wird auch ihre schöne Kleidung gepriesen. Diese wurde aus wundervoll gewobenen Stoffen von Hand genäht und mit üppiger Stickerei verziert. Sie sind in warmen, satten und majestätischen Farben gehalten – und all dies hat sie aus den Rohmaterialien Flachs und Wolle (Vers 13) bis hin zu den fertigen prächtigen Kleidungsstücken selbst angefertigt.

Man darf auch nicht vergessen, dass die in Gottes Augen schöne Frau immer die richtigen Prioritäten beachtet hat. Nie hätte sie jemanden vernachlässigt, um selbst in ihrer Pracht zu glänzen. Eine derartige Selbstsucht wäre weder nobel noch lobenswert! An sich selbst dachte sie natürlich zuletzt.

Und schließlich muss man bedenken, dass Sprüche 31 die Worte einer anderen Edelfrau sind. Und wer kennt eine Frau besser als eine andere Frau? Die Mutter König Lemuels (Sprüche 31,1) legte großen Wert darauf, ihm zu verdeutlichen, wie seine Traumfrau gekleidet sein sollte. Ihr Hauptaugenmerk legt diese weise Frau auf –

- *die Stellung* der geistlich schönen Frau in der Gesellschaft – Sie ist eine Frau von Würde, Wohlstand und hohem Rang, und ihre Kleidung ist ihrem Stand angemessen;
- *ihre Gewohnheit* hart zu arbeiten und geschickt vorzugehen, was sich auf ganz praktische Art bezahlt macht: Sie hat die finanziellen Möglichkeiten und ist bereit, keine Zeit und Mühe zu scheuen, um sich ihrer Stellung gemäß zu kleiden;
- *ihren beruflichen Status* – Wenn sie in den kopfsteingepflasterten Gassen unterwegs ist, die kreuz und quer durch Jerusalem führen, ist sie eine wandelnde Werbung für ihr Geschick. Als Schneiderin sollte sie sich nicht schäbig kleiden!
- *ihren lobenswerten Charakter* – Die Kleidung der tugendhaften Ehefrau entspricht ihrer Würde und ihrem wahren Charakter.

Mit dieser Sichtweise der Dinge können wir uns getrost der Mutter des jungen Prinzen anschließen, die frohlockt: »Gebt ihr von den

Früchten ihrer Hände, und ihre Werke werden sie rühmen in den Toren« (Sprüche 31,31)! Diese Frau, die in Gottes Augen so schön ist, hat ihre Pracht vollauf verdient.

## Anleitung zu wahrer Schönheit

Wenn ich mir ansehe, was Gott uns in Sprüche 31,22 über unsere persönliche Garderobe sagt, dann denke ich, dass seine Botschaft auf drei Punkte hinausläuft:

*1. Deine Sorgfalt* – Die Pflege deiner Kleidung ist ebenso wichtig wie die Kleidung selbst. Das Maß deiner Sorgfalt zeigt sich im Flicken eines Risses, dem Annähen eines Knopfes, im Waschen schmutziger Kleidung und – um das Wichtigste zum Schluss nicht zu vergessen – im Bügeln! Die Art und Weise, wie du deine Kleidung pflegst, sagt etwas über deinen Charakter und deine Werte aus. Achte also auf den allgemeinen Zustand und das Aussehen deiner Kleidung. Was sagt die Art, wie du deine Kleidung pflegst, über dich aus? Schönheit beginnt mit Sauberkeit und Ordnung.

*2. Deine Ausstrahlung* – Nicht nur du allein wirst nach deinem Erscheinungsbild beurteilt. Die Art, wie du dich anziehst und wie du aussiehst, färbt auch auf deine Familie ab. Wenn du in der Öffentlichkeit für ein bestimmtes Maß an Sauberkeit und Würde sorgst, wirfst du ein gutes Licht auf deinen Mann und seinen Namen, auf seinen Ruf und auf seine (eure!) Kinder.

Der Ehemann der in Gottes Augen schönen Frau »ist wohlbekannt in den Toren« (Vers 23), im Gegensatz zum armen Mann, der mit einer unordentlichen Frau verheiratet ist, oder dem Mann, dessen Frau eine Chaotin ist – wie eine pfiffige Autorin einmal schrieb: »Mrs.« vor dem Namen bedeutet nicht *miserable rut of sloppiness*[6] (etwa »schlampige Hausfrau«). Nein, der Gatte der Frau aus Sprüche 31 ist »in den Toren wohlbekannt« als einer, der mit einer *Dame* verheiratet ist, einer gewissenhaften, anmutigen, attraktiven Frau von Charakter.

Und das Gleiche gilt auch für uns! Mit unserem Aussehen werfen wir ein bestimmtes Licht auf unseren Mann und unsere Kinder – selbst auf unsere Eltern und auf unsere Freunde! Andere Menschen bilden sich eine Meinung über deine Familie aufgrund dessen, wie sie dich wahrnehmen, und das kann auch von deinem Aussehen abhängen. Aus diesem Grunde versuche ich folgenden Ratschlag zu beherzigen: »Unterscheide dich – sei gepflegter, adretter und herausgeputzter als der Durchschnitt. Wenn man bei einer Veranstaltung mitwirkt, ist es immer gut, etwas besser und nicht etwas schlechter als die anderen auszusehen.«[7]

*3. Deine Maßstäbe* – Wir Frauen, die wir auf der Suche nach Schönheit sind, die von Gott wertgeschätzt wird, wollen seinen Maßstäben folgen. Aber was genau sind diese Maßstäbe? Ganz oben steht »Bescheidenheit«, gefolgt von »Anstand« (d. h. wie man sich anständig und vernünftig kleidet oder benimmt), außerdem sind da »Mäßigung, Besonnenheit und Keuschheit« (siehe 1. Timotheus 2,9 und Titus 2,5). Diese Worte klingen vielleicht altmodisch, aber sie kommen aus einem gottesfürchtigen Herzen (1. Timotheus 2,10). Und überhaupt ist es unserem Herrn wichtiger, wie die »Kleidung« unserer Seele aussieht als die Kleidung unseres äußeren Körpers: »Euer Schmuck soll nicht der äußerliche sein, Haarflechten und Anlegen von Goldgeschmeide oder Kleidung, sondern der verborgene Mensch des Herzens in dem unvergänglichen Schmuck eines sanften und stillen Geistes, der vor Gott sehr kostbar ist« (1. Petrus 3,3-4). Amen!

## Wahre Schönheit entdecken

Nun bist du herausgefordert, Kreativität bei der Verschönerung deines Heims und deiner Kleidung zu zeigen. Alles zu seiner Zeit!

Die in Gottes Augen schöne Frau aus Sprüche 31 ist eine Kunsthandwerkerin, aber auch du bist eine Kunsthandwerkerin! Auch du kannst, wo immer du zu Hause bist, dein Heim und dich selbst schön herausputzen. Und was brauchst du dafür? Kurz gesagt – Liebe. Mit Fäden der Liebe, verwoben von liebevoller Hand, bringst du dein liebevolles Herz zum Ausdruck – so kannst du selbst einen Wohnwagen in ein schönes Heim umgestalten. Wo und wann immer du mit dem Herzen bei der Sache bist, wird dir diese Umgestaltung gelingen.

So wisse nun, liebe Schönheitskünstlerin, dass Gott uns vielerlei Gelegenheiten gibt, um nicht nur unsere Liebe zum Ausdruck zu bringen, sondern mit dieser Liebe auch kreativ zu sein. Mit dem Herausputzen deines Heims und auch deiner Garderobe kannst du so viele Menschen erfreuen. In den Psalmen lesen wir: »Die Himmel erzählen die Herrlichkeit Gottes, und das Firmament verkündigt seine Handarbeit« (Psalm 19,2). Für uns Menschen bedeutet das: Mit der Arbeit deiner Hände kannst auch du Gott verherrlichen und etwas von seiner Schönheit ausdrücken. Gib also deinem Herzen einen Ruck, lass deine Fantasie sprudeln, setze deine Finger in Gang und sieh, was sie hervorbringen, um unseren wunderbaren Herrn zu preisen!

16

# Ein einflussreicher Mann

## Ihr Gatte

*Ihr Mann ist wohlbekannt in den Toren,*
*wenn er unter den Ältesten des Landes sitzt.*
Sprüche 31,23

Auch wenn es in unserer Kultur nicht besonders gewürdigt wird, ist es doch die wichtigste Aufgabe der Frau, ihren Ehemann zu unterstützen. Eine in Gottes Augen schöne Frau weiß das. Dazu möchte ich etwas über Susannah Spurgeon berichten, der Frau von Charles Spurgeon, dem berühmten Prediger am Metropolitan Tabernacle in London. Obwohl er ein erfolgreicher Prediger war, hatte er Angst, seine Kinder zu vernachlässigen, also kam Charles Spurgeon eines Abends früher als sonst nach Hause. Als er die Tür öffnete, war er überrascht, dass kein Kind in der Nähe war. Als er die Treppe hinauf ging und die Stimme seiner Frau hörte, wusste er, dass sie mit den Kindern betete. Sie nannte im Gebet jeden einzelnen Namen ihrer Kinder. Als sie fertig war und die Kleinen zu Bett gemacht hatte, dachte Spurgeon: »Ich kann ruhig weiter arbeiten. Meine Kinder sind bestens versorgt.«[1] Stell dir das vor! Weil Susannah Spurgeon zu Hause treu und gewissenhaft war, schenkte sie der Welt die wertvolle Zeit von Charles Haddon Spurgeon, dessen Worte noch heute viele Herzen bewegen und überführen. Und auch ihre beiden Söhne wurden Prediger.

### *Ein wohlbekannter Ehemann*

An dieser Stelle von Sprüche 31 hören wir endlich etwas über den Mann der in Gottes Augen schönen Frau! In Vers 11 haben wir gelesen, dass er seiner Frau vollkommen vertraut und sich ganz auf sie verlässt. Er ist der glückliche Mann, dem sie alle Tage ihres Lebens Gutes erweist (Vers 12). Wir haben erfahren, dass sie sich um alle Mahlzeiten (Vers 15), um den Haushalt (Vers 15) und die Finanzen (Vers 11) kümmert. Und weil sie so kunstfertig ist, kann er sich in Scharlach kleiden (Vers 21). »Eine tugendhafte Frau – wer findet sie (Vers 10)?« Also, dieser Mann hat jedenfalls eine gefunden! Gott hat ihn eindeutig mit einer Frau gesegnet, die in Gottes Augen wahrlich schön ist!

Aber er selbst ist auch für viele ein Segen, denn er ist ein einflussreicher Mann. Lass mich das erklären.

»Ihr Mann ist wohlbekannt in den Toren, wenn er unter den Ältesten des Landes sitzt« (Sprüche 21,23). Damals waren die Städte durch eine Stadtmauer geschützt und man konnte durch Tore in die Stadt hinein- und hinausgehen. Diese Tore hatten zu beiden Seiten der Torpassage eine oder mehrere Kammern. Jim und ich haben in Israel oft alte Städte besucht, und wir konnten in den dicken Steinmauern, die sie einst schützten, stets Hinweise auf diese vielen geräumigen Kammern finden. Einige dieser Kammern wurden als Wachstuben benutzt und waren mit einem Brunnen, einer Feuerstelle und einer Treppe, die nach oben auf die Mauer führte, ausgestattet. Andere Kammern dienten als amtliche Regierungsräume.

Und was geschah in den Toren, wenn die Stadtbewohner ein- und ausgingen, um ihren täglichen Geschäften nachzugehen? In der Kühle und im Schutz dieser Steinkammern wurden juristische und politische Entscheidungen getroffen. Es fanden Beratungen statt und kommunale Angelegenheiten wurden geregelt. Amtliche Bekanntmachungen und Verordnungen wurden verkündet. Angelegenheiten des Gemeinwohls wurden abgewickelt. Verwaltungs- und Rechtsfragen wurden geklärt.

Dies war also der Ort, wo der Ehemann der Frau aus Sprüche 31 wohlbekannt war (Vers 23). Und er war ein angesehener Mann, denn er saß »unter den Ältesten des Landes«. Natürlich leistete er einen wichtigen Beitrag zum öffentlichen Leben. Als anerkannte Führungskraft nahm er Einfluss auf die Gesellschaft. Womöglich hatte er sogar einen Sitz im Tor, was seinen wichtigen Status als fähiger Berater des Landes auszeichnete. Vielleicht gehörte er auch zum Ältestenrat des Landes, der rechtsprechenden Instanz, die das Land regierte. Diese angesehene Gruppe traf sich täglich im Stadttor, um Geschäfte abzuwickeln oder Rechtsfälle zu besprechen.[2] Auf jeden Fall war dieser Mann wohlbekannt, weil er einen Sitz im Rat der anerkannten Bürgervorsteher hatte, die sich um rechtliche und wirtschaftliche Angelegenheiten kümmerten.[3] Von den Stadtbewohnern und den Amtsträgern wurde er geschätzt und geachtet. Deshalb war er wirklich ein einflussreicher Mann.

## *Hinter jedem erfolgreichen Mann ...*

Weißt du noch, wie Sprüche 31,10-31 begann? Ein junger Prinz – ein zukünftiger König und Herrscher, ein einflussreicher Mann – lernt das ABC des Lebens (Sprüche 31,1). Seine weise und in Gottes Augen schöne Mutter ist selbst mit einem König und Herrscher, also einem einflussreichen Mann, verheiratet. Sie erklärt ihrem jungen Sohn als pflichtbewusste und leidenschaftliche Lehrerin, welche Art von Frau ein einflussreicher Mann braucht. Wir haben erkannt, dass diese Frau allen Ansprüchen eines Königs gerecht werden muss, dass sie genauso stark und erfolgreich wie er sein und die Achtung und Anerkennung der Gesellschaft verdienen muss. Natürlich weiß eine gläubige, weise Mutter, dass hinter jedem erfolgreichen Mann eine gute und erfolgreiche Frau steht! Oder wie es ein modernes Sprichwort ausdrückt: »Gewöhnlich hält die Ehefrau die Erfolgsleiter fest, auf der ihr Mann emporsteigt.«

Wenn ich an den Mann und die Frau aus Sprüche 31 denke, dann stelle ich mir beide wie zwei Buchstützen vor. Beide sind stützende Pfeiler der Gesellschaft, beide sind in den Toren wohlbekannt (Verse 23 und 31) und beide wollen für den anderen nur das Beste (Verse 20 und 23). Obgleich sie in zwei verschiedenen Bereichen wirken, offenbaren sie doch beide den gleichen tugendhaften Charakter, während sie für das gleiche Ziel leben: anderen zu dienen. Dies bemerkte bereits der weise Salomo: »Es ist besser, dass man zu zweit ist als allein« (Prediger 4,9). Lies einmal, wie dieses Paar zusammenarbeitet.

- Er engagiert sich persönlich in der Gesellschaft; sie ist seine Gehilfin (1. Mose 2,18).
- Er leitet erfolgreich die Stadt; sie leitet erfolgreich ihre Familie und ihr Heim.
- Er ist glücklich bei der Arbeit, sie arbeitet glücklich zu Hause.
- Er wird respektiert und hoch geachtet; sie wird von ihm geschätzt und geehrt für die Führung ihres Hauses und für ihre beispielhafte Haltung.
- Er ist ein verlässlicher und einflussreicher Bürger; sie bringt ihm Ansehen.
- Er ist ein Ratgeber, ein Mann mit gesundem Menschenverstand; sie spricht mit Liebe und Weisheit.
- Er nimmt von den Stadttoren aus Einfluss auf sein soziales Umfeld; sie nimmt von zu Hause aus Einfluss auf die Mitmenschen.
- Er ist bekannt für seinen solidem Charakter und für seine wichtigen Beiträge zum Gemeinwohl; gleiches gilt für sie.
- Er ist zu Wohlstand gekommen und hat eine gute gesellschaftliche Stellung; sie trägt zur besseren finanziellen Situation der Familie bei und stärkt seine gesellschaftliche Stellung, indem sie ihn in allen Bereichen unterstützt.
- Er hat seine beruflichen Ziele erreicht; sie hat mit ihrem Fleiß und ihrer Sparsamkeit dazu beigetragen.
- Er hat Ansehen verdient; sie wird für ihre Kunstfertigkeit geachtet.
- Er ist ein tugendhafter Mann; sie ist eine tugendhafte Frau.
- Er wird mit Ehre gekrönt; sie ist die Krone ihres Mannes (Sprüche 12,4).

## *Eine einflussreiche Frau*

Meine liebe Freundin, wir müssen beide verstehen, wie wichtig es ist, dass wir unseren Gatten unterstützen, während er seine berufliche Karriere verfolgt und dem Herrn dabei dient. Denk doch einmal darüber nach, dass dieser einflussreiche Mann das Geschenk seiner Frau an die Menschen ist. Er ist draußen in der Öffentlichkeit. Er geht früh morgens aus dem Haus, um Gottes Plan für sein

Leben zu verfolgen, und er macht einen Unterschied in der Gesellschaft und trägt zu ihrem Wohl bei!

Hinter ihm steht seine wunderbare, in Gottes Augen schöne Frau. Diese einflussreiche Position hat er nur, weil er sich keine Sorgen um sein Heim machen muss. Tatsache ist auch, dass sein angesehenes, erfolgreiches Heim seinen guten Ruf stärkt. *Ihr* Charakter und *ihre* Fähigkeit, das Heim gut zu führen, ermöglichen *ihm*, seine einflussreiche Arbeit zu tun. *Sie* macht es möglich, dass *er* unter den Ältesten des Landes in den Toren der Stadt sitzen kann. *Ihr* gut geführter Haushalt wirft ein positives Licht auf ihren Mann, während *er* zu Wohlstand und sozialem Status aufgestiegen ist. Außerdem konnte er durch *ihren* Fleiß und *ihre* Sparsamkeit *seine* Lebensziele erreichen. Der Einfluss unserer in Gottes Augen schönen Frau auf ihren Mann hat eindeutig dazu beigetragen, dass er Einfluss auf die Gesellschaft nehmen kann.

Jetzt möchte ich dich fragen, ob du die Arbeit deines Mannes »da draußen« auch als *deine* Gabe für die Menschen, denen er dient, sehen kannst. Denn schließlich bist *du* es, die ihn mit Freude erfüllt und ihn losschickt, um für andere ein Segen zu sein. Er ist *dein* Beitrag für die Gesellschaft – für die Firma, für die er arbeitet, für die Menschen in seinem Büro, für seine Kunden, seine Studenten, seine Herde ihm anvertrauter Christen – oder was auch immer sein Tätigkeitsbereich ist.

Er ist dein Beitrag, ob du nun selber berufstätig bist oder jede Minute zu Hause verbracht hast. Du unterstützt ihn nicht etwa deshalb, weil du einen Gehaltsscheck bekommen könntest. Bei deiner Unterstützung geht es um dein Herz und dein Heim; die Frage ist, wie du dich um ihn, sein Heim und seine Kinder kümmerst. Es geht um deinen wunderbaren Beitrag zu seinem Wohlergehen.

## Anleitung zu wahrer Schönheit

Wie können wir diesen wertvollen Beitrag leisten? Wie können wir unseren Ehemann unterstützen und sein Leben erleichtern? Hier sind einige Ideen.

*1. Lobe ihn* – Jeder Mensch schätzt ernst gemeintes Lob, und dein Mann ist da keine Ausnahme. Halte dich also an Sprüche 3,27: »Verweigere keine Wohltat dem, welchem sie zukommt, wenn es in der Macht deiner Hände liegt, sie zu erweisen!« Es liegt wirklich an dir – und deinem Herzen und deinem Mund –, deinen Mann zu loben. Also tu dies heute und jeden Tag deines Lebens (Sprüche 31,12). Jemand sagte scherzhaft: »Wenn er erst einmal tot ist, kann er es auf seinem Grabstein nicht mehr lesen!«

*2. Ermutige ihn* – jeder Mensch – auch dein Ehemann – braucht Ermutigung. Korrektur ist gut, aber Ermutigung ist besser, wie ein Ehemann einmal lobend über seine Frau schrieb: »Wenn du einen verborgenen positiven Wesenszug entdeckst, dann fördere ihn und mache ihn groß!« In Sprüche 12,25 heißt es: »Kummer drückt das Herz eines Mannes nieder, aber ein gutes Wort erfreut es.« Und ein gutes Wort von dir wird deinen Ehemann ermutigen, wenn er den Herausforderungen des Lebens begegnet. Fülle also deinen Mund mit Worten der Weisheit und Freundlichkeit. Lass Liebe und Ermutigung hervorströmen (Sprüche 31,26).

*3. Pflege deine Ehe* – Falls du es noch nicht bemerkt hast: Eine Ehe bedeutet Arbeit! Martin Luther bemerkte dazu: »Die Ehe ist kein Spaß. Man muss daran arbeiten und dafür beten.«[4] Als Ehefrau hast du den Auftrag, für deinen Mann zu beten und ihn zu achten (Epheser 5,33). Eine Studienbibel erklärt dies so: »Die Ehefrau soll ihren Ehemann achten – sie soll ihm Aufmerksamkeit widmen, ihn schätzen, ihn ehren, ihn an die erste Stelle setzen, ihn wertschätzen; und sie soll sich ihm unterordnen, ihn loben und lieben und über alle Maßen ehren.«[5] Eine wahrhaft große und lebenslange Aufgabe! Wenn du Gottes Plan erfüllen willst, dann wirst du eine wunderbare Ehefrau werden – eine Frau, die sich an einer wundervollen Ehe erfreut.

*4. Kümmere dich um deine Familie* – Der Ehemann der Frau aus Sprüche 31 ist in seinem Beruf und in der Gesellschaft ein einflussreicher Mann, weil er zu Hause eine einflussreiche Frau hat. Daher hat Gott dir eine weitere Aufgabe gegeben – eine Aufgabe, die in seinen Augen schön ist: Du sollst dich um deine Familie kümmern. Du sollst die Mahlzeiten, den täglichen Ablauf mit allen Terminen, die Kleidung und die Erziehung der Kinder ernstnehmen. Wenn du deinen Haushalt reibungslos und effektiv führst, trägst du zum hohen Ansehen deines Mannes in der Öffentlichkeit und in der Gemeinde bei (siehe Timotheus 3,4-5). Nichts bereitet einem Mann mehr Ehre als eine Frau, die in Gottes Augen schön ist, und eine anständige Familie!

*5. Kümmere dich um dein Heim* – Sorge dafür, dass zu Hause alles gut klappt. Bitte Gott bei deinen täglichen Hausarbeiten und den unvorhersehbaren Herausforderungen des Lebens um Hilfe. Bitte den Herrn, dass es dir eine Freude ist, die Vorgänge in deinem Hause im Auge zu behalten (Vers 27).

*6. Kümmere dich um die Finanzen* – Dein weiser Umgang mit Geld ist ein Geschenk für deinen Mann. So kann er einen Beruf ausüben, den er liebt und der seinen Fähigkeiten entspricht – und den er nicht aus bloßer Notwendigkeit ausüben muss. Wenn du jeden Tag auf deine Familie achtest, deine Ausgaben kontrollierst, Ersparnisse vermehrst und das Einkommen erhöhst, folgst du den Fußstapfen der weisen und in Gottes Augen schönen Frau.

*7. Lass ihn gehen* – Als Jim und ich mit unserer Gemeindearbeit begannen, hatte ich Probleme damit, wenn er nicht zu Hause sein konnte, bis spät arbeiten musste und rund um die Uhr abrufbereit war. Eine Frau, die auch Verzicht üben musste, schrieb das folgende Gebet, das mir half, Jim besser zu unterstützen, ihm zu dienen und ihn besser loszulassen:

> Herr Jesus … Hiermit erkenne ich an, dass mein Ehemann dir gehört und nicht mir. Ich habe alle Rechte an ihn abgetreten – das Recht auf seine Zeit, sein Verständnis, seine Aufmerksamkeit, seine Liebe. Das, was du zurückgibst, betrachte ich als Vorrecht und möchte es zu meiner Freude und zu deiner Herr-

> lichkeit nutzen, und zwar so lange, wie du uns diese Vorrechte gewährst. Ich möchte jeden Gedanken des Selbstmitleids, der Kritik, der Eifersucht oder Feindseligkeit ablehnen, wenn mir diese Vorrechte versagt werden – wenn seine Zeit von anderen in Anspruch genommen wird – wenn es scheint, als habe er keine Rücksicht genommen oder mir seine Liebe nicht erwiesen.
>
> Herr ... hilf, dass das Leben meines Mannes die Erfüllung findet, die du für ihn vorgesehen hast, auch wenn es zu meinem persönlichen Nachteil ist.[6]

Diese Worte drücken eine viel schönere Haltung aus als Klammern, Klagen, Jammern, Nörgeln und ein von Missgunst erfülltes Herz, das deinem Mann die Zeit verwehrt, die er für seine Aufgaben braucht.

*8. Unterstütze seine Lebensziele* – Die Frau eines Predigers, die ich sehr bewundere, hat mir ungemein geholfen, als Jim das Seminar besuchte, um sich auf seinen pastoralen Dienst vorzubereiten. Als ich sie fragte, was ihr bester Rat für die Frau eines zukünftigen Gemeindehirten sei, schrieb sie mir einen langen Brief. Ihr weiser Rat beinhaltete Folgendes:

> Teile die Träume deines Mannes über die Früchte seines Dienstes. Nimm Teil an der gemeinsamen Erwartung und Vorfreude. Später werdet ihre eure Ziele aufgrund dieser gemeinsamen Absichten neu festsetzen. Das wird euch durch dürre und schwere Zeiten durchtragen und helfen, dem Herrn treu zu bleiben und stets ihm zu dienen. Euer großes gemeinsames Vorhaben hilft euch, euren Fokus auf unseren großen Gott gerichtet zu halten und euch nicht von den tagtäglichen Sorgen ablenken zu lassen.

Diese Worte zeigen eine Herzenshaltung, die in Gottes Augen wahrhaft schön ist. Also, welche Arbeit oder welchen Einflussbereich dein Ehemann auch immer haben mag, unterstütze ihn mit deiner ganzen Kraft, anstatt seine Lebensziele zu ignorieren, herunterzuspielen oder gar zu belächeln.

*9. Sei dir bewusst, dass dein Verhalten auf ihn abstrahlt* – Der Gatte der Frau aus Sprüche 31 ist »wohlbekannt in den Toren« (Vers 23), weil er ein anständiges Leben führt! Gilt das auch für deinen Mann, und wird er aus diesem Grund respektiert und geachtet?

## Wahre Schönheit entdecken

Ist Sprüche 31,23 nicht wunderbar und ermutigend? Wenn du verheiratet bist, dann hoffe ich, dass du weißt: Du und dein Mann seid nicht zwei verschiedene Wesen, die auf zwei getrennten Wegen zwei verschiedene Ziele verfolgen. Nein, ihr seid ein Paar wie zwei Buchstützen. Ihr seid eine Einheit und sollt gemeinsam die Aufgaben, Probleme und Sorgen des Lebens meistern und gemeinsam nach Möglichkeiten suchen, um eure Lebensziele zu verwirklichen. Freut euch darüber, dass ihr beide gleichermaßen Einfluss nehmen und einen Beitrag leisten könnt, auch wenn ihr das in unterschiedlichen Bereichen auslebt. Freue dich darüber, wenn dein Mann im Mittelpunkt der Aufmerksamkeit steht, wenn er sich auszeichnet, wenn er bekannt ist und geachtet wird. Freue dich darüber, dass du das Vorrecht hast, Jesus nachzufolgen und dass du dein Leben für deinen Mann liebevoll aufopfern und ihm dich selbst als höchstes Opfer schenken kannst.

Weil dies eine große Aufgabe ist, bitte Gott im Gebet darum, dass er dir hilft, Wege zu finden, die deinen Ehemann unterstützen und gleichzeitig Gott verherrlichen. Nimm dir fest entschlossen vor, nach Sprüche 31,12 zu handeln und alle Tage deines Lebens deinem Mann nur Gutes zu erweisen, indem du ihn lobst, ihn ermutigst, deine Ehe hegst und pflegst, deiner Familie dienst, dich um dein Heim kümmerst, die Finanzen überwachst, seine Lebensziele unterstützt und für seinen Erfolg betest – so dass er in seinem Beruf und in seinem Umfeld ein geistlicher Mann mit geistlichen Früchten sein kann.

# 17

# *Ein Kreativ-Profi*

## Ihr Handwerk

*Sie fertigt Hemden und verkauft sie*
*und liefert dem Händler Gürtel.*
Sprüche 31,24

Ich höre gern die Erfolgsgeschichten von Künstlern und Unternehmern. Meine Ordner sind gefüllt mit ihren bemerkenswerten Geschichten! Wenn ich etwas über eine erfolgreiche Frau höre, dann frage ich mich immer: »Wie hat sie das gemacht? Welche Schritte hat sie unternommen? Woher hat sie ihr Wissen und Können?« Es ist erstaunlich, dass alle Geschichten dieser erfolgreichen Frauen zwei Gemeinsamkeiten aufweisen: Aus einem *persönlichen Interesse* wurde eine *Profession*.

Mir fallen viele Frauen ein, auf die das zutrifft. Sie haben eine besondere Begabung, sind tatkräftig und immer lernbereit. Das Schönste aber ist, dass sie anderen Frauen wie mir und dir ihre Kenntnisse weitervermitteln: wie man einen Haushalt führt, dekoriert, Mahlzeiten zubereitet, Geschenke und andere Dinge bastelt und den Garten bepflanzt. Diese wunderbaren Frauen lieben ihr Heim, sie sind kreativ und arbeiten gerne und viel. Und sie wollen anderen Frauen helfen, die gleiche Freude und Erfüllung in dieser Tätigkeit zu finden.

Wenn ich an solche Frauen denke, dann fällt mir die Bibelstelle ein, wo Gott den Frauen den Auftrag gibt, »das Gute zu lehren« (Titus 2,3). Ich weiß, dass ich überaus gesegnet bin, weil ich in einer Gemeinde aufgewachsen bin, in der es ein ganzes Heer voll fleißiger Frauen gab, die ihr Wissen weitergaben.

Welche Fähigkeiten, Gaben und Kenntnisse Gott dir auch immer gegeben haben mag, um aus deinem *persönlichen Interesse* eine *Profession* zu machen, hoffe ich, dass du jede Gelegenheit nutzt, um auch anderen zu helfen, ihr Leben zu bereichern. Ich bete, dass du Gottes Auftrag ernst nimmst und ebenfalls eine »Lehrerin des Guten« bist, die ihre Kenntnisse und Fähigkeiten anderen weitergibt.

Vielleicht werden wir aus unseren Gaben und Fähigkeiten nie einen Beruf machen, aber wir alle können ein schönes, behagliches Heim schaffen. Wie die in Gottes Augen schöne Frau aus Sprüche 31 können auch wir einen Sinn für Schönheit entwickeln. Unser Heim ist der ideale Ort, wo wir unsere Kreativität mit Freude ausleben können. Hier und jetzt können wir unser eigenes kleines Kreativunternehmen starten, wenn wir uns von ganzem Herzen unserer täglichen Arbeit daheim widmen. Mit der Freude des Herrn als unsere Stärke (Nehemia 8,10) können wir bei unserer täglichen Hausarbeit immer wieder unsere Kreativität entfalten.

## *Ein Unternehmen wird gegründet*

Wie jedes Stück Holz nach jedem Schnitt wieder die gleiche Maserung zeigt, so ist auch die Webekunst in der Seele der Frau aus Sprüche 31 durch und durch eingeprägt. Weben ist wirklich »ihr Ding«! Sieh dir nur mal an, wie häufig die Mutter des jungen Prinzen über die Textilarbeit der geistlich schönen Frau spricht: Sie kümmert sich um Wolle und Flachs für die Verarbeitung (Vers 13); bis spät in die Nacht verarbeitet sie die Rohstoffe bei Kerzenlicht (Vers 18-19); sie schenkt den Armen ihre warmen selbstgenähten Gewänder (Vers 20); sie schmückt ihr Heim und näht für sich und ihre Familie kostbare Kleider (Vers 21-22).

Die Mutter des jungen Königs Lemuel weist ihn noch einmal auf die Würde und Schönheit der Frau aus Sprüche 31 und auf ihre Webekunst hin: »Sie fertigt Hemden und verkauft sie und liefert dem Händler Gürtel« (Vers 24).

Als wir angefangen haben, dieses Lobgedicht systematisch zu untersuchen, haben wir gesehen, wie diese in Gottes Augen schöne Frau immer fleißiger wurde und ihren Einflussbereich erweitert hat. Jetzt sehen wir, dass ihr Wirkungskreis nicht nur den häuslichen, sondern auch den wirtschaftlichen Bereich umfasst. Sie hat ein kleines Unternehmen aufgebaut und betreibt internationalen Handel. Ihre handgearbeiteten Waren – die sie ursprünglich nur für ihre Familie angefertigt hat – sind jetzt der Mittelpunkt ihres blühenden Geschäfts. Diese wunderschönen Waren werden von Handelsschiffen und Kamelkarawanen bis ans Ende der Welt gebracht. Wenn du dich bisher daran gestört hast, dass sie ja keine »Karrierefrau« ist, dann merkst du spätestens jetzt, dass sie doch eine ist und immer sein wird. Der Verkauf ihrer Waren auf dem internationalen Markt spricht für die Qualität ihrer Arbeit, erklärt ihren Wohlstand und beweist, dass sie ein Kreativ-Profi ist.[1] Aus persönlichen Interessen wurde eine Profession!

## *Die eigene Kreativität entfalten*

Bei dieser Frau ist klar, dass ihre gottgeschenkte Kreativität und der Wunsch, die Familienfinanzen zu verbessern, zu ihrer beruflichen Karriere beigetragen haben. Aus persönlichen Interessen (ihren Kenntnissen, Zielen und Wünschen für die Familie) wurde eine Profession (ihr Heimgewerbe).

Und alles begann mit dem Verkauf ihrer Handarbeiten: »Sie fertigt Hemden an und verkauft sie« (Sprüche 31,24). Aus den feinen Stoffen nähte sie Hemden, Unterkleider oder luftige Tuniken für den Sommer. Die Stoffe waren leicht und fein – und daher teuer!

Die in Gottes Augen schöne Frau stellte aber auch Gürtel her (Vers 24). Ein Gürtel wurde zum Zusammenbinden der Gewänder benutzt, so dass man mehr Bewegungsfreiheit hatte. Es gab zwar Ledergürtel, aber ein Gürtel aus Leinen, verziert mit eingewebten Gold- und Silberfäden, Edelsteinen und Gold, war nicht nur schöner, sondern auch teuer. Genau solche Kunstarbeiten »lieferte sie den Händlern«.

## *Das Vermögen vermehren*

Als die Frau aus Sprüche 31 ihre persönlichen Interessen zu ihrer Profession machte, wurde ein Unternehmen geboren. Ihre Kreativität *und* ihr Wunsch, das Vermögen zu vermehren, waren die Grundlage für ihr Geschäft. Also »fertigt sie Hemden und *verkauft* sie« (Vers 24). Die in Gottes Augen schöne Frau produzierte Waren, um sie zu verkaufen. Sie handelte mit ihren hochwertigen Erzeugnissen (Vers 18) auf den Märkten und trug somit zum Einkommen der Familie bei.

Die Gürtel, die sie den ausländischen Händlern anbot, waren ihr zweites Einkommen. Kanaanitische und phönizische Kaufleute kamen mit Karawanen und auf Schiffen, um die besten, edelsten und außergewöhnlichsten Waren in ferne Länder zu bringen, und diese Gürtel entsprachen ihrem hohen Qualitätsstandard. Als tüchtige Geschäftsfrau verkaufte und feilschte sie mir ihren Hemden und Gürteln (Vers 24).

## *Eine persönliche Geschichte*

Für mich war dieser Vers eine besondere Herausforderung. Der Gedanke, dass aus einem persönlichen Interesse ein Beruf werden könnte, hat mich lange fasziniert und beflügelt. Wie bei der in Gottes Augen schönen Frau ergab es sich bei mir einfach, was »mein Ding« ist: Es begann mit einer Arbeit, die ich ohnehin jeden Tag ohne viel Aufhebens mache. Mein persönliches Interesse war das Bibelstudium. Meine Liebe zur Bibel entdeckte ich, als ich mit 28 Jahren Christin wurde. Da war ich schon acht Jahre verheiratet und Mutter von zwei Kindern im Vorschulalter. Gott gab mir Antworten auf viele Fragen und Wegweisung für mein aufgewühltes Leben. Immer, wenn ich in irgendeiner Sache unsicher war (wie ich meine Kinder erziehen sollte, wie ich eine bessere Ehefrau sein konnte, wie ich meinen Haushalt führen sollte, wie ich meine Zeit einteilen sollte), hatte Gottes Wort eine Antwort. Also nahm ich mir jeden Tag etwas Zeit, um in der Bibel zu studieren.

Wenn man sich aber »jeden Tag etwas Zeit« nimmt, dann kommt im Laufe der Jahrzehnte einiges zusammen. Während es im Haus ruhig und still war (gewöhnlich *sehr* früh morgens oder abends, nachdem Katherine und Courtney schon im Bett waren), las ich in der Bibel. Ich lernte Bibelverse auswendig, unterstrich

Passagen und teilte Gottes Wort in Abschnitte und Themen ein. Als man mich eines Tages darum bat, eine Frauen-Bibelstunde zu halten, konnte ich aus zehn Arbeits- und Studienheften auswählen, die ich im Laufe der Jahre bei meinem Bibelstudium selbst zusammengestellt und geschrieben hatte. Als ich im Unterricht meine eigenen Arbeitshefte benutzte, zeigten Frauen aus anderen Gemeinden auch Interesse an diesem Studienmaterial. So wurden die *Christian Development Ministries* geboren. Zu den Studienheften kamen schon bald Kassetten hinzu, und aus dem ganzen Studienmaterial entstanden später viele Bücher wie dieses hier.[2]

Ich habe dich schon dazu ermutigt, ein Sprüche-31-Projekt zu finden – etwas, was du gut und gerne machst und was deiner Familie finanziell hilft. Mein Projekt war das Erstellen von Bibelstudienmaterial und Schreiben christlicher Bücher. Ich möchte dich dazu ermutigen, auch ein Projekt zu finden. Suche noch einmal in Kapitel 11 nach Beispielen von Frauen, die ihr »Projekt« gefunden haben. Vergiss dabei aber nicht die beiden geistlichen Richtlinien aus Sprüche 31:

- *Zuerst kommt deine Familie.* Achte darauf, dass du deine Familie nicht vernachlässigst, wenn du deine Ziele verfolgst. Mit Gottes Hilfe und einem guten Zeitplan kannst du dich um deine Familie kümmern und dein Sprüche-31-Projekt verfolgen. Jeder ist gut versorgt *und* jeder profitiert davon, wenn aus deinem persönlichen Interesse (deiner gewissenhaften Arbeit, der Überwachung der Familienfinanzen und dem umsichtigen Umgang mit deinen Lieben zu Hause) – und mit Gottes Segen – eine Profession wird.
- *Nimm dir Zeit.* Wie ich schon gesagt habe, nimm dir jeden Tag etwas Zeit. Das summiert sich im Laufe des Lebens. Wenn du jetzt schon anfängst, täglich etwas mit deinen persönlichen Interessen auf die Beine zu stellen, wird sich das schließlich ansehnlich aufsummieren und es könnte ein kleines Unternehmen daraus entstehen! Eines meiner Lieblingszitate verspricht: »Wenn man sich fünfzehn Minuten täglich einer bestimmten Sache widmet, ist man in zwölf Jahren Meister darin.«[3]

## Anleitung zu wahrer Schönheit

Wenn du erst einmal herausgefunden hast, was »dein Ding« ist – dein persönliches Interesse, dann willst du dieses Gebiet, worin du dich auszeichnest und persönlich entfaltest, noch mehr pflegen und besser beherrschen. Jetzt möchte ich ein paar Punkte zur Förderung der Kreativität erwähnen, an denen ich jeden Tag versuche zu arbeiten.

1. *Aufmerksamkeit* – Um deine Kreativität zu fördern und weiterhin für dein Projekt begeistert zu sein, mache es dir zur Gewohnheit, andere dabei zu beobachten, wie sie ihre Kreativität entfalten. Halte Schritt mit deinem Umfeld. Bleibe in deinen Interessensgebieten auf dem neuesten Stand. Meine Freundin Judy zum Beispiel ist eine Künstlerin, die sich selbst motiviert und anspornt, indem sie jeden ersten Donnerstag im Monat das *Los Angeles County Art Museum* besucht (an diesem Tag ist dort freier Eintritt). Eine andere Freundin ist eine Innenausstatterin, die regelmäßig möblierte Musterhäuser in Südkalifornien besichtigt. Und wiederum eine andere Freundin ist Designerin, die immer die neueste Ausgabe einer Architektur-Zeitschrift besitzt. Eine andere Künstlerin liest und studiert jede Woche bei einer Tasse Tee eine Zeitschrift über schönes Wohnen und Dekorieren. Wenn du aufmerksam deine Umgebung beobachtest, wird sich deine Kreativität immer mehr entfalten.

2. *Planung* – Natürlich brauchst du Zeit, um deine Projekte zu planen und deine Fähigkeiten und Gaben weiterzuentwickeln. Aber ich möchte dich auch dazu ermutigen, jede freie Minute auszunutzen, um in deinen Gedanken zu planen und schöpferisch zu sein. Als zum Beispiel Jim kürzlich mein Auto verkaufte, haben wir bemerkt, dass ich in den letzten vier Jahren nie das Radio angestellt hatte, weil ich entschieden hatte, während des Autofahrens nachzudenken. Ich habe zur Aufzeichnung aller meiner Termine, Gedanken, Pläne und Ideen immer ein kleines Diktiergerät bei mir. Wenn du das nächste Mal unter der Dusche oder allein im Auto bist, nut-

ze diese Zeit, um zu planen, anstatt abzuschalten oder die Zeit mit lauter Musik zu vertrödeln. Wenn du beim Arzt im Wartezimmer sitzt, plane! Stehst du in der Schlange an der Kasse, plane! Konzentriere deine Gedanken darauf, was du besser machen könntest.

*3. Initiative* – Es erfordert Initiative, wenn man sich für einen Kurs anmelden möchte, der deine Gaben und Fähigkeiten stärkt: Du musst zum Telefonhörer greifen und es tun! Du musst die Initiative ergreifen, wenn du Fachzeitschriften oder Bücher über dein besonderes Spezialgebiet anschaffen willst. Du musst die Initiative ergreifen, um ein Magazin oder eine Zeitung zu abonnieren oder an einem Weiterbildungskurs teilzunehmen, der dir bei deinen kreativen Beschäftigungen hilft. Du musst die Initiative ergreifen, damit deine kreativen Ideen Realität werden, wenn du einen Arbeitsplatz einrichtest oder die Nähmaschine oder die Malstaffelei aufstellst. Es erfordert Initiative, wenn du herausfinden möchtest, an wen du selbstgemachte Glückwunschkarten, Manuskripte, Buchideen oder Zeitungsartikel schickst. Es erfordert Initiative, die Teilnahme an einer Konferenz zu planen, die dein Interessensgebiet behandelt oder dein gewünschtes Fachwissen vertieft.

Und diese Initiative – der entscheidende Schritt zu einem kreativeren Lebensstils – fällt vielen Frauen nicht leicht. Als eine Frau, die in Gottes Augen schön ist, musst du nicht nur wissen, was du tun willst, damit deine Familie davon profitiert, sondern du musst dieses Wissen auch umsetzen. Schreibe jeden Morgen einen Punkt auf, den du an diesem Tag erledigen kannst, damit sich aus deinem persönlichen Interesse eine Profession entwickeln kann. Vielleicht ist das nur ein Telefonanruf oder der Kauf eines nützlichen Utensils. Oder du machst 15 Minuten am Tag das, was du gerne tust. Und denk daran: Nur 15 Minuten täglich machen in 12 Jahren einen Meister aus dir!

*4. Harte Arbeit* – Damit ein Projekt Erfolg hat, muss man hart arbeiten. Und genau das tut die wunderbare Frau, die in Gottes Augen schön ist: »Sie arbeitet mit willigen Händen« (Sprüche 31,13). Neben der Haushaltsführung und der Zubereitung der Mahlzeiten stellt sie ausgezeichnete Textilien her (Vers 13.19.21.24) und handelt damit (Vers 18,24). Mit diesem Projekt versorgt sie ihre Familie mit Kleidung und hat eine zusätzliche Einkommensquelle. Damit das Gewerbe gut läuft, arbeitet sie hart.

Vielleicht ist jetzt der richtige Zeitpunkt, um dir noch einen weiteren Grund zu nennen, warum mich Vers 24 so fasziniert. Zunächst muss ich zugeben, dass die Produktivität dieser Frau dir eher das Gefühl einer erdrückenden Last vermittelt. Schließlich muss sie sich um ihren Ehemann, die Kinder und Mägde, das Essen, ihr Geschäft, ihre Felder, die Herstellung der Familienkleidung und sogar um die Armen ihrer Gesellschaft kümmern – und die Hausarbeit haben wir noch gar nicht erwähnt (Vers 27)! Die Liste ist scheinbar unendlich!

Aber für mich ist das kleine Unternehmen dieser gottesfürchtigen und schönen Frau die Krönung des Erfolges. Weil sie alles dafür tut, um ihre gottgegebene Rolle als Ehefrau, Mutter und Hausfrau zu erfüllen, konnte sie ihre Webkünste verbessern und ihre Zeit besser nutzen … bis sie ihre kreativen Arbeiten meisterhaft beherrschte. Als sie sah, dass ihr Geschäft gut lief, erledigte sie ihre Hausarbeiten immer schneller, um mehr Zeit für ihre Kreativität zu haben. Weil sie fleißig war, konnte sie mehr Zeit für die Verwirklichung ihrer Interessen aufbringen, ihre Leistungen verbessern und ein Heimgewerbe führen. Sie hat sich ihr Lob wirklich hart verdient (Vers 31)!

## Wahre Schönheit entdecken

Ich hoffe und bete, dass du durch den Fleiß und die Arbeit dieser großartigen Frau, die in Gottes Augen schön ist, ermutigt wirst! In unserer Gesellschaft wird sehr viel Gewicht auf Selbstverwirklichung, Selbstwert und Selbstachtung gelegt. Aber die gute Nachricht in Sprüche 31 ist, dass Gott dir alles schenkt, was du in dieser Hinsicht brauchst. Denn es gibt keine größere Erfüllung als zu wissen, dass du deine Familie geliebt und für sie und dein Heim gesorgt hast. Wenn wir uns zuerst und gewissenhaft um unseren persönlichen Bereich kümmern – um die Menschen zu Hause –, dann kann Gott uns über uns hinaus wachsen und ein kleines Unternehmen starten lassen. Das könnte eine kreative Arbeit sein oder andere Wege, wie deine Gaben und Fertigkeiten, die Gott dir gegeben hat, zur Entfaltung kommen. Wenn du keine Ahnung hast, auf welchem Gebiet du produktiv werden kannst, dann bitte Gott jetzt, dass er dir zeigt, was er möchte. Ein Tipp von mir: Dein Geschäft könnte sich aus etwas entwickeln, was du jetzt schon tust … oder es ist etwas, wovon du dir wünscht, es zu tun!

## 18

# Ein Gewand voller Tugenden

## Ihre Kleidung

*Kraft und Würde sind ihr Gewand,*
*und sie lacht angesichts des kommenden Tages.*[1]
Sprüche 31,25

Ich kenne dich zwar nicht so gut wie ich es mir wünsche, aber ein paar Dinge weiß ich über dich. Tatsache ist, dass du eine Frau bist, die mit ihrem Leben Gott gefallen möchte, sonst würdest du nicht ein Buch wie dieses lesen.

Außerdem weiß ich ein paar Dinge aus deinem täglichen Leben. Du stehst morgens auf (wir beide versuchen das etwas früher zu tun!), lobst Gott für den neuen Tag, dann ziehst du dich an (na, wie gut bin ich?). Du öffnest deinen Kleiderschrank und während du an alle Termine an diesem Tag denkst, entscheidest du dich für die passende Kleidung.

Also, meine Liebe, genauso beginnt auch die in Gottes Augen schöne Frau jeden Tag. Auch sie steht auf und lobt Gott, den sie liebt, und auch sie denkt über alle anfallenden Termine des Tages nach und wählt danach die entsprechende Kleidung aus. Sie hat zwar nicht so viel zur Auswahl wie wir (damals benutzte man seinen dicken Wollmantel als Bettdecke), aber sie hat bestimmt angemessene und ordentliche Kleidung.

### *Das Gewand ihres Charakters*

Aber die Frau, die in Gottes Augen schön ist, schmückt sich täglich mit einem Gewand, das nicht in ihrem Kleiderschrank hängt.

Sprüche 31,25 sagt: »*Kraft* und *Würde* sind ihr Gewand.« Das sind wirklich zwei beeindruckende Eigenschaften unserer tugendhaften Frau, weil sie die Kleidung eines frommen Charakters darstellen.

Wieder einmal sehen wir, dass *Kraft* eine Eigenschaft der in Gottes Augen schönen Frau ist – und dass diese Kraft auf vielfältige Weise zum Ausdruck kommt. Die Frau aus Sprüche 31 hat zum Beispiel dafür gesorgt, dass sie wirtschaftlich stark ist, um im Alltag und im Alter finanziell abgesichert zu sein. Sie ist auch auf Überraschungen vorbereitet (wie Schneefall in Vers 21). Hat sie Kummer und Sorgen, bekommt sie Kraft im Herrn durch ihren starken Glauben (Vers 30). Obwohl sie das »schwächere Gefäß« ist (1. Petrus 3,7), ist sie stark in der Weisheit (Sprüche 31,26). Neben der körperlichen Kraft, die sie für ihre täglichen Aufgaben braucht, hat sie aufgrund ihrer Aufrichtigkeit, ihrer Tugenden und ihres würdigen Verhaltens auch soziale Stärke entwickelt (Vers 25). Als letzten Schliff für dieses Gewand voller Tugenden hat ihre starke Gesinnung ihr Elan und Entschlossenheit verliehen. Ja, Kraft für das Leben ist ihr Gewand.

*Würde* ist ein weiterer Schmuck, den die in Gottes Augen schöne Frau beständig trägt. Die wortwörtliche Übersetzung des hebräischen Wortes bedeutet »Pracht«.[2] Offensichtlich verleiht ihr edler Geist ihr eine majestätische Ausstrahlung. Wir bewundern ihren tugendhaften Charakter, ihre königliche Haltung und ihr gottesfürchtiges Verhalten. Es gibt nichts Minderwertiges, Fehlerhaftes oder Schlechtes an ihrem Charakter-Outfit. Alles, was sie ist, hat den Touch von Schönheit und Würde.

## *Lebenslange Freude*

Die in Gottes Augen schöne Frau, die in ihr kostbares Gewand voller Tugenden gekleidet ist, »lacht angesichts des kommenden Tages« (Vers 25). Sie freut sich also nicht nur in der Gegenwart, sondern blickt auch mit einem Lächeln auf den Lippen in die Zukunft.[3] Wenn sie nach vorne blickt – sei es auf einen neuen Tag oder aber auf ihren Tod – »dann lacht sie angesichts des kommenden Tages«.[4] Die Autorin Anne Ortlund beschreibt es so: Eine

Frau, die freudig in die Zukunft schauen kann, hat die »Falten im Gesicht an der richtigen Stelle!«[5] Weil die in Gottes Augen schöne Frau ihr Bestes gegeben hat, um ihre Rolle in der Familie zu erfüllen, kann sie freudig in die Zukunft blicken, denn sie weiß, dass Gott sich um alles andere kümmert. Im Vertrauen auf Gott richtet sie ihren Blick über das irdische Leben hinaus auf die himmlische Ewigkeit.

Wie wir bemerkt haben, trägt die Frau aus Sprüche 31 nur einige wenige Juwelen. Sie trägt keinen billigen Schmuck wie Sorgen, Kummer und Ängste, die viele Menschen so beeinträchtigen. Stattdessen bleibt ihre Schönheit von den Ungewissheiten des Lebens verschont. Sie ist einfach nur glücklich, ob sie nun über die Vergangenheit, die Gegenwart oder die Zukunft nachdenkt. Sie hat ihre Aufgabe erledigt. Sie hat ihre von Gott gegebene Rolle erfüllt und jeden Tag ihres Lebens mit ganzer Kraft und Würde gearbeitet. Wenn sie zurückschaut, bereut sie nichts. Wenn sie nach vorne schaut, hat sie keine Angst. Sie vertraut in allen Lebenslagen auf Gottes Fürsorge, daher verrichtet sie ihre tägliche Arbeit mit ganzer Hingabe und Freude!

## Anleitung zu wahrer Schönheit

Heute gibt es Bücher, Konferenzen und Ratgeber, die mir helfen sollen, wie ich Gottes Willen für mein Leben erkennen kann. Ich habe mich jedoch für Sprüche 31 als eine solche Anleitung entschieden! Ich liebe diese Schriftstelle über die in Gottes Augen schöne Frau, weil sie mir – und dir – konkrete Anleitung gibt und uns für jeden Tag unseres Lebens Gottes Willen zeigt. Ob man verheiratet oder ledig ist, jung oder alt, Hausfrau oder berufstätig – wir sollen danach trachten, in Gottes Augen schön zu werden. Wir sollen nach den gleichen Charaktereigenschaften streben, die dem jungen Prinzen bei jener Frau beschrieben werden, die er suchen soll. Wenn wir das tun, wird Gott uns auch mit seiner Kraft und Würde ausstatten, und wir werden mit einem Lächeln auf den Lippen in die Zukunft schauen können.

Wie du mittlerweile weißt, glaube ich fest daran, dass man sich Ziele setzen und sie verfolgen muss. (Manchmal mache ich mich selbst damit verrückt! Ich schreibe mir Ziele auf für mein ganzes Leben, für zehn Jahre, fünf Jahre, ein Jahr, ein halbes Jahr, für jeden Monat, jede Woche und jeden Tag. Die täglichen Ziele sind oft sogar bis ins Kleinste auf die Minute durchorganisiert. Tatsächlich klingelt gerade in dieser Sekunde mein Wecker – der eine 30-minütige Frist für ein Ziel beendet!). Ich teile mein Leben in sieben Kategorien ein, die es mir erleichtern, Ziele für den Alltag zu setzten.[6] Um herauszufinden, wie wir die geistlichen Tugenden in unserem Leben entfalten können, betrachte folgende sieben Bereiche eines Gott wohlgefälligen Lebens. Und bedenke, dass immer der heutige Tag zählt. Wenn wir an jedem Tag unseres Lebens nach den geistlichen Tugenden streben, dann wird uns Gott mit Eigenschaften bekleiden, die uns ein Leben lang Freude bringen.

*1. Dein geistliches Leben* – Wenn wir über unsere »geistliche Garderobe« nachdenken, wollen wir uns zuerst mit dem Kleiderschrank des Gebets beschäftigen. Das ist der Ort, wo du deine Liebe zum Herrn hegst und pflegst (Sprüche 31,30) und den du jeden Tag zuerst aufsuchen solltest. Gott rief seiner heiligen Stadt zu: »Wache auf! Wache auf! Zion, ziehe deine Stärke an! Ziehe deine Ehrenkleider an!« (Jesaja 52,1). Dasselbe ruft er auch uns zu, und das schönste Gewand in unserem geistlichen Kleiderschrank ist die Liebe zu ihm. Die Mutter des jungen Prinzen Lemuel drückt es so aus: »Eine Frau, die den Herrn fürchtet, die wird gelobt werden« (Vers 30). *Sie* ist diejenige, die in Gottes Augen wahrlich schön ist!

Wenn du dich dann aus der heiligen Gemeinschaft des Gebetes erhebst, trägst du die Kleider der Gerechtigkeit und hast deinen betrübten Geist gegen Gottes Feierkleider des Lobes eingetauscht (Jesaja 61,3). Da du die Waffenrüstung Gottes ergriffen hast, bist du auch für den Kampf gerüstet (Epheser 6,12-18). Und jeder wird den Wohlgeruch von Christus erkennen und den »Geruch des Lebens zum Leben« (2. Korinther 2,14-16), der von deiner Seele ausströmt.

Warum solltest du dir selbst nicht das Ziel setzen, den Herrn früh am Morgen zu suchen (Psalm 63,1)? Wenn du das heute noch nicht gemacht hast, dann lege dieses Buch beiseite und verbringe Zeit mit der einzigen Person, die dir wahre Schönheit schenken kann – Gott selbst! Du kannst nur dann mit einem Lächeln in die Zukunft blicken, wenn du jeden Tag deines Lebens »Gottes Kraft für heute und große Zuversicht für morgen«[7] bekommen hast.

2. *Dein Familienleben* – In welcher Situation du auch stehst, du hast eine Familie. Du hast Eltern, Schwestern, Brüder, Großeltern, Tanten, Onkel, Nichten, Neffen oder Cousins und Cousinen, die du liebst. Wenn du verheiratet bist, hast du einen Ehemann und Schwiegereltern und vielleicht Kinder, denen du deine ganze Liebe schenken kannst, so wie die in Gottes Augen schöne Frau es tut. Wir alle haben die Familie Gottes, den Leib Christi, die Gemeinde.

Wenn du den Lohn ernten möchtest, den die in Gottes Augen schöne Frau erntet (Vers 28-29), stell deine Familie an die erste Stelle – und verdeutliche ihr, dass sie diesen Stellenwert bei dir hat! Kümmere dich um die körperlichen Bedürfnisse deiner Familie wie Ernährung (Vers 14-15) und Kleidung (Vers 21). Achte darauf, dass dein Haus schön, sauber und aufgeräumt ist (Vers 27). Schenke deiner Familie deine ganze, großzügige, selbstlose, kreative und freudige Liebe. Und wenn dein Dienst, deine Fürsorge und deine Liebe als selbstverständlich angesehen werden, du dich nicht ausreichend gewürdigt fühlst oder du nie ein »Dankeschön« hörst, dann denke an Kolosser 3,23: »Und alles, was ihr tut, das tut von Herzen, als *für den Herrn* und nicht für Menschen.«

Dieses wunderbare geistliche Prinzip bringt uns jedoch nicht immer das höchste Lob ein. Letztes Wochenende rief eine Freundin an, die etwas traurig war. Sie erzählte mir, dass ihre Schwester sie darauf hingewiesen habe, dass sie zu ihren Kindern »zu nett« sei – weil sie deren Pausenbrote zubereitet und für die berufstätigen älteren Kinder das Mittagessen im Ofen warmgehalten hat. Ich wünsche, du hättest meinen Vortrag über Sprüche 31 hören können, den ich ihr daraufhin hielt! Die in Gottes Augen schöne Frau kümmert sich um ihre Familie – unabhängig von Alter und Lebensphase! Sie trägt eine Schürze mit der Aufschrift »zu nett«: »Die Frucht des Geistes ist … Freundlichkeit und Güte (Galater 5,22-23)!«

*3. Deine Finanzen* – Die in Gottes Augen schöne Frau kann mit einem Lächeln in die Zukunft schauen, weil sie die Finanzen im Haushalt im Blick hat. Sie hat sich Ziele gesetzt und auch erreicht. Welche finanziellen Ziele hast du für heute, diese Woche, diesen Monat und das Jahr gesetzt?

Kürzlich bekam ich einen flüchtigen Eindruck von den Zielen meiner Töchter, die mir beide eine E-Mail geschrieben hatten. Katherine bat mich um alle meine Rezepte von früher, als wir sparen mussten, und Courtney erzählte mir, dass sie nur alle zwei Wochen Lebensmittel einkauft – was am Ende der zweiten Woche ihre Kreativität herausfordert! Mit diesen beiden praktischen und einfachen Methoden aus dem realen Leben kannst auch du Geld sparen.

Du kannst bei der Kleidung sparen, wenn du auf Sonderangebote achtest oder einfach »Nein« sagst und nur einmal in der Woche einkaufen gehst. Wie bereits erwähnt, kann man auch Geld sparen, wenn man seine Rechnungen rechtzeitig bezahlt (siehe Kapitel 4). Du könntest ein Sparbuch mit einem Dauerauftrag einrichten. Du kannst auch deinen Ehemann um einen Zuschuss bitten, den du dann auf ein Sparkonto einzahlst!

Wenn du das nächste Mal Auto fährst oder duschst, denke einmal darüber nach, wie du zu besseren Finanzen der Familie beitragen kannst. Eine Freundin von mir montiert Möbel für ein Büromöbelgeschäft. Sie macht das in ihrem Wohnzimmer, wenn ihre Kinder im Bett sind. Lori und ihre Tochter Bethany halfen mir beim Bearbeiten meiner Post und stellten meine Bibelstudienhefte zusammen. Eine andere ältere Bekannte beschriftet Kassetten, während sie sich um ihre 100-jährige Mutter kümmert! Mit ein bisschen Sparsamkeit und Arbeitswillen kannst du einen bedeutenden finanziellen Beitrag für künftige Zeiten – und für jetzt – leisten!

*4. Dein Körper* – (Oh nein! Wir wussten, das kommt früher oder später!) Sprüche 31,25 redet von der Kraft der in Gottes Augen schönen Frau. Kraft ist hier nicht nur eine Tugend, sondern beschreibt auch ihre Physis. Schließlich trainiert sie ihren Körper und ihre Arme *für* ihre Arbeit und *durch* ihre Arbeit (Vers 17).

Wenn du ihren Fußstapfen folgst, solltest du dir einige Ziele stecken, um körperlich gesund und stark zu bleiben. Würdest du dich besser fühlen, wenn du etwas weniger oder mehr tust? Muskelaufbau bedeutet weniger Rücken-, Schulter- und Nackenschmerzen. (Solche Übungen und etwas Gymnastik sind für mich ein absolutes Muss! Meine Bücherkisten wiegen über 15 Kilogramm und ich muss sie sieben Tage die Woche hochheben und treppauf, treppab tragen und sie in die und aus den Flughäfen schleppen!) Etwas Sport bedeutet weniger Arthritis, Osteoporose und Arterienverkalkung. Gesunde Ernährung stärkt dich und deine Gesundheit. Du wirst dich heute und morgen besser fühlen, wenn du diesen wichtigen Aspekt in deinem Leben berücksichtigst und in deinen Tagesplan aufnimmst.

5. *Dein Verstand* – Die Bibel ruft uns auf, Gott mit unserem ganzen Verstand zu lieben (Lukas 10,27). (Dieses Thema ist mir so wichtig geworden, dass ich darüber ein ganzes Buch geschrieben habe: *Loving God with All Your Mind.*[8]) Ich denke, dass wir Christen einmal Rechenschaft abgeben müssen, wie wir unseren Verstand eingesetzt (oder falsch eingesetzt) haben. Gott hat uns nach seinem Bild geschaffen, also mit der Fähigkeit zu denken und zu lernen, zu analysieren und schöpferisch tätig zu sein (1. Mose 1,27; Jakobus 3,9). Wir haben sogar den »Sinn des Christus« (1. Korinther 2,16)! Daher überrascht es nicht, wenn die Bibel uns immer wieder sagt, was wir mit unserem Verstand tun sollen. (Bisher habe ich 31 Ermahnungen gezählt, wie ein Christ seinen Verstand richtig und falsch einsetzen kann!)

Und jetzt eine persönliche Herausforderung: Wie setzt du deinen Verstand ein? Wenn ich dich gefragt hätte, wie du jede Minute deiner Zeit gebrauchst, hätte ich damit quasi dasselbe gefragt, weil du in jeder Minute, in der du wach bist, auch deinen Verstand gebrauchst. Hier sind ein paar Ideen, wie du deinen Verstand konstruktiv einsetzen kannst:

- Da du eine Frau bist, die in Gottes Augen immer schöner werden möchte, achte darauf, dass du zuerst deine Gedanken auf

Gottes Wort richtest, sein Wort liest, Verse und Abschnitte auswendig lernst und darüber nachdenkst.
- Du kannst auch über biblische Themen nachdenken – wie z. B. über die Rolle der Frau in der Gemeinde, etc.
- Du kannst wie die Frau aus Sprüche 31 nachdenken, beten und planen. (Das ist ein Hauptgrund, warum sie der Zukunft mit einem Lächeln entgegensehen kann: Sie hat darüber nachgedacht, dafür gebetet und geplant!)
- Du kannst dir das Ziel setzen, jeden Monat ein gutes christliches Buch oder eine Biografie zu lesen.
- Du kannst ein Buch über Zeit- oder Geldmanagement lesen.
- Es gibt auch gute Bücher über die Ehe, Mutterschaft und Haushaltsführung.

Eine Autorin schrieb in ihrer täglichen Zeitungskolumne *Für heute*: »Ich möchte etwas für meinen Verstand und meinen Geist tun. Ich will mich nicht auf meinem Verstand ausruhen. Ich werde mich dazu zwingen, etwas Anspruchsvolles zu lesen, das meinen Verstand und meine ganze Konzentration erfordert.«[9] Ich möchte dich dringend bitten, dass du dich mit einem starken Verstand bekleidest und dann diese Kraft zur Verherrlichung Gottes und zur Förderung seiner Ziele benutzt.

*6. Dein Sozialleben* – Klar ist, dass wir uns viel Zeit für den Herrn und für unsere Familie nehmen müssen (darum geht es ja eigentlich in diesem Buch!), aber wir müssen uns auch Zeit für ein paar gute Freunde nehmen. In den Sprüchen steht, dass man nicht viele »gute Freunde« haben kann, aber es ist wichtig, ein paar gute Freunde zu haben. »Wer viele Gefährten hat, der wird daran zugrunde gehen, aber es gibt einen Freund, der anhänglicher ist als ein Bruder« (Sprüche 18,24).

Welcher deiner Freunde ist »anhänglicher als ein Bruder«? Nimmst du dir für diese besonderen Menschen Zeit? Wenn ihr zusammen seid, ermutigt ihr euch gegenseitig im Herrn und auf eurem Glaubensweg? Stehen die Namen deiner besten Freunde auf deiner täglichen Gebetsliste?

*7. Dein Berufsleben* – Nach dem letzten Kapitel kannst du besser verstehen, was ich mit »Berufsleben« meine. Es ist dein Unternehmen, dein Fleiß, dein Beitrag, dein Wissen, dein »persönliches Hobby«, das zu einer Profession wird und deine Familie finanziell unterstützt. Vielleicht hast du eine Berufsausbildung oder eine besondere Qualifikation, machst Karriere oder hast ein Hobby, mit dem du Geld verdienen kannst. Wie auch immer dein Berufsleben aussieht, halte deine Fähigkeiten und Kenntnisse auf dem neusten Stand. Versuche immer noch besser zu werden. Mache weiter mit deinen Übungen zur Kreativität (halte die Augen auf; plane und hab Ideen; ergreife die Initiative, um deine Kenntnisse und Fertigkeiten weiterzuentwickeln; arbeite hart). Tue alles, was notwendig ist, um motiviert und begeistert zu bleiben, damit du im Wissen und Können auf deinem Spezialgebiet weiterkommst. So Gott will, wirst du diese besondere Arbeit lange Zeit ausüben! In diesem Kapitel geht es darum, deine Zukunft so gut wie möglich zu sichern, soweit es menschlich möglich ist. Unsere Aufgabe ist es, unser Bestes zu geben. Gottes Aufgabe ist es, sich um alles Weitere zu kümmern!

Edith Schaeffer, die du in diesem Buch schon kennen gelernt hast, ist für uns ein Vorbild. Sie war eine Frau mit Kraft und Würde, die der Zukunft mit einem Lächeln entgegen sah. Mit 87 Jahren schrieb sie ihr achtzehntes Buch. Jetzt, wo ich dieses Buch schreibe, ist sie 90 Jahre alt und trägt immer noch ihr Gewand voller Tugenden, dient dem Herrn, liebt ihre Familie, kümmert sich um ihre Gesundheit und um ihren Verstand!

Wofür betest du, wozu Gott dich mit 87 oder 90 Jahren noch befähigen möge? »Was ihr auch tut, tut alles zur Ehre Gottes!« (1. Korinther 10,31).

## Wahre Schönheit entdecken

Wenn du mit Freude in die Zukunft schauen können möchtest, dann musst du schon heute das Gewand der Kraft und Würde anziehen. Hier sind einige praktische Gedanken »für heute« dazu:

Heute … gib dein Leben erneut Gott hin und gehe mit starkem Glauben in deinen schönen neuen Tag. Heute … schenke deiner Familie deine ganze Liebe und Fürsorge und sei einfach »zu nett«! Heute … denke darüber nach, wie du zu den Finanzen deiner Familie beitragen kannst. Heute … achte auf deinen Körper und treibe etwas Sport. Heute …missbrauche nicht deinen Verstand, sondern nutze die Geisteskraft, die Gott dir gegeben hat, um einen in Gottes Augen schönen Charakter zu entwickeln. Heute … ergreife die Gelegenheit und unterstütze deine beste Freundin in ihrem geistlichen Wachstum. Heute … unternimm einen kleinen Schritt in Sachen deiner »Profession«.

Und zuletzt: Heute … entschließe dich, jeden Tag deines Lebens aufzuwachen und diesen Weg zu wahrer Schönheit zu beschreiten. Dann kannst auch du vollends mit deinen Tugenden bekleidet sein und mit Freude in die Zukunft schauen, was auch immer sie bringen mag!

19

# *Freundliche Unterweisung*

## Ihre Worte

*Ihren Mund öffnet sie mit Weisheit,*
*und freundliche Unterweisung ist auf ihrer Zunge.*[1]
Sprüche 31,26

Also, wie ist es dir bis jetzt auf unserer Klettertour zur Vortrefflichkeit ergangen? Ich dachte, wir sollten besser mal eine Pause einlegen und schauen, wie es uns geht. Wir bereiten uns jetzt auf einen gewaltigen Schritt vor, und ich möchte sicher sein, dass du ihn machen kannst! In Kapitel 1 haben wir uns darauf konzentriert, was Gott unter echter Schönheit versteht, um dann, Schritt für Schritt, alles zu tun, um seinem Idealbild zu entsprechen. Und wir machen wunderbare Fortschritte!

Denke doch nur mal daran, was wir alles gelernt und – so hoffe ich – auch in die Praxis umgesetzt haben. Wir haben zum Beispiel erkannt, dass es möglich ist, ein wenig früher aufzustehen! Wir sehen, dass es sich bezahlt macht, wenn wir unser Leben und den Haushalt gut planen! Für das persönliche Glück muss man auch die Ehe pflegen. Wenn wir uns konstruktiv betätigen, sprudelt die Tatkraft nur so aus uns heraus. Wenn wir unser Geld sorgfältig verwalten, sparen oder verdienen, dann verbessert sich unsere finanzielle Situation. Unser Dienst in der Gemeinde bringt uns und anderen Segen ein. Wenn wir uns um unsere Familie und ihre Bedürfnisse kümmern, wird dadurch tiefe Freude in unser Leben kommen. Und Gott gebraucht unseren Gehorsam, um seinen göttlichen Charakter in uns herauszuarbeiten. Gottes Wege funktionieren wirklich!

Aber jetzt, meine Liebe, sollten wir auch bedenken, was es uns kosten könnte, wenn wir eine weitere Tugend – die Krönung aller Tugenden – der in Gottes Augen schönen Frau näher betrachten! Diese Tugend unterscheidet in Gottes Armee möglicherweise wahrhaft Frauen von Mädchen. Ich möchte dich warnen, denn sie ist wahrscheinlich am schwierigsten zu erreichen! Es geht darum, uns im Griff zu haben und die richtigen Worte zu wählen, die aus unserem Mund kommen.

Wir sind weit gekommen und haben alles ganz gut geschafft, aber auf dem Weg, eine in Gottes Augen schöne Frau zu werden, sind schon viele Frauen über ihre Zunge gestolpert. Einfühlsame und ermutigende Worte müssen hart erkämpft werden. Es ist in jeder Minute wieder eine neue Herausforderung. Einer der Apostel beschreibt daher: »Wenn jemand sich im Wort nicht verfehlt, so ist er ein vollkommener Mensch« (Jakobus 3,2)!

Ich will ganz ehrlich sein. Die Fürsorge um unser Haus und die Familie, eine gute Haushaltsführung, gesundes Essen kochen und den Ehemann unterstützen, großzügig Spenden verteilen und etwas Geld verdienen, all das ist ziemlich einfach im Vergleich zum Reden von weisen und freundlichen Worten. Warum sage ich das? Weil Taten eine äußerliche Sache sind, aber das Reden hat mit dem Herzen zu tun: »... denn wovon sein Herz voll ist, davon redet sein Mund« (Lukas 6,45). Um in Gottes Augen wirklich schön zu sein, müssen wir den nächsten schwierigen, aber guten Schritt wagen und lernen, wie wir unsere Zunge richtig gebrauchen. Gott möchte, dass unser Reden und unsere Herzen von seiner Weisheit und Freundlichkeit regiert werden.

## *Eine Quelle des Lebens*

Bevor wir über den Gebrauch unserer Worte nachdenken, erinnere dich daran, dass Sprüche 31 im Umfeld des äußerst trockenen Landes Israel geschrieben wurde. Entbehrung und Mühsal waren – und sind – dort an der Tagesordnung. Überleben war – und ist – dort ein täglicher Kampf. Brutale Hitze und lebensbedrohlicher Durst sind dort zwei Bestandteile des täglichen Lebens. Ich wünschte, ich könnte dir genau beschreiben, wie sehr sich die Menschen in diesem dürren und unfruchtbaren Land um frisches Wasser sorgen. Hättest du dort die Wahl zwischen fester Nahrung und Wasser, dann würdest du dich immer für Wasser entscheiden!

Vor diesem unwirtlichen Hintergrund zeichnet der Autor von Sprüche 10,11 dieses Bild: »Der Mund des Gerechten ist eine Quelle des Lebens.« Der Schreiber weiß, wie wichtig Wasser ist, und er vergleicht das vor Gott wohlgefällige Reden mit lebensspendendem Wasser. Er vergleicht die Wirkung eines solchen Redens auf unsere emotionalen Bedürfnisse mit der Wirkung von Wasser auf unsere körperlichen Bedürfnisse. So wie eine Wasserquelle in der Wüste eine Quelle des Lebens ist, ist auch eine Frau, die weise und freundliche Worte redet, eine Quelle des Lebens!

## *Weisheit in der Rede*

Die Worte der in Gottes Augen schönen Frau sind für alle, die mit ihr leben, wirklich eine Quelle des Lebens. Lemuels Mutter fährt fort: »Ihren Mund *öffnet* sie mit Weisheit« (Sprüche 31,26). Beachte dazu einen wichtigen Gedanken. Die Formulierung besagt, dass ihr Mund nicht immer geöffnet ist! Sie ist keine Klatschtante oder Schwätzerin oder ein Plappermaul. Wenn sie keine weisen und freundlichen Worte zu sagen hat, bleibt ihr Mund geschlossen.

Wenn sie redet, dann »öffnet sie ihren Mund mit *Weisheit*.« Sie ist weise in dem, was sie sagt und wie sie es sagt. Weisheit wurde oft definiert als »die praktische und erfolgreiche Anwendung von Wissen.«[2] Lies noch einmal Sprüche 31 und beachte die praktischen Punkte, die Lemuels Mutter erwähnte. Sie selbst öffnete ihren Mund, um ihrem geliebten Sohn Weisheit – praktische Lebenserfahrung – zu vermitteln.

## *Freundlichkeit im Herzen*

Sprüche 31,26 erklärt weiter: »... *freundliche Unterweisung* ist auf ihrer Zunge.« Die Frau, die wir bewundern, spricht nicht nur weise Worte, sondern sie *ist* dabei auch noch freundlich. Alles, was sie sagt, entspringt einem liebenswürdigen und gütigen Herzen und offenbart ihre freundliche Wesensart und ihre Vorsicht, niemanden unnötig zu kränken.[3] In ihrer Weisheit beschränkt sie ihre Worte in angemessener Weise. Sie greift niemanden an und verletzt auch keinen anderen. Die altgriechische Übersetzung beschreibt es so: »Sie hält ihre Zunge im Zaum.«[4]

Denke einmal einen Moment über das tägliche Leben der in Gottes Augen schönen Frau nach. Sie hat einen Ehemann – für den sie ein Segen sein will und den sie ermutigen möchte. Sie hat Kinder – die sie unterrichten und erziehen muss. Sie hat Diener – die jeden Tag Anweisungen bekommen und bei ihr im Haus wohnen. Da sind Händler und Kaufleute – denen sie auf ihrer Handelsroute begegnet und mit denen sie verhandelt und Geschäfte macht. Mit jedem Menschen, der ihr begegnet, muss gesprochen werden, und die Frau aus Sprüche 31 achtet darauf, dass ihre Worte weise und freundlich sind.

An dieser Stelle möchte ich eine interessante Anmerkung machen (und Aufgabe geben): Damals war es in einer jüdischen Ehe nicht nur wichtig, was die Frau sagte, sondern man achtete auch auf den Tonfall und die Lautstärke ihrer Stimme. Eine Frau konnte ohne weiteres geschieden werden, wenn sie zu laut sprach! Was galt als »laut«? Wenn ihr Nachbar sie sprechen hören konnte.[5] Also Achtung!

## *Ohne jede Arglist*

Was auf die Kunst zutrifft, gilt auch für unser Reden: Das nicht Vorhandene sagt mehr aus als das, was da ist. Bedenke angesichts dieser Tatsache, was unsere Gottes Augen schöne Frau nicht sagt.

Für alle Anfänger: Es gibt keinen Klatsch, keine üble Nachrede oder Unfreundlichkeit gegenüber anderen. Das kommt bei freundlichem Reden niemals vor! Es gibt auch kein Klagen. Da sie den Herrn fürchtet und weiß, dass er ihr Leben vollkommen unter Kontrolle hat, gibt es nichts, worüber sie sich beklagen könnte! Witze und Albernheiten – besonders auf Kosten anderer – sind nicht ihr Markenzeichen. Unsere in Gottes Augen schöne Frau möchte viel lieber für ihre Weisheit bekannt sein als für ihren Unterhaltungswert. Da sie ihren Mund mit Weisheit öffnet, sagt sie auch bestimmt nichts Taktloses oder Unheilsames. Leeres triviales Gerede ist aus ihrem Wortschatz gestrichen. Als erfolgreiche Managerin und Geschäftsfrau könnte sie versucht sein, bestimmend und mit Durchsetzungskraft zu reden, aber auch hier regiert die Freundlichkeit bei ihrer Wortwahl.

Jemand, der sich mit der Natur des Menschen befasste, hat einmal treffend gesagt: »Die Unfreundlichen sagen das Falsche; und die Freundlichen, die nicht weise sind, sagen zu viel.« Nur Weisheit gepaart mit Freundlichkeit kann beide Fehler vermeiden.

## *Vorbilder geistlich schöner Frauen*

Als ich in der Bibel nach weisen Frauen suchte, die sich an Gottes Gebot der Freundlichkeit hielten, habe ich zwei Frauen gefunden, die uns bei diesem heiklen und schwierigen Thema der Kontrolle unserer Zunge als Vorbild dienen.

*Hanna* war eine Frau, die *sehr wenig* sagte, obwohl sie in einer *sehr schwierigen* Situation war! Da Hanna mit einem Mann verheiratet war, der noch eine andere Frau hatte, litt sie nicht nur unter ihrer Kinderlosigkeit, als ihre Rivalin ein Kind nach dem anderen bekam, sondern sie wurde von dieser Frau auch immer wieder schrecklich provoziert (1. Samuel 1,1-7). Obwohl sie unaufhörlich gekränkt wurde, erwiderte Hanna darauf nichts.

Mit großem Kummer in ihrer Seele ging sie zum Haus des Herrn (an den richtigen Ort und zur richtigen Person), um wegen ihrer Situation zu beten (die richtige Lösung). Weil sie leise betete und nur ihre Lippen bewegte, dachte der Priester, sie sei betrunken, und er sagte: »Wie lange willst du betrunken sein? Gib deinen Wein von dir« (1. Samuel 1,14). Aber Hanna war weise, erklärte dem Priester freundlich ihre Situation und bat um sein Verständnis. Am Ende empfing sie den Segen des Priesters.

*Abigail*, deren Name »Quelle der Freude« bedeutet, war eine Frau, die nach Sprüche 10,11 lebte: »Der Mund des Gerechten ist eine

Quelle des Lebens.« Sie war mit dem boshaften Alkoholiker Nabal (dessen Name sogar »Tor, Narr« bedeutet) verheiratet. Als es zu einer gefährlichen Situation kam, wählte Abigail ihre Worte weise und blieb freundlich. Die Diener berichteten Abigail, dass sich ihr Mann gegenüber David und seinen Männern unfreundlich verhalten hatte (1. Samuel 25,10). Als David daraufhin Nabal samt seinen ganzen Besitz einschließlich seiner Frau und seiner Diener vernichten wollte, blieb Abigail freundlich und weise und brachte David und seinen 600 Männern zu essen.

Dann fiel sie vor dem zornigen David auf die Knie und bat ihn für ihren Mann um Vergebung. Da sie vernünftig und weise argumentierte und dabei freundlich blieb, konnte sie David überreden, sich nicht an ihrem Mann zu rächen. Als sie nach Hause zurückkehrte, war ihr Mann zu betrunken, um ihr zuzuhören. Weise wie sie war, berichtete sie ihm erst am nächsten Tag von der abgewendeten Gefahr. Abigail verhielt sich weise, indem sie David und Nabal davon abhielt, überstürzt zu handeln. Sie geht in die Geschichte als weise Frau ein, als eine fähige Diplomatin mit Überzeugungskraft.[6]

Es ist ermutigend zu wissen, dass auch wir dem Vorbild dieser beiden weisen Frauen, die in Gottes Augen schön sind, folgen können!

## Anleitung zu wahrhaft schönen Worten

Oh, meine liebe Freundin, ich wünschte noch mehr Zeit zu haben, dir von meinem jahrelangen Ringen nach einer freundlichen Redeweise zu erzählen! In meinem Buch *Eine Frau nach dem Herzen Gottes* habe ich ausführlich über diesen Kampf mit Klatsch berichtet.[7] Ich habe gelernt, wie und wann ich etwas über meinen Ehemann und meine Kinder sagen kann und wann besser nicht (weniger ist immer besser!). Ich habe mich durch das Vorschulalter, die Schulzeit und die Teenager- und Jugendzeit meiner Töchter gekämpft. Ich kann nur sagen, dass Gott weiß, wie verzweifelt ich mich bemüht habe. Und ich bemühe mich immer noch, weil das Prinzip der weisen und freundlichen Rede Gottes wunderbarer Plan und seine klare Richtschnur für mein Leben und meinen Mund ist.

Das Buch der Sprüche, in der Mitte unserer Bibel, offenbart einen unschätzbaren Reichtum an Weisheit, einschließlich der Regeln für einen vor Gott wohlgefälligen Umgang mit Worten. An dieser Stelle möchte ich einige Regeln nennen, die mir am meisten geholfen haben.

*1. Beachte zwei Richtlinien* – Die in Gottes Augen schöne Frau beachtet zwei Richtlinien, bevor sie spricht: 1.) Sprich nur, wenn es weise Worte sind, und 2.) sprich nur, wenn es freundliche Worte sind (Sprüche 31,26). Wenn du diese zwei Richtlinien beachtest, wirst du immer etwas zu sagen haben, das wert ist, gesagt zu werden (Weisheit), und du wirst es auf die richtige Art und Weise sagen (mit Freundlichkeit)! Vielleicht besitzt du ein großes Wissen, aber wenn du unfreundlich bist, werden deine Worte nutzlos verpuffen.

*2. Erst denken, dann reden* – »Das Herz des Gerechten überlegt, was es antworten soll, aber der Mund des Gottlosen sprudelt Bosheiten hervor« (Sprüche 15,28). Halte inne und denke über deine Worte nach, bevor du sie aussprichst. Wähle deine Worte sorgfältig aus, so dass sie Gottes Richtschnur für Weisheit und Freundlichkeit entsprechen. Wenn du nicht vorsichtig bist, dann sprudelt das Böse »wie ein Sturzbach hervor«![8] Voreilige Rede und Unbeherrschtheit verraten einen oberflächlichen und unfreundlichen Charakter.[9]

*3. Lerne zu warten* – Wenn etwas Unangenehmes passiert, solltest du dich zuerst zurückhalten und nichts sagen. Wenn du aber reagieren musst, sollten deine Worte sanft sein, denn »eine *sanfte* Antwort wendet den Grimm ab, ein verletzendes Wort aber reizt zum Zorn« (Sprüche 15,1). Dann warte ab. Während du wartest, gewinnst du Zeit, um Folgendes tun:

- Überlege, was die Bibel und damit Gott darüber sagt, wie du mit der Situation umgehen sollst.

- Suche Rat und finde heraus, was andere weise Leute dazu sagen. Sprüche 11,14 mahnt: »Wo es an weisem Rat fehlt, kommt ein Volk zu Fall.« Und Sprüche 28,26 warnt: »Wer sich auf sein eigenes Herz verlässt, ist ein Narr.«
- Erbitte von Gott ein freundliches Herz und eine weise Lösung für das Problem.
- Bewahre Ruhe! Bleib gelassen! Halte dich zurück! In Sprüche 17,27 heißt es: »Wer seine Worte zurückhält, der besitzt Erkenntnis, und wer kühlen Geistes ist, der ist ein weiser Mann.« Nur wenn wir ruhig bleiben, können wir auf guten Rat hören und weise Entscheidungen treffen.
- Wäge das Problem ab. Entscheide, ob man die Situation einfach auf sich beruhen lassen kann (Sprüche 19,11), oder ob du deinen Mund »öffnen« musst (natürlich mit Weisheit und Freundlichkeit), um mit den betreffenden Leuten zu reden.
- Überlege: War das Fehlverhalten dieser Person eine untypische Ausnahme oder kommt es immer wieder vor? War es ein einmaliger Fehltritt von ihr, oder kennzeichnet es ihren Charakter?

*4. Versüße deine Worte mit Freundlichkeit* – Weisheit hat einen wunderbaren Charme, wenn sie mit den richtigen Worten versüßt wird. Diese Wahrheit steht hinter Sprüche 16,21: »... liebliche Rede fördert die Belehrung.« Freundliche Worte wecken beim Gegenüber immer die Bereitschaft, zuzuhören und sich belehren zu lassen. Mit einem Teelöffel Zucker schluckt man die Medizin leichter herunter!

*5. Verleihe deinen Worten Überzeugungskraft* – Sei nicht nur nett und freundlich, sondern wisse auch, wovon du sprichst. Deine Worte spiegeln deine Gedanken wider und du willst mit deinen Worten deine Kompetenz ausdrücken. Wenn du kompetent über ein Thema sprichst, und wenn es offenkundig ist, dass du auch weißt, wovon du redest, dann werden deine Worte überzeugend sein. Echte Weisheit wird immer einen guten Eindruck hinterlassen.

*6. Lieber wenige Worte reden* – Wenn es um Worte geht, dann ist weniger immer besser! Sprüche 10,19 sagt: »Wo viele Worte sind, da geht es ohne Sünde nicht ab; wer aber seine Lippen im Zaum hält, der ist klug.« Sprüche 17,28 weist darauf hin, dass selbst »ein Narr für weise gehalten wird, wenn er schweigt.«

Wenn wir Gottes Maßstäben für Weisheit und Freundlichkeit folgen, werden auch unsere Worte vor Gott wohlgefällig sein. Möge Gott uns zu solchen Frauen machen, von denen man sagt: »Ihren Mund öffnet sie mit Weisheit, und freundliche Unterweisung ist auf ihrer Zunge« (Sprüche 31,26).[10]

## Wahre Schönheit entdecken

Und jetzt, meine treue und tapfere Weggefährtin auf dieser Klettertour, bitte ich dich, dass du noch einmal an jene Quelle in der Wüste denkst, die wahrhaft eine Quelle des Lebens ist. Und dann denke einmal an die leidenden, gestressten und geplagten Menschen, die dir jeden Tag begegnen. Auch wenn sie tapfer lächeln, zeigt doch ein anderer Spruch, was sich hinter jedem Lächeln verbergen kann: »Das Herz allein kennt seinen eigenen Kummer ... auch beim Lachen kann das Herz Kummer empfinden« (Sprüche 14,10.13).

Willst du dich nicht mit mir zusammen entschließen, andere Menschen mit Worten der Liebe und Weisheit zu trösten, zu stärken, zu ermutigen und wieder aufzurichten? Du kannst eine Quelle der Freude werden. Deine Worte sollen nicht »wie ein durchbohrendes Schwert« sein, sondern lieber wie »die Zunge der Weisen«, die »heilsam ist« (Sprüche 12,18). Mit Gottes Segen und mit seiner Liebe in deinem Herzen kannst du dabei helfen, verzagte Herzen wieder aufzurichten, indem du weise und freundliche Worte wählst.

Und wenn du manchmal versagen solltest, meine Liebe, dann denke an folgenden weisen Rat über den Sprachgebrauch, der vor Gott wohlgefällig ist: Akzeptiere Gottes Gebot, nur mit weisen und freundlichen Worten zu reden; sei nicht entmutigt und mache weiter! (Im Englischen ein leicht zu merkendes ABC: *Accept ... Be encouraged ... Continue.*) Auf diese Weise können wir weiter vorangehen, um Gottes Maßstab für Schönheit zu erreichen.

## 20

# Ein wachsames Auge

## Ihr Management

*Sie überwacht die Vorgänge in ihrem Haus*
*und isst nie das Brot der Faulheit.*
Sprüche 31,27

»Was hast du heute gemacht?«, fragt mich mein lieber Ehemann Jim jeden Tag gut gelaunt, wenn er von der Arbeit nach Hause kommt. Froh, wieder zu Hause zu sein, möchte Jim mit mir ein wenig reden. Nach einem langen Arbeitstag will er wissen, wie mein Tag so war. Ich bin immer wieder überrascht, wie rücksichtsvoll er ist – aber die Frage mit dem kleinen Wörtchen *machen* – »Was hast du heute *gemacht*?« – löst bei mir aus irgendeinem Grund Herzklopfen aus. Auch wenn Jim mich nicht zur Rechenschaft ziehen will, fühle ich mich immer noch verpflichtet, Rechenschaft abzugeben, so dass ich reflexartig antworte: »Ich weiß nicht genau was ich gemacht habe, aber eins weiß ich – ich habe mich den ganzen Tag kein einziges Mal hingesetzt!«

Es gab einmal eine Zeit, da habe ich nicht so sehr darauf geachtet, wie ich meine Zeit weise und effektiv nutzen kann. Aber das war in einer Phase, bevor ich von der in Gottes Augen schönen Frau eine Lektion über Zeit-, Lebens- und Haushaltsmanagement gelernt habe: Sie »behält die Vorgänge in ihrem Haus im Auge und isst nie das Brot der Faulheit« (Sprüche 31,27). Die Weisheit, die dieser Vers beinhaltet, verdeutlicht mir lebhaft, was ich tun soll und was nicht, und das hat mich vor eine doppelte lebenslange Herausforderung gestellt.

## *Sie passt auf ihre Lieben auf*

Prinz Lemuels Mutter belehrt uns weiter über die in Gottes Augen schöne Frau und sagt: »Sie *überwacht* die Vorgänge in ihrem Haus« (Sprüche 31,27). Wir wissen, dass die Frau aus Sprüche 31 genug Geld hat, um Hausangestellte zu bezahlen (Vers 15), aber hier sehen wir, dass sie selber aktiv ihre Haushaltsführung managt. Niemand nimmt ihr das ab. Es ist *ihr* Heim, *ihre* Familie, *ihr* Haushalt, und sie sieht das als ihren Verantwortungsbereich an.

Die Mutter beschreibt ihrem Sohn (dem Jungen, der eines Tages König sein wird und über sein Volk regieren muss) anhand eines vertrauten Bildes, dass seine zukünftige Frau wie eine Wächterin sein sollte. Die Wächter einer Stadt oder eines Feldes mussten alle Augen offen und immer Ausschau halten. Als Lemuel aufwuchs, hatte er gesehen, wie die Wächter auf der Stadtmauer, in Wachttürmen und auf Berggipfeln 24 Stunden am Tag im Einsatz waren. Sie mussten auf feindliche Angriffe vorbereitet sein und jede verdächtige Aktivität dem König melden.[1] Der junge Lemuel wusste genau, was ein Wächter war und was ein solcher tun musste.

Die weise Mutter, die selbst eine Meisterin in der Haushaltsführung war, sagte ihrem Sohn, dass er einmal eine Frau heiraten solle, die ihre Familie und den Haushalt »überwacht«, oder wie eine andere Übersetzung sagt, »im Auge behält«. Sie ist also eine Frau, die auch hinten im Kopf Augen hat, wie man so schön sagt! So kann sie alles um sich herum sehen und ihr entgeht nichts![2] Wie ein Wächter hält sie die Augen und Ohren offen, um zu sehen, wer kommt und wer geht. Somit erfüllt sie ihren von Gott gegebenen Auftrag, ihre kostbare Familie und ihren Besitz zu behüten und zu bewachen.

Und wie ernst nimmt die in Gottes Augen schöne Wächterin ihr Amt als Verwalterin? Sie schaut sich nicht nur flüchtig in ihrem Haus um, sondern sie sieht genau hin, was in ihrem Haus passiert. Ihrem prüfenden Blick entgeht nichts.[3] Du siehst also, Gott hat ihr den Auftrag gegeben, alle Vorgänge in ihrem Haus sorgfältig im Auge zu behalten und für die Menschen, die bei ihr wohnen, gut zu sorgen.

Außerdem wird gesagt, dass sie die *Vorgänge* in ihrem Haus überwacht. Sie kennt den Tagesablauf, das Kommen und Gehen, die Gewohnheiten und Aktivitäten der Leute zu Hause. Das hebräische Wort für *Vorgänge* bedeutet wörtlich »Bahnen« oder »Spuren«, die durch ständigen Gebrauch entstanden sind. Sie sind wie Fußwege im Gras oder wie Spurrillen auf der Fahrbahn, die durch den vielen Verkehr entstanden sind.[4] Unsere Wächterin ist sich dieser Gewohnheiten bewusst und nimmt jede Veränderung wahr. Nichts kann sie überraschen!

Die in Gottes Augen schöne Wächterin beobachtet alle Vorgänge in ihrem Haus. Sie ist auf dem aktuellen Stand all ihrer Familienmitglieder und merkt alles, was innerhalb ihres Hauses passiert. Wie ein Stadtwächter, der jede verdächtige Bewegung oder potentielle Gefahr für den König sieht, so ist auch die in Gottes Augen schöne Frau – wenn nötig – alarmiert. Wenn etwas falsch läuft, alarmiert sie ihren Ehemann. Sie ist ihm eine treue Wächterin.

Als eine immer treue Frau »überwacht sie alle Vorgänge in ihrem *Haus*.« Und dieser Haushalt erstreckt sich über den engeren Familienkreis hinaus. Ihr Ehemann und ihre Kinder liegen ihr am meisten am Herzen. Sie sind ihre Schafe; ihr Wohlergehen und ihre Aktivitäten sind ihr am wichtigsten. Aber über die Familienherde hinaus hat sie noch die Herde, die zu ihrem Haushalt gehört. So wie ein Schafhirte sich um seine Herde kümmert, kümmert sie sich als Hausherrin um jeden weiteren Familienangehörigen und auch um die im Haus Bediensteten.

## *Sie passt auf sich selbst auf*

Die in Gottes Augen schöne Frau achtet auch auf sich selbst: »Sie isst nie das Brot der Faulheit« (Sprüche 31,27). Das hebräische Wort *essen* deutet auf einen gehobenen Lebensstil hin, aber die in Gottes Augen schöne Frau nutzt diesen guten Lebensstil *nicht* aus! Im Gegenteil, sie entscheidet sich gegen ein Leben in Faulheit, das nur aus Essen und Trinken besteht.[5] Während sie aufmerksam über ihr Haus wacht, hat der Müßiggang in ihrem Tagesablauf keinen Platz. Wie könnte sie es sich auch leisten, faul zu sein? Woher soll sie auch die Zeit nehmen? Während sie damit beschäftigt ist, ihren Haushalt zu regeln und über ihre Herde zu wachen, bleibt ihr keine Zeit, ein faules und untätiges Leben zu führen. Diese Wahrheit kann man auch anders ausdrücken: Weil sie nicht faul ist, hat sie die notwendige Zeit, um ein wachsames Auge auf ihr Haus zu haben und sicher zu gehen, dass alles gut läuft!

Interessant ist auch, dass in Vers 27 der hebräische Ausdruck für »Brot« ein Wort ist, das mit Trägheit zu tun hat. Dass hier jedoch »Brot« in Verbindung mit »essen« gebraucht wird, zeichnet ein klares Bild: Die in Gottes Augen schöne Frau hat mit Trägheit oder Faulheit nichts zu tun. In einer anderen Übersetzung steht: »Sie geht nicht bloß schlafend und essend durchs Leben.«[6] Meine Lieblingsübersetzung lautet einfach: »Sie ist niemals faul!«[7] Verstehst du jetzt, warum ich mich niemals einfach nur hinsetze? Sprüche 31,27 ist für mich eine lebenslange Herausforderung!

## Anleitung zu wahrer Schönheit

*Zuerst der Mensch* – Es gibt ein gutes Prinzip, wenn es um das Leben unter dem Dach deines Hauses geht: »Zuerst kommt der Mensch und dann der Ort.« Die Menschen, die zu deiner Familie gehören, sind immer wichtiger als der Ort, an dem du lebst. Schließlich dient der Ort nur den Menschen. Daher ist es deine wunderbare Aufgabe, dich um das geistliche, emotionale und körperliche Wohl der Menschen in deinem Heim zu kümmern. Gott hat dir aufgetragen – so wie die Frau aus Sprüche 31 – dafür zu sorgen, dass deine Familienmitglieder genug zu essen und anzuziehen haben!

Lies zu diesem Thema einmal, was die Ehefrau, Mutter, Großmutter und Urgroßmutter Edith Schaeffer so eindringlich geschrieben hat: »Vernachlässigte Mütter und Großmütter haben vielleicht zu ihrer eigenen Vernachlässigung beigetragen, weil sie immer wieder betont haben, dass ein sauberes Haus, ein Tagesplan oder Regeln und Anordnungen viel wichtiger seien als die Gefühle und sozialen Bedürfnisse der Menschen.«[8] Wenn du den Grundsatz beachtest, »erst der Mensch, dann der Ort«, dann setzt du deine Kraft immer an der richtigen Stelle ein – an der Stelle, um das Maximum an Schönheit zu erlangen.

Ein Bestandteil der Fürsorge für Menschen ist, für sie zu beten. Der Psalmist sagt: »Wenn der HERR nicht das Haus baut, dann arbeiten umsonst, die daran bauen; wenn der HERR nicht die Stadt behütet, dann wacht der Wächter umsonst (Psalm 127,1). Auf dieser Seite des Himmels wirst du niemals erfahren, wie viele mutlose Familienmitglieder durch dein Gebet ermutigt worden sind. Oder wie viele Probleme gelöst wurden, weil Gott auf dein Gebet hin Weisheit schenkte. Oder wie viele geistliche Kämpfe in deinem Haus gewonnen wurden, weil dein Flehen zum himmlischen Thron erhoben wurde!

*Danach der Ort* – Nachdem du dich um die Menschen zu Hause gekümmert hast, kannst du dich um deinen Haushalt kümmern. Auf meinem Schreibtisch steht ein Buch aus dem Jahre 1861 mit dem Titel *»Mrs. Beeton's Book of Houshold Management*[9] (»Frau Beetons Buch der Haushaltsführung«), das mir eine Freundin aus Schottland geschenkt hat. Dieses 1.125 Seiten umfassende Werk beschreibt detailliert, wie man Tiere auswählt, aufzieht, schlachtet und zu Mahlzeiten zubereitet, wie man für viele Leute kocht und was Köche, Hausangestellte, Kutscher, Wäscherinnen, Krankenschwestern etc. alles machen müssen. Darüber hinaus geht es auch noch auf medizinische und rechtliche Fragen ein. Dieses Buch war definitiv als Hilfe für jede Frau gedacht, die ihren Haushalt gut führen wollte!

Ich habe darüber nachgedacht, wie wir, im Vergleich zu Isabelle Beeton, unseren Haushalt führen, und ich möchte auf die einzelnen Punkte näher eingehen. Wie die Frau aus Sprüche 31 wache auch ich über mein Haus – über die Menschen, den Ort, die Finanzen, das Essen, die »Hausangestellten« und die Kleidung. Zum Beispiel läuft gerade meine Waschmaschine (meine Waschfrau). Ich habe schon meinen Rasensprenger (meinen Gärtner) für den Garten angestellt, das Haus gelüftet und die Fenster wieder gut verschlossen (es ist August), mein Auto (meinen Kutscher) in die Werkstatt gebracht und mit meinem Gatten gefrühstückt (Gemeinschaft). Ich habe meinen beiden Töchtern eine E-Mail geschickt; so »wache« ich auch immer noch über sie und pflege meine Beziehung zu ihnen aus der Ferne. Das Haus ist geputzt, die Rechnungen sind bezahlt, die Post ist im Briefkasten, Telefonanrufe sind erledigt und die Arbeit für den Tag ist schon geplant. Ich habe die Bibel gelesen und gebetet, und der Herr hat mich dabei ermutigt und gestärkt, damit ich einen weiteren ausgefüllten Tag bewältigen kann. Es ist jetzt 11.30 Uhr und ich habe vom ersten Moment seit dem Aufwachen versucht, meine Familie und mein Heim auf den richtigen Weg zu führen.

Als Katherine und Courtney jünger waren, lief jeder Tag fast genauso ab, abgesehen davon, dass ich ihre Hausaufgaben kontrollieren musste und sie im Haushalt mithalfen. Ich habe Zeit und Kraft investiert, damit Katherine und Courtney eines Tages selbständig ihren eigenen Haushalt führen können. Ich habe ihnen gezeigt, wie man putzt, kocht, den Tisch deckt, den Hund versorgt, den Garten pflegt und Kleidung wäscht, bügelt und zusammenlegt. Ich habe auf Sauberkeit und regelmäßiges Zähneputzen geachtet und dafür gesorgt, dass sie pünktlich in der Schule sind – und, dass sie ihre Pausenbrote dabei hatten!

Nachdem ich schon sechs bis sieben Stunden Hausarbeit gemacht habe, werde ich jetzt mit der Schreibarbeit beginnen, und in den Pausen werde ich mit Jim zu Abend essen, sein Auto aus der Werkstatt holen, restliche Putzarbeiten erledigen und noch einige Seiten schreiben, bevor ich ins Bett gehe. Aber zumindest brauche ich nicht, wie in Beetons Buch, einem Huhn den Hals umdrehen!

Entschuldige bitte, dass ich hier aufzähle, was ich alles den Tag über mache. Aber ich möchte, dass du – ob du nun berufstätig bist oder nicht – verstehst, dass sehr, sehr viele Dinge dazu gehören, die »Vorgänge im Haus zu überwachen«. Jegliche Aufgaben und Pflichten, die du im Beruf außer Haus haben magst, kommen in der Prioritätenfolge erst nach deiner Familie und deinem Heim. Ich beginne erst mit dem Schreiben (und ich recherchiere und schreibe etliche Stunden am Tag), nachdem ich mich um meine Familie und mein Heim gekümmert habe. Und dafür brauche ich ungefähr acht Stunden täglich! Mein »Beruf« als Autorin und mein Unterricht werden niemals ein Grund sein, meinen Haushalt zu vernachlässigen!

Und dasselbe gilt auch für dich. Das Gehalt für einen Job kann niemals die sorgfältige Fürsorge für Familie und Heim ersetzen. Die Frau, die in Gottes Augen schön ist (und nicht zwangsläufig in den Augen eines Arbeitgebers, des Vorgesetzten, eines Chefs, der Frauen im Büro, oder – schluck – eines Verlegers) sorgt dafür, dass ihr Haushalt »schön« geführt wird. In einem aktuellen Witz heißt es: »In den meisten Familien gibt es heute drei Anstellungen: Vater ist in der Nachtschicht angestellt, Mutter ist in der Frühschicht angestellt und die Kinder sind auf sich selbst gestellt.« Das darf auf die wunderschöne Familie, die du für Gott gegründet hast, niemals zutreffen! Wenn du von Herzen nach geistlicher Schönheit strebst, dann kannst du mit etwas Zeitmanagement und einem Tagesablaufplan alle Dinge des Alltags gut bewältigen.

## Wahre Schönheit entdecken

Ich weiß, dass es nicht besonders attraktiv oder aufregend klingt, aber dein Heim ist definitiv der Ort, der es am meisten Wert ist, dass du sorgsam über ihn wachst. Tatsache ist, dass dein Heim das Wichtigste in deinem Leben ist, in das du deine ganze Kraft und Zeit investieren solltest. Warum sage ich das? Weil du das, was du an einem kleinen Ort wie deinem Heim tust, Arbeit für die Ewigkeit ist – eine sinnvolle und wichtige Aufgabe –, wenn du begreifst, dass die Arbeit zu Hause dein höchster Dienst für Gott ist! Ich lade dich ein, deinen Dienst an einem kleinen Ort – wie deinem Heim – mit Freude zu tun.

*Ein kleiner Ort*
»Herr, was soll ich heute tun?«
fragte ich voll inniger Liebe.
Er antwortete und sagte:
»Siehst du diesen kleinen Ort?
Hüte ihn und tu es für mich.«

Ich antwortete und sagte: »Oh nein, nicht dort!
Dort würde niemand sehen,
wie gut ich meine Arbeit meistere.
Bitte nicht diesen Ort!«

Da sprach er mich sanft und freundlich an,
und sagte liebevoll:
»Mein geliebtes Kind, prüfe doch dein Herz.
Machst du deine Arbeit für andere oder für mich?
Nazareth war ein kleiner Ort …
und Galiläa auch.«[10]

## 21

# *Der Kelch des Segens*

## Ihre Familie

*Ihre Söhne stehen auf und preisen sie glücklich;*
*ihr Mann steht auf und rühmt sie.*
Sprüche 31,28

Während ich dieses Kapitel schreibe, bereiten Jim und ich uns auf eine kleine Fahrt vor. Wir gehen auf eine Überraschungsfeier für ein wunderbares Ehepaar, beide in den Siebzigern. Die Feier wird von ihren Söhnen und Töchtern organisiert. Dabei ist es weder ihr fünfzigster Hochzeitstag noch eine Pensionierungs- oder Geburtstagsfeier. Auf der Einladung stand einfach nur »eine Feier zu Ehren …« Ist das nicht eine wunderbare Idee?

Also, meine liebe Freundin, in diesem Kapitel geht es auch um eine Ehrenfeier. Zwanzig Kapitel lang ging es darum, wie eine Mutter ihrem Sohn eine Frau beschreibt, die in Gottes Augen schön ist. Zusammen haben wir ihre lobenswerten Eigenschaften kennen gelernt – ihren Fleiß, ihre harte Arbeit, dass sie früh aufsteht und wie sie alles sorgfältig vorbereitet, ihr weises Management, ihren Unternehmergeist, ihre ermutigende Wortwahl, wie sie sich um ihre Lieben kümmert und ihnen nur Gutes tun will. Die in Gottes Augen schöne Frau wird von der Liebe angetrieben und widmet ihr ganzes Leben mit Freude der Familie. Sie ist wirklich weit mehr wert als die kostbarsten Perlen (Vers 10)!

Und jetzt hören wir, dass sie gepriesen wird. Die in Gottes Augen schöne Frau erhält die höchste Belohnung – nicht von der Gesellschaft oder der Stadtbevölkerung, den Gemeindemitgliedern, ihren Arbeitskollegen oder den Nachbarn. Sie bekommt ihren Kelch der Segnungen von denen gereicht, die am wichtigsten sind, die sie am besten kennen und die ihr Leben lang, tagaus tagein, ihre Liebe empfangen haben – von ihrer Familie! Schauen wir uns doch einmal an, wie ihre Kinder sie preisen und loben.

## *Eine gesegnete Mutter*

Sprüche 31,28 erklärt: »Ihre Söhne stehen auf und preisen sie glücklich.« Wir haben die Kinder der in Gottes Augen schönen Frau weder gesehen noch kennen gelernt, aber sie »stehen auf« und preisen sie einstimmig! Bei einer Auslegung, die ich las, musste ich schmunzeln: »Die Kinder stehen morgens *aus dem Bett* auf, und weil für sie alles schon vorbereitet ist, danken sie ihr.«[1] Von so einer dankbaren Haltung träumen gewiss alle Mütter und versuchen ihre Kinder so zu erziehen, aber diese Dankbarkeit kommt nicht immer zum Ausdruck. Ein anderer Ausleger meint, dass sie *in ihrer Gegenwart* aufstehen, um ihren Respekt auszudrücken (eine weitere Fantasievorstellung der Mütter!).[2] Eine andere Möglichkeit wäre, dass die Kinder *als feierliche Eröffnung* für eine Lobrede auf die Mutter aufstehen, ähnlich wie bei einer feierlichen Festrede, bei der man aufsteht.

Vielleicht mögen alle diese Auslegungen ihre Berechtigung haben, aber wahrscheinlicher ist, dass mit *aufstehen* hier »aufwachsen« gemeint ist und dass die Kinder der Frau aus Sprüche 31 ihr Leben so bewältigen, dass es ihr Ehre macht und zu ihrem Segen ist.

Meine liebe Freundin, welche Bedeutung auch immer gemeint ist, so ist doch eines klar: Die Kinder unserer Frau aus Sprüche 31 bringen ihrem Leben den höchsten Lohn ein: Sie segnen sie und sie loben sie. Die Kinder genießen die süßen Früchte der Tugenden ihrer Mutter, und sie genießt die süßen Früchte des Lebens ihrer Kinder und erfreut sich daran. Wie ich schon sagte, die Kinder segnen sie und sie ist gesegnet (was bedeutet, dass sie glücklich ist)![4] Die aufrichtigen Worte der Kinder und ihr ganzes Leben sind ein einziger Segen für die Mutter. Wahrlich, ihr Kelch des Segens ist bis zum Überlaufen voll!

Ich habe gebetet, dass auch meine Kinder in dieser Weise »aufstehen« – nicht, um »danke« zu sagen oder sich zu erheben, wenn ich den Raum betrete, oder um eine Rede zu halten –, sondern in dem Sinne, dass sie aufwachsen und ein gottesfürchtiges Leben führen. Dieses Gebetsanliegen hat mich veranlasst, mein Herz und meine Seele zu prüfen. Diese Gebetszeiten haben mir geholfen herauszufinden, was die elementaren Wesensmerkmale der Liebe einer Mutter sind, die ein Segen für ihre Familie ist. Diese Wesensmerkmale haben grundsätzlich mit dem Herzen zu tun – mit dem Mutterherzen, mit *deinem* Herzen – und mit der Liebe zu den Kindern, Stiefkindern und Enkelkindern.

## *1. Wesensmerkmal: die Fürsorge einer Mutter*

Eine Mutter zeigt ihren Kindern täglich ihre Liebe, indem sie die Familie mit den *Grundbedürfnissen* versorgt – Nahrung, Kleidung, Obdach und Ruhe. Auf einem beliebten Küchenmagnet steht: »Hier wird drei Mal täglich Gottesdienst gehalten.« Das ist eine wunderbare Sicht der Fürsorge, die wir unseren Kindern schenken, wenn wir die in Gottes Augen schöne Frau nachahmen wollen: Sie achtet auf die Entwicklung ihrer Kinder, indem sie die meiste Zeit des Tages damit verbringt, sich um Ernährung und Kleidung ihrer Lieben zu kümmern. Ihr Heim strahlt Gemütlichkeit und Liebe aus. Weil sie weder streitsüchtig (Sprüche 21,9) noch laut, noch aufbrausend ist (Sprüche 7,11), kann ihre Familie zu Hause Ruhe und Frieden finden. Sie kümmert sich jeden Tag neu um das Wohl ihrer Familie.

Mütterliche Fürsorge bedeutet auch, *Zeit zu schenken*. Jede Minute – eigentlich jede Sekunde – kümmern wir uns um unsere Kinder! Liebe lässt sich Z-E-I-T buchstabieren – Zeit, Zeit und noch mehr Zeit; Zeit im Sinne von Minuten und Zeit im Sinne von Jahren. Eigentlich brauchen unsere Kinder ein Leben lang unsere Zeit! Die Kleinkinder brauchen unsere Zeit – und zwar viel! Wusstest du, dass bis zum dritten Lebensjahr schon 50% der persönlichen Entwicklung und Charakterprägung eines Kindes abgeschlossen sind und 75% bis zum fünften Lebensjahr? Auch wenn die Kinder älter sind, brauchen sie unsere Zeit. Sie brauchen unsere Zeit, um das Argumentieren und Differenzieren zu lernen und um zu richtigen Gesprächspartnern zu werden. Sie brauchen unsere Zeit, wenn die Schule sie fordert, wenn sie erwachsen werden und wenn sie anfangen zu arbeiten oder zu studieren. Und sie brauchen auch unsere Zeit, wenn sie älter sind und bereit sind, unsere Freunde zu sein. Die Kinder der Frau aus Sprüche 31 – die jetzt ihre Freunde sind – stehen auf und preisen sie! Mit jeder Minute – ja jeder Sekunde – die wir unseren Kindern schenken, investieren wir in ihren Charakter und in ihre Zukunft.

Die mütterliche Fürsorge hört nicht auf, wenn die Kinder aus dem Haus sind. Dann geht die Mutter vielleicht wieder arbeiten und schenkt ihnen ihre *Liebe aus der Entfernung*. Hanna, die wunderschöne Mutter aus dem Alten Testament, ließ ihrem kleinen Sohn Samuel ihre Liebe aus der Ferne zuteilwerden (1. Samuel 2,19). Trotz der Entfernung von einer Tagesreise wusste Samuel, dass er geliebt wurde, denn Hanna machte ihm jedes Jahr ein neues Gewand, das sie ihm persönlich zum jährlichen Fest brachte (sie war also auch eine Weberin).

Die Autorin Elisabeth Elliot lobt ihre Mutter Katharine Howard für alle Briefe, die sie ihr geschrieben hatte. Sie schreibt: »Wie gut wir es doch hatten, auch wenn wir uns keine Ferngespräche leisten konnten! Nur wenige Familien besitzen wie ich noch die persönlichen Briefe, die ich in einer Kiste auf meinem Dachboden aufbewahre – es sind alle Briefe, die meine Mutter zwischen 1954 und 1985 an ihre Kinder schrieb.«[5] Als Elisabeth Elliot eine entlegene Schule besuchte, schrieb ihre Mutter ihr zweimal pro Woche einen Brief. Von September 1941 bis Mitte der 1980er Jahre, als sich ihre geistige Verfassung verschlechterte, gab es keine Woche in ihrem Leben, in der Katharine Howard nicht ihren Kindern schrieb – und zwar allen sechsen! Diese Briefe einer Mutter waren erfüllt von der Liebe eines Mutterherzens, und diese Liebe überwand auch große Entfernungen. Diese Liebesbeweise nahmen Zeit in Anspruch. Stell dir einmal vor, was es bedeutet, jede Woche ein Dutzend Briefe zu schreiben – und das ohne Computer! Eine Mutter, die ihre Liebe auslebt, kümmert sich um ihre Kinder und schenkt ihnen ihre Liebe in Form von Zeit.

## *2. Wesensmerkmal: der Fokus einer Mutter*

Als Mütter, die Gott gefallen wollen, konzentrieren wir unsere ganze Kraft und Energie auf ein Ziel: jedes Kind so zu erziehen, dass es den Herrn Jesus liebt. Wir haben von Gott den Auftrag bekommen, die Kinder so zu erziehen, dass sie später Gott dienen und ihn ehren. Wir sollen uns nicht darauf konzentrieren, aus ihnen einen Arzt oder Lehrer oder Ingenieur oder Sportler oder gar einen Politiker oder Missionar zu machen. Wir sollen es Gott überlassen, welchen Beruf unser Kind einmal wählt. Stattdessen sollen wir sie so erziehen, dass sie Menschen nach dem Herzen Gottes werden. Mose war ein Schafhirte, aber sein Herz gehörte Gott. Auch David war ein Hirte, Paulus ein Zeltmacher und Petrus ein Fischer, aber sie alle hatten ein Herz, das Gott hingegeben war.

Welch ein Vorrecht haben wir doch, dass wir in Gemeinschaft mit Gott stehen und die nächste Generation erziehen dürfen, die dann wiederum der nächsten Generation, die nach ihnen kommt, den richtigen Weg weist (Sprüche 22,6)! Die Mutter, Großmutter und Urgroßmutter Edith Schaeffer erklärt: »Weil wir für die nächste Generation Verantwortung tragen, sind wir auch verantwortlich dafür, dass der Glaube weitergegeben wird und nicht verloren geht … Eines der wichtigsten Gebote Gottes ist, die Wahrheit an die nächste Generation weiterzugeben.«[6]

Für deine Mühen, deinen Glauben weiterzugeben, ist es wichtig, jeden Abend für deine Kinder zu beten. Denke zum Beispiel einmal an den Herzenswunsch der Mutter von Harry Ironside, der Ende des 19. Jahrhundert als »Knabenprediger von Los Angeles« bekannt war, später Pastor der Moody Memorial Church in Chicago wurde und über sechzig Bücher schrieb. Wenn seine Mutter Sophia ihn ins Bett brachte, betete sie jeden Abend aus tiefstem Herzen: »Vater, errette meinen Sohn früh in seinem Leben. Schenke ihm nur den einzigen Wunsch, für dich zu leben … Oh Vater, mach ihn bereit, um Jesu Willen Schmach und Leid auf sich zu nehmen.«[7] Sophia Ironside hatte für ihren Sohn nur ein Ziel im Auge – dass er Gott lieben würde!

## *3. Wesensmerkmal: Der Plan einer Mutter*

Die wunderbare Mutter aus Sprüche 31 plante im Voraus (Vers 15.27), und auch wir müssen planen. Der letztendliche Ausgang liegt immer in Gottes Hand, aber die alltäglichen häuslichen Aktivitäten liegen in unserer Hand. Daher möchte ich dir meine Erfahrung weitergeben, was ich für meine Familie will (und wollte), und wie ich dafür plane (und plante). Ohne einen Plan lassen sich diese Wünsche und Vorstellungen nicht verwirklichen!

Zuerst und vor allem möchte ich die *Gegenwart des Herrn* in meinem Haus haben. Das bedeutet, dass mein Herz zuerst erfüllt werden muss und dass ich die beste Zeit für Gottes Wort und das Gebet einplane, damit ich das Kennzeichen der Frau trage, die in Gottes Augen schön ist. Wenn Gottes Gegenwart in meinem Heim, bei meiner Haushaltsführung und im Umgang mit meiner Familie sichtbar werden soll, muss er zuerst in meinem Herzen gegenwärtig sein.

Als nächsten Punkt wollte ich als junge Mutter den *Glauben an Jesus Christus* an meine Kinder weitergeben (Enkel zählen auch dazu). Auch hier half mir das Planen. Ich plante, regelmäßig in den Gottesdienst zu gehen und jeden Tag eine kleine Andacht mit meinen Mädchen zu halten. Ich betete sogar vor ihnen, dass Gott mir dabei helfen möge, jede Gelegenheit zu nutzen, um meine Töchter auf ihn hinzuweisen. Zu meinem Plan gehörte auch, dass Katherine und Courtney mit Menschen zusammenkamen, die meinen Glauben teilten. Ob du es glaubst oder nicht, ich musste auch planen, damit ich regelmäßig für sie beten konnte! Ich plante Gewohnheiten im Rahmen des Schlafengehens und las meinen Kindern Bücher über die Bibel und biblische Geschichten vor. Wenn du deinen Glauben an deine Kinder weitergeben willst, musst du das planen.

Eine *angenehme Atmosphäre* in deinem Heim bildet den schönen Hintergrund für spätere glückliche Erinnerungen. Weil ich in meinem Heim eine angenehme Atmosphäre haben möchte, an die man sich gerne erinnert, muss ich planen. Ich plane, wann gegessen wird und wie ich den Tisch schön decke. Ich mache einen Plan, damit es in meinem Haus ordentlich und sauber ist; ich plane, wann ich die Wäsche wasche und mich um die Kleidung kümmere, damit unser Leben ruhiger ist. Ich plane auch Überraschungen, damit das Leben daheim Spaß macht. Wenn sich das anstrengend anhört, bedenke, dass kein Kunstwerk zufällig entsteht. Künstlerisches Schaffen setzt Planen und Gestalten voraus, und genauso ist das auch mit dem Kunstwerk namens »trautes Heim«.

Ich möchte zu meinen Kindern eine *wachsende Beziehung* haben. Dafür muss ich planen. Ich plane, was ich sage, welche Fragen ich stelle, wie ich ihnen meine Liebe zeigen und welche besonderen Liebestaten ich für sie tun kann. Ich plane Ausflüge, Urlaubstage und die Weihnachts-, Oster- und Geburtstagsfeiern.

Ein weiterer Punkt bei der Planung von Beziehungspflege besteht darin, für die kurzen Momente und Gelegenheiten, von denen man im Voraus weiß, vorzusorgen. Wenn dein Kind zum Beispiel von der Schule eilig nach Hause kommt, sich umzieht, um sofort wieder zum Sportverein oder Musikunterricht zu hetzen, dann nutze die wenigen Minuten dazwischen. Wenn du nur wenige Stunden mit deinen Kindern verbringen kannst – der Tag mag hektisch sein, aber schließlich gibt es die gemeinsamen Mahlzeiten, bevor sie wieder aus dem Haus stürmen – bereite diese kostbaren Stunden (und auch das Essen) vor! Und wenn deine Kinder, Stiefkinder oder Enkel nur ein paar Tage bei dir sind, dann stelle einen Plan auf, wie du ihnen in diesen Tagen deine Liebe zeigen kannst. Du kannst jede Minute, jede Stunde und jeden Tag deiner Kinder mit Segen füllen!

Meine Töchter Katherine und Courtney sind heute verheiratet, aber ich pflege immer noch meine Beziehung zu ihnen und ihren Männern, und das (du vermutest richtig!) plane ich. Ich schreibe meinen Töchtern und schicke ihnen E-Mails, ich bete für sie und ihre Familien, mache kleine Geschenke, helfe ihnen, wenn sie mich brauchen, besuche sie, tue ihren Kindern Gutes und wir verbringen die Feiertage zusammen – das alles plane ich. Und manchmal plane ich sogar, sie *nicht* anzurufen und sie nicht zu stören!

Es gibt noch eine Sache, die unerlässlich ist: Du musst *Ausdauer* planen; du musst planen, kontinuierlich Mutter zu bleiben, komme, was wolle. Ich habe einmal im Radio ein beeindruckendes Interview mit Richard Mayhue gehört; er ist Dekan am Master's Seminary und Vater von erwachsenen Kindern. Rick Mayhue verglich die Erziehung mit einem 100 Yard langen American-Football-Feld, auf dem ein Spiel um Leben und Tod gespielt wird. Er erklärte, dass einige Eltern sozusagen die Kinder bis zur »Pubertätslinie« (zur 50-Yard-Linie) fahren, die Autotür öffnen, die Kinder rauslassen, zum Abschied winken und sagen: »Also, wir haben dir alles gezeigt, was du wissen musst. Jetzt geh und tu es!« Dann gibt es Eltern, die geben ihren jugendlichen Kindern die Autoschlüssel (in den USA darf man ab 16 Auto fahren, Mayhue bezeichnete das in seinem Bild als die 75-Yard-Linie), stellen sich in die Garagenausfahrt, winken zum Abschied und rufen: »Jetzt sieh zu, wie du zurechtkommst. Du kannst Auto fahren und bist alt genug, dir einen Job zu suchen. Du weißt, was zu tun ist. Viel Glück!« Die meisten Eltern jedoch lassen ihre immer noch formbaren Kinder nach der Highschool (mit 18, das ist in diesem Bild die 95-Yard-Linie) hinaus und rufen ihnen hinterher: »Vergiss nicht, uns mal zu besuchen!«

Rick Mayhue betonte dann, wie wichtig es ist, die »volle Distanz« mit den Kindern zu gehen, also auch den Rest der Strecke zwischen der 95- und 100-Yard-Linie. Damit meinte er das Alter zwischen 18 und 25. Er beschrieb in seinem Bild die brutalen Fouls, Bodychecks und Stürze, die bei einem echten Footballspiel oft auf den letzten Metern passieren, wenn das Team um jeden Zentimeter Boden bis zum Sieg kämpft. Und er stellte heraus, dass diese letzten entscheidenden Meter die Phase sind, in der dein Kind einen Beruf und einen Ehepartner wählt – und das sind die zwei wichtigsten Entscheidungen im Leben (nach dem Glauben an Jesus)!

Was ich damit sagen will, liebe Freundin und treue Mutter: Wir beide müssen unsere Kinder ermutigen, ihnen beistehen, sie beraten und für sie beten, egal wie alt sie sind. Unsere Aufgabe ist es, zusammen mit ihnen durch das Leben zu gehen, komme, was da wolle! Wir sollten immer für sie da sein und nicht aufhören, uns um sie zu kümmern. Und du kannst mir glauben, deine Kinder werden heranwachsen und dich für deine Ausdauer und dein treues Gebet glücklich preisen!

Da ich hier nicht alles erwähnen kann, was Gottes Wort uns über die Mutterrolle lehrt und was ich alles gelernt habe, als ich meine Kinder großzog, möchte ich an dieser Stelle aus meinem Buch *Eine Frau nach dem Herzen Gottes*[8] die vier Kapitel im Abschnitt »Deine Kinder« empfehlen; dort geht es um das Herz einer Mutter. Schließlich ist das Muttersein eine Sache des Herzens – *deines* Herzens!

## *4. Wesensmerkmal: Die Arbeit einer Mutter*

Anstelle des obligatorischen Abschnitts »Anleitung zu wahrer Schönheit« möchte ich an dieser Stelle lieber auf ein weiteres Wesensmerkmal zum wahren Muttersein eingehen: Mit der Erziehung der Kinder erfüllt eine Mutter ihre gottgegebene Rolle. Liebe bedeutet also Arbeit – harte und aufopfernde Arbeit. In den 19 Versen, die wir bisher von Sprüche 31 betrachtet haben, gibt es zwölf bis fünfzehn teils direkte, teils indirekte Hinweise auf ihre Arbeit. Wir wissen, dass sie früh am Morgen aufsteht und dass ihre Lampe nicht ausgeht, wenn es Nacht ist (Verse 15 und 18). Mit großer Liebe kümmert sie sich unermüdlich und unablässig von früh bis spät um ihre Familie.

Lesen wir noch einmal, was Edith Schaeffer so eindringlich darüber schrieb: »Das Muttersein ist es wert, dafür zu kämpfen, ist wert, als Karriere bezeichnet zu werden und ist die Würde wert, hart dafür zu arbeiten.«[9] Und glaube mir, Mutter zu sein ist die härteste Aufgabe überhaupt! Mutterliebe bedeutet Arbeit bis zum Lebensende! Bedenke aber auch, was du als Mutter alles erreichen kannst:

- Eine Mutter liebt ihre Kinder.
  Arbeit ist die praktische Umsetzung deiner Liebe.
- Eine Mutter sorgt für ihre Kinder.
  Arbeit ist der Ausdruck deiner liebevollen Fürsorge.
- Eine Mutter möchte ihre Kinder um jeden Preis zu Christus führen.
  Arbeit (und besonders Gottes »Arbeit« an ihren Herzen) verleiht deinem Glauben Hände und Füße.

Gott segnet unseren unermüdlichen Mutterdienst, und er hilft uns, unsere Wünsche für unsere Familie zu verwirklichen.

Und wie schaffen wir das? Gottes Wort sagt uns, dass wir alles ohne Murren und Zweifel tun sollen (Philipper 2,14). Gottes Wort sagt uns auch, dass wir alles für den Herrn und nicht für Menschen tun sollen (Kolosser 3,23). Wir sollen auch mit willigen Händen arbeiten (Sprüche 31,13). Wir sollen nichts dafür zurück erwarten (Lukas 6,35). Und wir sollen erziehen, unterrichten, uns kümmern, planen, geben, beten und glauben – weil das die gottgegebene Rolle einer Mutter ist!

## *Aber was ist, wenn ...?*

Ich weiß schon, was du denkst: »Aber was ist, wenn meine Kinder meiner geistlichen Führung und Erziehung nicht folgen? Was ist, wenn sie nicht für Gott leben wollen? Was ist, wenn sie undankbar sind oder nie einsehen, was ich alles für sie getan habe? Was ist, wenn nichts aus ihnen wird?

Auch ich hatte dieselben Gedanken, aber ich habe gelernt, dass die Bemühungen einer Mutter niemals von dem Gedanken angetrieben sein sollten, etwas zurückzubekommen. Gott hat deine Rolle festgelegt: Als Mutter sollst du deine Kinder lieben – komme, was wolle (Titus 2,4); du sollst deine Kinder lehren – komme, was wolle (Sprüche 1,8); du sollst deine Kinder erziehen – komme, was wolle (Sprüche 22,6); du sollst deine Kinder maßregeln – komme, was wolle (Sprüche 29,17); und du sollst für deine Kinder sorgen – komme, was wolle (Sprüche 31,27).

Dies alles soll eine Mutter trotzdem tun, auch wenn sie daran zweifelt, ob aus ihren Kindern, für die sie gebetet hat, gottesfürchtige Christen werden. Warum? Nicht, weil sie auf ihre Werke vertraut, sondern weil sie an *Gott* glaubt! Eine Mutter handelt also nach Gottes Willen – komme, was wolle – und übergibt dann alles voller Vertrauen den Händen ihres gütigen, weisen und allmächtigen Gottes. Deine Aufgabe als Mutter ist es, Gottes Plan zu folgen. Gottes Aufgabe ist es, dass alle Dinge an seinem Ratschluss mitwirken und zum Besten dienen (Römer 8,28) und seinen guten und vollkommen Willen unter Beweis stellen (Römer 12,2), und das nicht nur im Leben deines Kindes, sondern auch in deinem! Eine Mutter vertraut und gehorcht dem Gott, dem sie dient, indem sie ihre Kinder erzieht.

## Wahre Schönheit entdecken

Wenn es ums Muttersein geht, sind meine Emotionen offenbar aufgewühlt. Ich hoffe und bete, dass meine Leidenschaft dich ansteckt und die Kämpferin in dir weckt. Wie Edith Schaeffer schrieb: »Das Muttersein ist es wert, dafür zu kämpfen!« Wenn es um die Mutterrolle geht, gibt es keinen Platz für Neutralität, Ignoranz, Zurückhaltung oder eine verzweifelte Ich-geb's-auf-Einstellung! Deshalb versuche ich bei dir die Leidenschaft zu wecken, die dich anstachelt, dich unablässig zu kümmern, stets zu bemühen, niemals aufgeben zu wollen und motiviert zu sein, mehr als nur einhundert Prozent zu geben. Mutterschaft – die Mutterschaft nach Gottes Herzen – prägt Generationen von Kindern.

Zum Schluss möchte ich erwähnen, dass ich weinen musste, als ich vom Tod der Mutter eines bekannten Evangelisten las. Man sagte von ihr, dass sie eine »einfache Frau« gewesen war. Als sie im Alter von 93 Jahren auf dem Sterbebett lag, kamen 109 Familienmitglieder, einschließlich ihrer Kinder, Enkelkinder, Urenkel und Ururenkel, um ihr zu zeigen, dass sie sie lieben und wertschätzen. Alle wollten »aufstehen und sie glücklich preisen.«[10] Und genau das, meine liebe Freundin, wünsche ich mir für dich und für mich!

22

# *Der krönende Abschluss*

## Ihr Lob

*Ihre Söhne wachsen heran und preisen sie glücklich;*
*ihr Mann steht auf und rühmt sie:*
*»Viele Töchter haben sich als tugendhaft erwiesen,*
*du aber übertriffst sie alle!«*
Sprüche 31,28-29

Die folgende liebevolle Widmung, die ein Ehemann seiner treuen Frau in eines seiner Bücher schrieb, hat mich sehr berührt:

> Ich widme dieses Buch meiner geliebten und großartigen Partnerin und Ehefrau Evelyn, die mir mehr als vier Jahrzehnte immer zur Seite stand, die mir ihre Liebe, ihr Vertrauen und Verständnis schenkte, wenn andere an mir zweifelten. In all den Jahren hat sie mit mir gebetet und unseren himmlischen Vater gelobt und gepriesen. Sie hat mit geholfen, nicht aufzugeben, auch wenn ich schon aufgeben wollte – Gott hat mir eine echte Gehilfin geschenkt.[1]

Diese Widmung spiegelt die Dankbarkeit und Wertschätzung des Ehemannes der Frau aus Sprüche 31 wider und soll uns auf das krönende Loblied auf die in Gottes Augen schöne Frau einstimmen.

### *Eine exzellente Ehefrau*

Es überrascht uns nicht, dass die Frau aus Sprüche 31 nicht nur eine gesegnete Mutter ist, sondern auch eine großartige und hoch geschätzte Ehefrau, die sich am Lob ihres Ehemannes erfreuen kann. In unserem Gedicht von ihren Tugenden spricht der Mann, der in ihrem Herzen den ersten Platz einnimmt, die abschließenden Lobesworte für seine in Gottes Augen schöne Frau.

Es beginnt damit, dass auch ihr Mann »aufsteht« (Sprüche 31,28). Die Kinder dieser wunderbaren Frau haben ihr Lob ausgesprochen und nun spricht der wichtigste Mensch in ihrem Leben. Er hat nur Worte der Liebe, Anerkennung und Lob für das, was sie für ihn getan hat, übrig. Er lobt und preist sie für die unzähligen selbstlosen Dinge, die seine wunderbare Frau ihm jahrelang erwiesen hat.

Der gesegnete Ehemann – ein Verantwortungsträger, der als einflussreicher Mann in den Toren der Stadt bekannt ist, »rühmt« sie (Vers 28)! Voller Stolz lobt und preist er die Frau, die ihm geholfen hat, seine täglichen Sorgen und Lasten zu tragen. Sie hat ihn ermutigt, ihm zur Seite gestanden und sie war sein bester Freund, seine unaufhörliche Freude und seine prächtigste Krone! Er hat sein Leben mit ihr geteilt und ist ihr Vertrauter seit ihrer Jugend an (Sprüche 2,17). Und nun, lange nachdem die Kinder »aufgestanden« und ausgezogen sind, bleibt sie weiter treu an seiner Seite und erweist ihm »Gutes alle Tage ihres Lebens« (Vers 12).

## *Eine Armee tugendhafter Frauen*

Wir können erahnen, was der Ehemann – der Mensch, der sie am besten kennt – über seine in Gottes Augen schöne Ehefrau zu sagen hat: »Viele Töchter haben sich als tugendhaft erwiesen« (Sprüche 31,29). Dieser weise Mann, der weiß, wie eine edle Frau ist und was sie tut (schließlich ist er ja mit einer verheiratet!), weiß, dass *viele* Frauen tugendhaft sind. Tatsächlich gibt es ganze Heerscharen solcher guten Frauen (»Töchter«). Da er in den Toren der Stadt sitzt (Vers 23), kennt er die tugendhaften Frauen seiner Heimatstadt. Ich bin sicher, dass er die Frauen mit Namen aufzählen konnte, die Wohlstand erlangt haben, die von dem Volk respektiert und geachtet wurden und ein ehrenwertes Leben führten. Ja, es gibt viele davon!

Und er bestätigt, dass diese vielen »Töchter« sich als *tugendhaft* erwiesen haben (Sprüche 31,29). Kannst du dich noch erinnern, wie wir in Kapitel 1 *tugendhaft* definiert haben? Wir hatten herausgefunden, dass das Wort »tugendhaft« bzw. »tüchtig« so viel wie »von geistiger und körperlicher Stärke« bedeutet und genau genommen eine Armee beschreibt. Mit dem Wort *tugendhaft* greift der Ehemann das Bild einer Armee auf. Viele waren tugendhaft und tüchtig. Viele waren tapfer. Viele haben sich bewährt. Viele sind wohlhabend geworden. Viele haben Macht und Kraft bewiesen.

## *Sie ist die Beste!*

»Du aber«, fährt der stolze und dankbare Ehemann fort, »übertriffst sie alle« (Sprüche 31,29). Seine geschätzte Gattin ist nicht nur in Gottes Augen schön, sondern auch in seinen Augen. Mit einem schallenden Loblied erklärt er: »Du aber übertriffst sie alle! Du bist besser als alle anderen!«[2] Er weist darauf hin, dass andere Frauen wohl Tüchtiges »geleistet« (so übersetzt Hermann Menge) haben, aber seine wunderbare Frau »ist« die Beste. Andere Frauen machen alles gut (hervorragend), aber er lobt seine Ehefrau wegen ihres Charakters: Sie »ist« hervorragend![3] Er vergleicht sie mit einem ganzen Heer anderer tüchtiger Frauen und erklärt, dass sie die Edelste von allen ist. Er ist fasziniert von ihrer Vorzüglichkeit und ruft: »Du aber übertriffst sie alle!«[4]

Eine kurze Anmerkung zum hebräischen Grundtext, der lautet: »Du steigst höher auf als alle anderen.«[5] Diese hebräische Formulierung besagt, dass der Mann die Leistungen seiner Frau aufrichtig anerkennt und schätzt. Das Lob ist weder eine gut gemeinte Höflichkeit, noch wird es aus bloßem Pflichtgefühl heraus gesagt, sondern es ist wirklich ernst gemeint. Die in Gottes Augen schöne Frau verdient dieses ehrliche Lob, weil sie tatsächlich die Beste von allen ist!

## *Ein Kaleidoskop von Tugenden*

Meine liebe Freundin, ich hoffe, dass du dieser treuen Frau, die in Gottes Augen so vollkommen schön ist, noch nicht überdrüssig wirst. Wir haben in 20 Versen ihre vor Gott wohlgefälligen Tugenden und ihren edlen Charakter kennen gelernt. Diese großartige Frau ist weder oberflächlich, noch hat sie ihr wunderbares Leben auf einem zerbrechlichen Fundament gebaut. Da ihre Wohlgefälligkeit vor Gott und ihre Tugendhaftigkeit ihr ganzes Leben und ihre ganze Person durchdringen, können wir viel Wertvolles von ihr lernen. Sprüche 20,5 sagt: »Tiefes Wasser ist das Vorhaben im Herzen eines Menschen; ein verständiger Mensch aber schöpft es aus.« Genau das war unser Ziel in diesem Buch – von und über die wunderbare Frau aus Sprüche 31 so viel wie möglich zu lernen und diese Lektionen »auszuschöpfen«.

Ich stelle mir diese Frau so facettenreich wie ein Kaleidoskop vor. Hast du als Kind jemals ein Kaleidoskop besessen, so ein kleines, innen verspiegeltes Rohr mit einer Füllung aus bunten Glas- oder Plastikteilchen? Wenn man das Kaleidoskop gegen das Licht hält, ist ein symmetrisches, farbiges Muster zu sehen. Wenn man das Kaleidoskop dann dreht, verändern sich die vielen farbigen Teilchen und es entsteht immer wieder ein neues prächtiges, farbiges Bild.

Meine liebe Freundin, genauso ist die Frau, die in Gottes Augen schön ist. In Sprüche 31 lässt Gott uns die vielen satten Farben und herrlichen Muster ihres facettenreichen Lebens erkennen. Bei unserer Beschäftigung mit jedem Vers und jeder Tugend und dem Charakter der in Gottes Augen schönen Frau hat Gott uns all ihre Tugenden ins helle Licht des Heiligen Geistes gestellt. Wir haben ein wunderbares Muster erkannt, und als wir dann zum nächsten Vers kamen und den Abschnitt aus etwas anderem Blickwinkel betrachtet haben, kam ein weiteres fantastisches Bild voll atemberaubender Schönheit zum Vorschein. Sprüche 31 zeigt eine Frau in all ihren verschiedenen Rollen. Mit jedem Vers schauen wir auf ihre Tugenden, aber immer aus einem anderen Blickwinkel. Sie ist wie ein Kaleidoskop voller Tugenden!

Wenn wir das Kaleidoskop von Sprüche 31 immer wieder drehen, dann können wir leicht verstehen, warum ihr Ehemann seine wunderbare Frau in höchsten Tönen lobt. Bestaune doch einmal den Glanz ihrer facettenreichen Schönheit!

- Sie macht dem Namen und dem Ruf ihres Mannes alle Ehre, weil sie eine »tugendhafte Frau« ist (Vers 10).
- Sie trägt zu seinem Wohlstand bei und geht mit seinem Geld vernünftig um, so dass »es ihm an Gewinn nicht mangelt« (Vers 11).
- Sie trägt zu seiner Gelassenheit bei, damit er sich auf seine Führungsrolle konzentrieren kann: »Auf sie verlässt sich das Herz ihres Mannes ... Sie erweist ihm Gutes und nichts Böses alle Tage ihres Lebens« (Vers 11 und 12).
- Sie kümmert sich um die Bedürfnisse ihrer Familie: »Bevor der Morgen graut, ist sie schon auf; sie gibt Speise aus für ihr Haus« (Vers 15).
- Sie vermehrt sein Vermögen und vergrößert seinen Grundbesitz: »Sie trachtet nach einem Acker und erwirbt ihn auch; vom Ertrag ihrer Hände pflanzt sie einen Weinberg an« (Vers 16).
- Sie berät und ermutigt ihn: »Ihren Mund öffnet sie mit Weisheit und freundliche Unterweisung ist auf ihrer Zunge« (Vers 26).
- Sie nimmt ihm daheim die Sorgen ab, damit er anderen dienen kann. Verantwortungsvoll »behält sie die Vorgänge in ihrem Haus im Auge« (Vers 27).
- Sie erzieht seine Kinder, und weil sie sich so viel Mühe gibt, »wachsen ihre Söhne heran und preisen sie glücklich« (Vers 28).

Kein Wunder, dass das Loblied des Ehemanns auf seine in Gottes Augen schöne Frau über alle Jahrhunderte hinweg weiter erschallt!

## *Eine wunderschöne Krone*

Und jetzt fällt unser Blick auf ein weiteres Bild. Die Frau, die in diesem Loblied gerühmt wird, ist für den, der das Loblied anstimmt, eine wunderbare Krone! Sprüche 12,4 erklärt: »Eine tugendhafte Frau ist die Krone ihres Mannes.« Die in Gottes Augen schöne Frau ist die Krone auf dem Haupt ihres Mannes. Diese Krone strahlt voller Glanz und zieht alle Blicke auf ihn, den Mann, der überaus geehrt und gesegnet ist.[6] Eine Krone ist ein Zeichen von Würde, und eine tugendhafte Frau – eine Person, die selbst von Kraft und Würde gekennzeichnet ist (Vers 25) – bringt ihrem Mann Achtung,

Ansehen und einen guten Ruf ein.[7] Dadurch, dass sie *sein* Leben schön macht, ehrt *sie* ihn. Sie ist seine Krone.

Die in Gottes Augen schöne Frau freut sich darüber, die Krone ihres Mannes zu sein. Sie meidet das Rampenlicht und wirkt hinter den Kulissen, damit ihr Mann geachtet und geehrt wird. Sie ist froh, wenn er im Zentrum der Aufmerksamkeit steht, wenn er sich auszeichnet, wenn er anerkannt wird und wenn er an der Spitze steht. Sie lebt gerne in seinem Schatten. Sein Aufstieg ist ihre größte Belohnung. Ihr Wunsch ist es, dass ihr Mann geschätzt und geachtet wird. Daher macht es ihr Freude, wenn sie ihm sich selbst als höchstes Opfer anbietet.

Mit diesem Bild von der Krone wird uns noch eine weitere Botschaft gesagt: Diese wunderschöne Krone ist die Krone der Freude. Das sage ich, weil damals ein Bräutigam für die Hochzeit wie ein König gekleidet war. Wenn er es sich leisten konnte, trug er eine Krone aus Gold. Wenn nicht, dann trug er einen geflochtenen Kranz aus frischen Blumen, der ihm ein königliches Erscheinungsbild verlieh. Für diesen einen herrlichen Tag sah sogar ein Bauer wie ein Prinz aus und die Menschen zollten ihm einen Respekt, wie es der Würde eines Königs geziemt, der mit seiner Krone auf dem Haupt auftritt.[8]

Wenn dann der Hochzeitstag zu Ende ging, die Feierlichkeiten in Vergessenheit gerieten und der Alltag einkehrte, wurde die Ehefrau zur Krone ihres Mannes. Diese Frau, die in Gottes Augen schön ist, verleiht ihm die Würde eines Königs. Sie wurde für ihn zum Ehrensymbol – sie wurde die Krone für ihren Gatten, der sein Leben damit bereichert und aus jedem Tag seines Lebens ein Fest macht. Dank dieser tugendhaften Frau blieb die Freude des Hochzeitstages sein ganzes Leben bestehen. Und das, meine Liebe, wollen auch wir für unsere Ehemänner sein. Wir wollen jeden Tag seine schönste Krone der Würde und Freude sein!

## *Aber was wenn …?*

Und wieder kann ich deine Bedenken hören. Du fragst dich: »Aber was ist, wenn mein Mann nicht der Versorger, Vater und geistliche

Leiter ist, zu dem Gott ihn berufen hat? Warum sollte ich mich dann so bemühen?« Hier ist eine Regel, an die wir uns beide halten sollten: Die Lebensumstände heben niemals Gottes Maßstäbe auf. Ich möchte dir erklären, was ich damit meine, indem ich dir einige in Gottes Augen schöne Frauen zeige, die eine schwierige Ehe hatten.

*Hanna* – Wie wir schon früher erfahren haben, war Hanna mit einem Mann verheiratet, der noch eine andere Frau hatte, die sie Tag für Tag, Jahr für Jahr schikanierte und provozierte (1. Samuel 1). Hanna wurde durch diese schwierigen Umstände noch näher zu Gott geführt. Hanna gehört in der Heiligen Schrift zu den wenigen Frauen, über die nichts Negatives gesagt wird. Ihr Mann war gewiss nicht der Leiter, der er hätte sein sollen, aber Hanna ließ nicht zu, dass ihre Lebensumstände den Maßstab Gottes für ihr Leben schmälerten oder Gottes Wunsch beeinträchtigten, aus ihr eine geistlich schöne Frau zu machen!

*Abigail* – Wir haben auch das traurige Leben Abigails kennen gelernt (1. Samuel 25). Abigail war dazu verurteilt, lebenslang mit einem verrückten Alkoholiker verheiratet zu sein, und dennoch hielt sie durch und gab ihr Bestes als Ehefrau und Hausfrau. Ihre Diener hielten sie für eine tugendhafte Frau, und wenn Gefahr drohte, gingen sie zuerst zu ihr. Mit ihrer Tugendhaftigkeit rettete sie das Leben ihres Ehemannes, das seiner Diener, ihr ganzes Haus und sich selbst.

*Esther* – Königin Esther, die ich schon früher in diesem Buch erwähnt habe, war mit einem gottlosen König verheiratet. Mit seinem Hang zum Jähzorn und Alkoholismus war er ein schwieriger Mann (siehe das Buch Esther). Auch Esther (d.h. »Stern«) ist ein weiteres Vorbild für eine Frau, die in Gottes Augen schön ist. Die Bibel widmet ihr und ihrer Demut, ihrem Mut und ihrer Weisheit zehn Kapitel. Sie lässt alle ihre Tugenden zum Einsatz kommen, um die Beziehung zu ihrem Ehemann zu pflegen und das Leben ihres Volkes, der Juden, zu retten.

Angesichts dieser Beispiele möchte ich dich herzlich bitten, über deine Lebensumstände hinauszuschauen, *weit* über deine jetzigen Schwierigkeiten hinaus und sogar über deinen Ehemann hinaus. Richte deinen Blick stattdessen von dir weg und nimm Gottes Kaleidoskop der Tugenden, halte es ins Licht seiner herrlichen Hoffnung und seines herrlichen Wortes und gib deinem Leben eine neue Wendung! Halte an der Schönheit fest, die er für dich bereit hält und in dir heranreifen lässt, während du in diesen schwierigen Lebenssituationen steckst. Gottes Gnade genügt (2. Korinther 12,9), er ist treu (1. Korinther 10,13) und er hat für dein Leben ein Ziel und einen guten Plan (Römer 8,28)! Eines dieser Ziele ist, dich in seinen Augen noch schöner zu machen und dich immer mehr in das Bild seines Sohnes Jesus Christus umzugestalten (Römer 8,29)!

Vielleicht denkst du aber: »Was ist, wenn mein Mann mich niemals lobt? Ich tue alles, was in der Anleitung zu wahrer Schönheit steht, aber ich bekomme niemals ein Dankeschön zu hören!« Ich denke, du kennst meine Antwort darauf: Ob du nun deine Rolle als Mutter deiner Kinder erfüllst oder deine ganze Kraft und Energie in deine Rolle als Ehefrau steckst, erwarte keine Belohnung. Gott hat deine Rolle bestimmt und die Bibel beschreibt dies folgendermaßen: Als Ehefrauen sollen wir alles, was wir tun, »von Herzen, als *für den Herrn* und *nicht für Menschen*« tun (Kolosser 3,23) – und die Worte »nicht für den Menschen« schließen auch deinen Ehemann ein. Du bist dazu berufen, alle Zeit und Mühe aufzubringen, um die Frau zu sein, zu der Gott dich berufen hat »ohne etwas dafür zu erhoffen« (Lukas 6,35). Du bist berufen, zu lieben und zu dienen und zu arbeiten und zu wachen und aufzustehen und wach zu bleiben und alle Tage deines Lebens Gutes zu erweisen (und, und, und … !), weil das genau das ist, was Gott von dir möchte. Deine Aufgabe ist es, an seine gerechten Wege zu glauben und seinem weisen Plan zu folgen, seinem Segen, den er für dich bereit hält, zu vertrauen – auch wenn dieser Segen bedeutet, dass dein Ehemann dich nicht lobt. Lass dir Gottes Plan mit dir von nichts (auch nicht von fehlendem Lob und Dank) und niemanden (auch nicht von deinem Ehemann) durchkreuzen!

Zuletzt noch ein Satz für den Fall, dass du fragst: »Und wenn ich keinen Mann habe?« Dann vergiss bitte nicht, dass es in diesem ganzen Buch um Tugenden geht, um einen vor Gott wohlgefälligen Charakter und um das, wer du bist – und nicht, ob du verheiratet bist oder nicht, oder ob du Kinder hast oder nicht. Gott möchte, dass alle Frauen tugendhaft sind und echte Schönheit besitzen – und *du* gehörst dazu!

## Wahre Schönheit entdecken

Wir haben den Gipfel des Berges der Tugenden, den wir vor so vielen Kapiteln zu besteigen angefangen haben, schon fast erreicht! Bevor wir aber unsere letzten beiden Schritte gehen, bete noch einmal und geh mit mir die Checkliste für wahre Schönheit durch.

*Als Frau* – Setzt du deine ganze Kraft und Anstrengung zum Wohle deines Mannes, deiner Familie und deines Heims ein? Ist es gleichzeitig auch dein tiefster Wunsch und dein Ziel, dich nicht nur als tüchtig zu *erweisen*, sondern auch eine tugendhafte Frau mit beispielhaftem Charakter zu *sein*?

*Als Hausfrau* – Kümmerst du dich um alles Notwendige in deinem Heim? Hast du alle Vorgänge in deinem Haus sorgfältig im Auge und im Griff?

*Als Mutter* – Erziehst du deine Kinder dazu, den Herrn zu lieben und ihm zu dienen, wodurch dein Mann ruhig und gelassen sein kann und sein Ansehen in seinem Wirkungsbereich gestärkt wird?

*Als Ehefrau* – Trägt dein Verhalten zum guten Ruf deines Mannes bei? Achtest du auf eure Finanzen, indem du sorgfältig mit dem Haushaltsgeld umgehst? Bringt dein Mann dir Vertrauen entgegen? Ermutigst und stärkst du ihn für die täglichen Anforderungen des Lebens? Wenn du dich einmal ganz ehrlich selbst betrachtest, bist du dann für deinen Ehemann eine tugendhafte Frau, die in

Gottes Augen schön ist? Bete darum, dass es so ist – und arbeite weiter daran, die Gipfel der Vortrefflichkeit einer in Gottes Augen schönen Frau zu erreichen!

## 23

# *Eine gottesfürchtige Gesinnung*

## Ihr Glaube

*Anmut ist trügerisch und Schönheit vergeht, aber eine Frau, die den Herrn fürchtet, die wird gelobt werden.*
Sprüche 31,30

Wir haben es geschafft! Wir haben den Gipfel der Tugenden erreicht. Wir sind an dem Ziel, das wir in Kapitel 1 zusammen erklimmen wollten – und wir haben einen langen Weg zurückgelegt! Jetzt endlich, *endlich*, erreichen wir den Gipfel, und dort entdecken wir einen Vers, der tatsächlich das Wort »Schönheit« enthält!

Aber Moment! Was dieser Vers über Schönheit sagt, haben wir eigentlich nicht erwartet! Wir haben doch nicht den Gipfel der vor Gott wohlgefälligen Tugenden erklommen, nur um festzustellen, dass es *nicht* das ist, was man uns das ganze Leben gesagt hat!

Hier nimmt die Botschaft von Sprüche 31 klar Gestalt an und wir erkennen deutlich Gottes Wahrheit: In diesem reichhaltigen, lebensverändernden Kapitel des Alten Testaments geht es nur darum, was in *Gottes* Augen schön ist – nicht um das, was in den Augen der Menschen, in den Augen der Welt, in den Augen der Medien oder in den Augen eines Künstlers schön ist! Bereits zu Beginn dieses Lehrbuches über Schönheit haben wir erkannt, was Gott verkündet; »Meine Gedanken sind nicht eure Gedanken, und eure Wege sind nicht meine Wege … so viel höher sind meine Wege als eure Wege und meine Gedanken als eure Gedanken« (Jesaja 55,8-9). Und hier wird uns deutlich gesagt, wie Gott über Schönheit denkt: »Anmut ist trügerisch und Schönheit vergeht, aber eine Frau, die den Herrn fürchtet, die wird gelobt werden« (Sprüche 31,30).

Die Lektionen über wahre weibliche Schönheit, die die weise Mutter ihrem jungen Lemuel in Form dieses Alphabets beibrachte, waren wirklich sehr lehrreich. Mittlerweile weiß er, welche Frau er sich als Partnerin suchen soll – und auch wir kennen Gottes Maßstab für unser Leben. Jetzt spricht die Mutter noch einmal zu ihrem Sohn, dessen Zukunft ihr doch so sehr am Herzen liegt, und sie weiß, was für sein Leben am wichtigsten ist. Hören wir, was sie darüber zu sagen hat, was weibliche Schönheit ist – und was nicht.

## *Die zweifache Eitelkeit: Anmut und Schönheit*

»Anmut ist trügerisch«, erklärt Sprüche 31,30. Unsere Lehrerin möchte ihren Sohn (und alle, die ihre Weisheit beherzigen) warnen: »Wünsche dir keine Anmut, keinen »Charme«! Lass dich davon nicht blenden! Anmut ist vergänglich. Charme ist trügerisch – eine Illusion und eine selbstgefällige Eigenschaft!« Charme kann tatsächlich verlockend und faszinierend sein, aber er kann niemals echtes Glück hervorrufen oder die Aufgaben des Lebens bewältigen. Vielleicht dachte die besorgte Mutter auch an Sprüche 21,6: »Wer mit lügenhafter [charmanter, trügerischer] Zunge Schätze erwirbt …«

»… und Schönheit vergeht«, heißt es weiter (Sprüche 31,30). Abermals warnt unsere Lehrerin: »Lass dich nicht durch Äußeres blenden! Bedenke, dass Schönheit nur oberflächlich ist. Schönheit ist vergänglich, verwelkt – und ist nichts als Rauch!« Auch wenn jeder Mensch äußerlich Schönes liebt, ist solche Schönheit flüchtig und vorübergehend. Schönheit kann irreführend sein und sogar gefährlich. Und wie ihre Zwillingsschwester Anmut, so garantiert auch die Schönheit weder Glück, noch kann man allein mit Schönheit den Alltag meistern.

## *Die Liebe zum Herrn*

In diesem Buch über Schönheit haben wir uns intensiv mit den Charaktereigenschaften der Frau aus Sprüche 31 und vielen Tätigkeiten ihres so aktiven Lebens beschäftigt. Aber jetzt, meine liebe Freundin, dürfen wir in ihr Innerstes schauen und erkennen, was sie antreibt. Woher kommt ihre Liebe? Was ist die Quelle ihrer Selbstlosigkeit … ihrer Barmherzigkeit … ihrer bemerkenswerten Energie? Wer führt sie, gibt ihr Lebenssinn und legt ihre Ziele und Aufgaben fest? Woher nimmt diese wunderbare Frau die Kraft, wie ein Fels in der Brandung zu sein? Woher nimmt sie die Motivation, sich ein ganzes Leben lang so zu bemühen und anzustrengen? Was macht sie in Gottes Augen so schön?

Die Antwort steht genau hier in Sprüche 31,30, unserem letzten Schritt zum Verständnis dessen, was Gott unter Schönheit versteht. Der Schlüssel zu allem ist *Gott selbst!* Sprüche 31,30 ist ganz konkret: »Eine Frau, die den Herrn fürchtet, die wird gelobt werden.« Du siehst also: Die in Gottes Augen schöne Frau ist eine Frau, die Gott liebt und die den »Herrn fürchtet« (Sprüche 31,30)! Er findet es schön, dass sie ihn ernst nimmt und seinem Wort gehorcht.

Was bedeutet eigentlich den Herrn »fürchten«? Diese Frage höre ich oft. Einfach ausgedrückt: Eine Frau, die den Herrn fürchtet, ist eine Frau, deren geistliche Hingabe an Gott eine Hingabe von ganzem Herzen ist.

Wie kannst du deine Hingabe an den Herrn fördern und in seinen Augen schöner werden? Um in Gottes Augen schön zu sein, musst du dich mehr auf deine inneren Charaktereigenschaften besinnen und dein äußeres Erscheinungsbild weniger wichtig nehmen. Du solltest in erster Linie deinen heiligen Charakter ausleben, den Gott in dir schafft und gestaltet, wenn du in seiner Gegenwart lebst, anstatt dich auf deine Kleidung, deine Frisur, dein Auto oder dein schön dekoriertes Haus zu konzentrieren. Du solltest mehr danach trachten, von Gott gelobt als von Menschen anerkannt zu werden. Du solltest die vergänglichen Eitelkeiten dieser Welt meiden und stattdessen nach der ewigen Schönheit des Herrn streben. Das sind die Interessen einer Frau, die den Herrn fürchtet – und nicht ein wohlgeformtes Gesicht oder attraktives Äußeres. Deine Furcht vor dem Herrn ist es, die jeden Bereich deines Lebens heiligt und die in deinem Herzen die ewige Herrlichkeit Gottes widerspiegelt.

Welchen Unterschied macht eine solche tiefe Hingabe an den Herrn? Einfach gesagt, sie beeinflusst alles, was wir tun! So wie das Sonnenlicht alles durchdringt, durchleuchtet auch die Gegenwart des Herrn alles, was du tust und mit welcher Hingabe du es tust, und so wird alles, was du tust, von seinem Licht erleuchtet. So wie die Brunnen und Wasserfälle von einer Quelle gespeist werden, so werden auch deine Freude, deine Kraft und deine Ziele aus deiner tiefen Hingabe an Gott gespeist. Wenn dein Herz auf Gott vertraut, dann ermutigst du die Menschen um dich herum mit deinen selbstlosen Taten und deiner Hingabe. Deine Liebe zu Gott ist die Antriebskraft für dein Verhalten, deinen Charakter und deine Liebe zu anderen. Dein Glaube an Gott bewirkt und prägt deine moralische Größe und Schönheit und verleiht deinem Leben Sinn und Nützlichkeit.

## Anleitung zu wahrer Schönheit

Gottes Lobeskranz ist für die Frau reserviert, die an Gott glaubt und treu auf seinen Wegen wandelt. Schließlich besagt Sprüche 1,7: »Die Furcht des Herrn ist der Anfang der Erkenntnis«, und wir haben immer wieder gesehen, dass die Frau, die in Gottes Augen schön ist, nicht nur weise ist, sondern auch geistliche Schönheit besitzt. Die gute Nachricht ist, dass auch wir uns eine solche Schönheit nach Gottes Sinn aneignen können. Und wie?

*1. Liebe Jesus mehr* – In unserer neutestamentlichen Zeit hat eine Frau, die in Gottes Augen schön ist, eine persönliche Beziehung zu Gott durch seinen Sohn Jesus Christus. Darum habe ich immer wieder auf Kolosser 3,23 hingewiesen: »Und alles, was ihr tut, das tut von Herzen, als *für den Herrn* und nicht für Menschen.« Wenn Jesus über dein Herz und dein Leben regiert, dann ist alles, was du tust, ein Gottesdienst. Diese Art der Liebe zu Christus macht dich in Gottes Augen wahrhaft schön!

Und noch einmal: Wir Christen leben unsere Gottesfurcht durch unserer Beziehung zum Sohn Gottes, Jesus Christus, aus.

Daher ist Gottes wichtigste Frage an dich (und auch an mich): »Kennst du Jesus Christus als deinen persönlichen Erlöser und Herrn?« Dein Glaube an ihn ist der Schlüssel, um in Gottes Augen schön zu sein.

2. *Plane regelmäßig Zeit mit dem Herrn* – Wer nicht wirklich davon überzeugt ist, dass er regelmäßig Zeit mit dem Herrn verbringen muss, tut es auch nicht! Ich hoffe wirklich, dass dir klar ist, dass du ein solche Andachtszeit mit dem Herrn verbringen musst, um die Aufgabe erledigen zu können, zu der er dich berufen hat.

Da wir gerade von der Zeit mit dem Herrn sprechen: Ich habe eben auf meinen Kalender für diese Woche geschaut. Da stehen aufregende Termine drauf wie z. B. eine Zahnreinigung beim Zahnarzt und die Lieferung unseres Trinkwassers. Wenn wir schon solche Lappalien als Termine planen, sollten wir da nicht auch die Zeit mit dem Herrn fest einplanen?

Wirf mal einen Blick auf deinen eigenen Terminkalender. Wann sind deine Termine mit dem Herrn? Welche zusätzliche Zeit mit ihm kannst du noch einplanen? Dein Glaube wird nur gestärkt, wenn du dir Zeit nimmst, um in der Bibel zu lesen und im Gebet mit Gott sprichst. Du hast in diesem Buch viel über Zeitmanagement, Organisation, Ziele setzen und Terminplanung gelesen. Gebrauche diese Lektionen und sorge dafür, dass du viel dieser wertvollen Zeit, die dein Leben bereichert, dein Leben verändert und dein Leben schöner macht, mit Gott verbringst.

Da du Jesus deinen Herrn nennst, hast du das Vorrecht, die »Lieblichkeit des Herrn zu schauen« (Psalm 27,4) und den Herrn »in heiligem Schmuck anzubeten« (Psalm 29,2). Wenn du das tust, dann wird seine Schönheit auch deine Schönheit, und dein Leben wird das Kennzeichen einer Frau tragen, die den Herrn fürchtet.

3. *Nimm Gottes Plan an* – Sprüche 31, das Loblied auf die tugendhafte Frau, zeigt Gottes Plan für dein und mein Leben. Ich will noch einmal zusammenfassen: Gott fordert dich auf, eine charakterstarke Frau zu sein, eine treue Frau und eine liebevolle Mutter (sofern du Kinder hast), eine Frau, die sich um ihr Heim und ih-

re Familie kümmert, eine zuversichtliche Frau, weil du den Herrn fürchtest. Lehne Gottes perfekten Plan nicht ab, sondern bitte nimm ihn an, befolge ihn, erfreue dich in jeder Hinsicht an ihm, gib dein Bestes und erfahre die daraus hervorgehende Schönheit. Eine Frau, die den Herrn fürchtet, ist eine Frau, die Gott, sein Wort und seinen Plan beherzigt. Wenn du Gottes Plan von ganzem Herzen akzeptierst, so wie die Frau aus Sprüche 31, dann wirst du – so wie sie – mit Kraft und Würde ausgestattet werden, was auch immer kommen mag.

*4. Gib dein Bestes* – Die Frau aus Sprüche 31 ist stark und körperlich fit. Wir wissen nicht, wie sie aussah, aber wir können sicher sein, dass sie ihr Bestes gab. Wir wissen auch, dass sie königliche, purpurfarbene Gewänder trug, aber wegen ihrer wunderbaren Tugenden können wir auch sicher sein, dass sie nicht übermäßig um ihr Äußeres besorgt war. Trotzdem machte sie dem Namen ihres Mannes alle Ehre. Sie ist für uns ein gutes Vorbild: Tu alles, was nötig ist, um gesund und fit zu bleiben und deiner Familie Ehre einzubringen.

Wie kannst du erkennen, ob du dich zu sehr um dein Äußeres sorgst? Ich möchte auf diese schwierige Frage zwei geistlich schöne Frauen aus unserer Zeit zu Wort kommen lassen.

Die Autorin Anne Ortlund kam zu folgender Einsicht: »Ich habe bemerkt, dass 22 Verse (aus Sprüche 31) die Freundlichkeit, Gottesfurcht, harte Arbeit und liebevollen Beziehungen dieser Frau beschreiben – und nur ein Vers von diesen 22 (nämlich Vers 22) ihr Aussehen beschreibt … Als ich dieses Verhältnis bemerkte … betete ich: ›Oh Vater, ich möchte ein Zweiundzwanzigstel meiner Zeit dafür aufwenden, mich äußerlich so schön zu machen wie ich kann, und den Rest meiner Zeit möchte ich einsetzen, um weise, freundlich und gottesfürchtig zu werden, um hart zu arbeiten und für alles andere.‹«[1]

Eine andere Frau betete um ein gottesfürchtiges Herz und entschloss sich dabei, täglich einen »Zeit-Zehnten« zu geben. Mit anderen Worten: Sie hat ein Zehntel ihrer Tageszeit für Gebet und Bibelstudium reserviert.

Finde deine eigene Formel heraus, welche die Balance gewährleistet zwischen der Zeit in Gottes Gegenwart, in der du deine innere Schönheit pflegst, und der Zeit, die du für deine alltäglichen Anforderungen brauchst. Bedenke dabei immer, dass du mit der Zeit, Kraft und Konzentration, die du der Beziehung zum Herrn widmest, in deine innere, vor Gott wohlgefällige und *wahre Schönheit* investierst!

## Wahre Schönheit entdecken

Wenn du nicht genau weißt, wie du eine Beziehung zu Jesus Christus bekommen kannst, dann möchte ich dich jetzt einladen, heute noch diese Beziehung aufzunehmen und ein neues Leben zu beginnen, das von wahrer innerer und äußerlicher Schönheit geprägt ist! Du kannst diesen neuen Lebensweg unverzüglich beginnen, wenn du zum Beispiel aufrichtig folgende Worte betest:

> Herr Jesus, ich weiß, dass ich ein Sünder bin, aber ich bereue alle meine Sünden und möchte dir folgen. Ich glaube, dass du für meine Sünden gestorben bist, dass du auferstanden bist und Sieger über die Sünde und den Tod bist. Ich möchte, dass du auch mein persönlicher Erlöser und Herr bist. Herr Jesus, bitte hilf mir, von heute an dir gehorsam zu sein.

Ich bete jetzt auch für dich! Wahre Schönheit – ja, alle Schönheit – beginnt mit Jesus Christus!

# 24

# *Die Ernte – die Früchte eines Lebens*

## Ihre Belohnung

*Gebt ihr von den Früchten ihrer Hände,*
*und ihre Werke werden sie rühmen in den Toren!*
Sprüche 31,31

Ein Sprichwort beschreibt den Lebensweg eines Christen so: »Der Weg nach oben führt zuerst nach unten!« Behalte diese Weisheit im Hinterkopf, wenn du nun den letzten Vers aus Sprüche 31 betrachtest – den letzten, abschließenden Vers des ganzen Buches der Sprüche. Ich glaube, dass dieses moderne Sprichwort genau auf das Leben unserer schönen Frau aus Sprüche 31 passt. Ihr Weg führte erst nach unten, bevor es schließlich aufwärts ging.

Die Frau, die in Gottes Augen schön ist und deren Leben und Arbeit wir in 22 Versen der Bibel und 24 Kapiteln dieses Buches betrachtet haben, hatte sich für ein Leben im Verborgenen entschieden, um die Früchte zu ernten, die nur im Schatten wachsen. Als Frau, die den Herrn fürchtet, gibt sie im Verborgenen ihres Heims ihr Äußerstes zur höchsten Ehre Gottes (Sprüche 31,30). Sie wirkt (wie du) natürlich auch außerhalb des Hauses, aber innerhalb des Heims gibt es keine Aufgabe oder Tätigkeit, die es für sie nicht wert wäre, sich ganz dafür einzusetzen. Jetzt lesen wir, wie diese Frau, die so lange still und zufrieden ihren Dienst tat, belohnt wird: Ein lautes und deutliches Lob ertönt jetzt für die Frau, die den unteren Weg gewählt hat.

## *Die Früchte ihrer Hände*

Als die Mutter des jungen Lemuel ihre Lektion beendete, schaute sie ihrem Sohn tief in die Augen und forderte auf: »Gebt ihr von den Früchten ihrer Hände« (Sprüche 31,31). So wie siegreiche Eroberer für ihre Heldentaten und ihre Tapferkeit belohnt werden, so sollen auch wir die in Gottes Augen schöne Frau belohnen. Würde man Sprüche 31,31 mit unseren Worten umschreiben, dann würde es heißen: »Zollt ihr Anerkennung für ihre Leistung! Gebt ihr, was sie verdient hat! Gebt ihr alles, wofür sie so fleißig gearbeitet hat! Gebt ihr von den Früchten ihrer Hände, die Ernte ihrer lebenslangen Arbeit! Gebt ihr den Gewinn, den sie verdient hat, das Gute, das sie erarbeitet hat, den Ruf, den sie aufgebaut hat, die Ehe, die sie gepflegt hat, das Heim, um das sie sich gekümmert hat, die Familie, die sie gehegt und gepflegt hat, die Zukunft, für die sie gearbeitet hat! Gebt ihr alles!« Und, meine liebe Freundin, mit diesen Worten sollen auch wir beide der Frau, die in Gottes Augen schön ist, ihre Belohnung geben – die Früchte ihres Lebens.

Und dieser Lobesaufruf ist wirklich ernst gemeint. Zu viele Frauen ärgern sich über diese Frau, die in Gottes Augen schön ist. Sie verachten sie, ja, schmähen oder verspotten sie sogar! Ich habe schon gehört, wie man sie als »unscheinbar« bezeichnet hat oder als »Mauerblümchen«, als »nur Hausfrau« oder sie sogar »Höhlenfrau« und »Sklavin« genannt hat. Manche sagen vorschnell: »Schau dir mal alle ihre Talente an! So eine Schande, dass die zu Hause verschwendet werden! Stell dir vor, wie sie mit ihren Gaben Karriere machen könnte! Armes Ding! Welche Verschwendung!«

Nichts ist weiter von Gottes Botschaft (und der in seinen Augen schönen Frau) entfernt als eine solche Denkweise! Ein Bibellehrer kommt sogar zu dem Schluss: »Dieser Vers stellt im Alten Testament einen würdigen Abschluss für die beachtenswerteste Stellung der Frau dar. Dieser Vers würdigt das Amt der Frau im Haus. Sie ist Ehefrau, Mutter und Geliebte, und hier offenbart sich, wie sehr Glück und Zufriedenheit im häuslichen Bereich abhängig sind von der Weitsicht und Obhut dieser Königin von Haus und Herd.«[1]

Anstatt sie zu bemitleiden, ruft Gott uns auf, sie zu loben, zu bewundern und ihr zu folgen – ja, wir sollen sogar werden wie sie! Denn als eine Frau, die den Herrn fürchtet, wird *sie* gelobt werden (Sprüche 31,30).

## *Der Ruhm in den Toren*

Sprüche 31,31 frohlockt: »Ihre Werke werden sie rühmen in den Toren!« Diese Worte bilden einen interessanten Gegensatz zu den vorherigen Versen. Erinnerst du dich, wie wir den Ehemann dieser in Gottes Augen schönen Frau betrachtet haben und welch verantwortungsvolle Stellung er als Rechtsprecher und Führungsperson in den Toren der Stadt einnimmt (Vers 23)? Und jetzt kommt auch seine Frau in den Toren zu Ehren. Man spricht in der Öffentlichkeit über sie. Man rühmt sie für ihre Werke – und die Werke wiederum rühmen sie. Ist es nicht wunderbar und ermutigend zu sehen, dass sie dort, wo sich Männer versammeln, wo die Führer des Volkes feierlich zusammenkommen, gelobt und gerühmt wird?

Wir haben ihre Selbstlosigkeit und ihre Arbeit hinter den Kulissen kennen gelernt und ihre Bemühungen gesehen, die scheinbar unbemerkt blieben; aber hier erfahren wir, dass ihre Werke öffentlich anerkannt und gefeiert werden. Wie ihr Ehemann freut sie sich über ihren guten Ruf und das hohe Ansehen in der Gesellschaft. Auch wenn viele ihrer Aktivitäten zu Hause stattfanden, wird sie für ihren unverzichtbaren Beitrag zur Gesellschaft in den Toren öffentlich gebührend gelobt und gefeiert. Eine christliche Autorin bemerkte darüber: »Viele Aufgaben der Frau sind von unterstützender Funktion, aber stell dir einmal vor, was geschehen würde, wenn man bei einem großen Gebäude die unterstützenden Fundamente und tragenden Elemente entfernt!«[2] Ja, der Dienst der Frau aus Sprüche 31 an ihrem Ehemann, ihren Kindern, ihrem Haushalt und ihrer Gemeinschaft ist absolut notwendig und lobenswert!

Aber die Mutter des jungen Lemuel sagt weiter: »Ihre *Werke* werden sie rühmen.« Auch wenn alle Stimmen stumm blieben und kein Wort des Lobes ausgesprochen wäre, würde die Frau, die in Gottes Augen schön ist, die Ehre bekommen, die ihr gebührt: Ihre eigenen Werke setzen ihrem Namen ein Denkmal. Die Werke ihrer Hände und die Früchte ihrer Arbeit haben eine Stimme, die sie lobt und rühmt! Es ist so, wie unser Gedicht bereits verkündet hat: »Eine Frau, die den Herrn fürchtet, die wird gelobt werden« (Sprüche 31,29) – komme, was wolle!

## Wahre Schönheit entdecken

Welch eine Freude! Welch ein Ruhm! Welch eine wunderbare Ernte des Lobes! Jede Stimme rühmt unsere Frau, die in Gottes Augen schön ist! Die Stimmen der Kinder preisen sie (Vers 28). Die Stimme ihres Ehemannes rühmt sie (Vers 28.29.31 – seine Stimme ist auch in den Toren!). Die Stimme Gottes lobt sie (Vers 30 – weil sie den Herrn fürchtet, wird sie von *ihm* gelobt!).[3] Die Stimme der anderen Leute preisen sie (Vers 31 – alle, die in den Toren sitzen). Ja, sogar die Stimmen ihrer Werke rühmen sie (Vers 31). Ich, Elizabeth George, preise auch unsere Freundin aus Sprüche 31. Das habe ich eigentlich 24 Kapitel lang gemacht! Die einzige Stimme, die man nicht hört, ist ihre eigene Stimme. Weise wie sie ist, lebt sie gemäß einem anderen Sprichwort – »Ein anderer soll dich rühmen, nicht dein eigener Mund« (Sprüche 27,2).

Aber es gibt noch eine Stimme, die ich hören möchte und die unsere in Gottes Augen schöne Frau rühmen und loben soll – und das ist deine! Ich bin sehr an dir und deinem Lob interessiert, weil die reiche Schönheit dieser Frau aus Sprüche 31 in unserer Kultur und Gesellschaft nicht geschätzt wird. Unsere Feinde, der Satan und die gefallene Welt, haben ihre Schönheit herabgewürdigt. Man hält sie für unerwünscht, unwichtig und sogar für nutzlos. Ach, wie Unrecht sie doch haben! Diese Frau aus Sprüche 31, meine liebe Freundin und Nachfolgerin Jesu, ist wahrlich schön: Sie lebt all das aus, was in Gottes Augen schön ist.

Daher bitte ich dich, sie zu loben und zu preisen! Dein Lob wird zeigen, dass du verstanden hast, was in Gottes Augen wirklich schön ist. Und das schönste Lob, das du geben kannst, ist, in ihre Fußstapfen zu treten. Dann wird sich mein Herz freuen, weil ich weiß, dass du, meine Gefährtin, auf dem Weg bist, in Gottes Augen wahrlich schön zu werden!

Warum senkst du jetzt nicht deinen Kopf und preist und lobst Gott für diese wunderschöne Frau nach seinem Herzen? Sie ist wirklich ein wunderbares Geschenk an dich. Sie steht hier in Sprüche 31 beschrieben, um dich anzuspornen, dich zu unterweisen und zu ermutigen, wenn du Fehler machst, wenn deine Lebensperspektive sich verdunkelt oder wenn du merkst, dass deine Prioritäten sich verschieben. Dann wird ein erneuter Besuch bei der Frau, die in Gottes Augen schön ist, deine Lebensperspektive wiederherstellen und dir wieder Kraft geben. Deine Liebe zu Gott und deine Entschlossenheit, seinem Plan zu folgen, werden wieder neu entfacht werden, um dich und dein Leben in seinen Augen schön zu machen!

# *Anmerkungen*

## *Kapitel 1*

1. C. F. Keil & F. Delitzsch, *Commentary on the Old Testament, Vol. 6* (Grand Rapids, MI: William B. Eerdmans Publishing Company, 1975), 327.
2. James Strong, *Exhaustive Concordance of the Bible* (Nashville: Abingdon Press, 1973), 39.
3. Edith Schaeffer; *Common Sense Christian Living* (Nashville: Thomas Nelson Publishers, 1983), 108.

## *Kapitel 2*

1. *The Master's Seminary* ist das bibeltreue theologische Seminar in Los Angeles, das von John MacArthur geleitet wird. Deutscher Zweig ist das *Europäische Bibel-Trainings-Centrum* (EBTC).
2. Vaughan, *Old Testament Books of Poetry*, The American Standard Version, 629.
3. *The Encyclopedia Americana*, Vol. 23 (New York: Mericana Corporation, 1058), 750.
4. Vaughan, *Old Testament Books of Poetry*, New Amercan Standard Bible, 630.
5. *The Encyclopedia Americana*, Vol. 21, 454-56.
6. Vaughan, *Old Testament Books of Poetry*, Rotherham, 629.
7. *The Encyclopedia Americana*, Vol. 7, 676-77.
8. *Our Daily Bread*, Radio Bible Class Ministries, Grand Rapids, MI, Mai 1982.

## *Kapitel 3*

1. Cheryl Julia Dunn, *A Study of Proverbs 31,10-31*, Master Thesis (Biola University, 1993), 27.
2. Ibid., 27.
3. Ibid., 25-26.
4. Curtis Vaughan, ed., *The Old Testament Books of Poetry from 26 Translations* – The Bible in Basic English (Grand Rapids, MI: Zondervan Bible Publishers, 1973), 629-30.

## *Kapitel 4*

1. »Building Your Nest Egg,« by Deborah Adamson, *Los Angeles Daily News*, 20. April, 1997.
2. Cheryl Julia Dunn, *A Study of Proverbs* 31,10-31, Master thesis (Biola University, 1993), 25.
3. Barbara Gilder Quint, *Family Circle*, 29. Mai 1984 (zusammengefasst in *Reader's Digest*).

## *Kapitel 5*

1. Merrill F. Unger, *Ungers Großes Bibelhandbuch*, CLV 2003.
2. Cheryl Julia Dunn, *A Study of Proverbs 31,10-31*, Master thesis (Biola University, 1993), 31.
3. Robert L.Alden, *Proverbs, A Commentary on an Ancient Book of Timeless Advice* (Grand Rapids, MI: Baker Book House, 1990), 220.
4. Mrs. Charles E. Cowman, *Alle meine Quellen sind in Dir*, Gerth Medien, 2009.
5. Ray Beeson and Ranelda Mack Hunsicker, *The Hidden Price of Greatness* (Wheaton, IL: Tyndale House Publishers, Inc., 1991), 97-107.
6. Anne Ortlund, *Building a Great Marriage* (Old Tappan, NJ: Fleming H. Revell Company, 1984), Seite unbekannt. (Gebet von Temple Gairdner (1873-1928), schottischer Missionar und Bibelgelehrter).

## *Kapitel 6*

1. James M. Freeman, *Manners and Customs of the Bible* (Plainfield, NJ: Logos International, 1972), 198.
2. W. O. E. Oesterley, *The Book of Proverbs* (London: Methuen and Company, Ltd., 1929), 284.
3. C. F. Keil & F. Delitzsch, *Commentary on the Old Testament, Vol. 6* (Grand Rapids, MI: William B. Eerdmans Publishing Company, 1975), 329.
4. Fred H. Wight, *Manners and Customs of Bible Lands* (Chicago: Moody Press, 1978), 83.
5. G. M. Mackie, *Bible Manners and Customs* (Old Tappan, NJ: Fleming H. Revell Company, ohne Datum), 59.
6. Cheryl Julia Dunn, *A Study of Proverbs 31,10-31*, Master thesis (Biola Universitry, 1993), 38.
7. G. M. Mackie, *Bible Manners and Customs*, 667.
8. Ibid.
9. Thomas Kinkade, *Simpler Times* (Eugene, OR: Harvest House Publishers, 1996), 69.
10. Edith Schaeffer, *Common Sense Christian Living* (Nashville: Thomas Nelson Publishers, 1983), 88-89.

## Kapitel 7

1. Curtis Vaughan, ed., *The Old Testament Books of Poetry from 26 Translations* – Lamsa (Grand Rapids, MI: Zondervan Bible Publishers, 1973) 630.
2. Gene Getz, *The Measure of a Woman* (Glendale, Ca: Regal Books, 1977) 125.
3. Elizabeth George, *Loving God with All Your Mind* (Eugene, OR: Harvest House Publishers, 1994).

## Kapitel 8

1. Curtis Vaughan, ed., *The Old Testament Books of Poetry from 26 Translations* – Lamsa (Grand Rapids, MI: Zondervan Bible Publishers, 1973), 630.
2. James M. Freeman, *Manners and Customs of the Bible* (Plainfield, NJ: Logos International, 1972), 50.
3. G.M. Mackie, *Bible Manners and Customs* (Old Tappan, NJ: Fleming H. Revell Company, ohne Datum), 99.
4. Cheryl Julia Dunn, *A Study of Proverbs 31,10-31*, Master thesis (Biola University, 1993) 52-53.
5. Ibid., 51-53.
6. Ibid., 51.
7. Ibid.
8. Ibid., 51-52.
9. Lucinda Secrest McDowell, »This I Carry with Me Always, *Christian Parenting Today*, Mai/Juni 1993, 22-23.
10. Alan Lakein, *How to Get Control of Your Time and Your Life* (New York: Signet Books, 1974) 46.
11. Edwin C. Bliss, *Getting Things Done* (New York: Charles Scribner's Sons, 1976), 148-49.

## Kapitel 9

1. *Webster's New Collegiate Dictionary* (Springfield, MA: G. & C. Merriam Co., Publishers, 1961), 954.
2. Robert L. Alden, *Proverbs, A Commentary on an Ancient Book of Timeless Advice* (Grand Rapids, MI: Baker Book House, 1990), 220.
3. C.F. Keil and F. Delitzsch, *Commentary on the Old Testament – Vol. VI* (Grand Rapids, MI: William B. Eerdmans Publishing Company, 1975), 330.
4. Crawford H. Toy, *A Critical and Exegetical Commentary on the Book of Proverbs* (Edinburgh: T. & T. Clark, 1899), 544.
5. Cheryl Julia Dunn, *A Study of Proverbs 31,10-31*, Master thesis (Biola University, 1993), 58-59.
6. The Living Bible: *Paraphrased*, by Kenneth Taylor (Wheaton, IL: Tyndale House Publishers, 1971).
7. Edith Schaeffer, *Hidden Art* (Wheaton, IL: Tyndale House Publishers, 1971).

## *Kapitel 10*

1. Crawford H. Toy, *A Critical and Exegetical Commentary on the Book of Proverbs* (Edinburgh: T. & T. Clark, 1899, 544.
2. William McKane, *Proverbs, A New Approach* (Philadelphia: The Westminster Press, 1970, 668.
3. Cheryl Julia Dunn, *A Study of Proverbs 31,10-31*, Master thesis (Biola University, 1993, 64.
4. Ibid.
5. Ibid, 63-65.
6. Curtis Vaughan, ed., The *Old Testament Books of Poetry from 26 Translations* – Knox (Grand Rapids, MI: Zondervan Bible Publishers, 1973), 630.
7. Sir Alexander Paterson, *United Evangelical Action*, Herbst 1975, 27.
8. »You«, by Mac-Sim-Ology.

## *Kapitel 11*

1. William McKane, *Proverbs, A New Approach* (Philadelphia: The Westminster Press, 1970), 668.
2. Ted W. Engstrom, *The Pursuit of Excellence* (Grand Rapids, MI: Zondervan Publishing House, 1982), 36.

## *Kapitel 12*

1. C.F. Keil & F. Delitzsch, *Commentary on the Old Testament, Vol. 6* (Grand Rapids, MI: William B. Eerdmans Publishing Company, 1975), 332.
2. Sybil Stanton, *The 25 Hour Woman* (Old Tappan, NJ: Fleming H. Revell Company, 1986), 169.
3. Anne Ortlund, *The Discipline of the Beautiful Woman* (Waco, TX: Word, Incorporated, 1977), 66-67.
4. Ted W. Engstrom, *The Pursuit of Excellence* (Grand Rapids, MI: Zondervan Publishing House, 1982), 33.
5. Ruth Wagner Miller, »The Time Minder« (*Christian Herald*, 1980), 76-77.
6. »A Woman's Love« by Douglas Malloch.

## *Kapitel 13*

1. Cheryl Julia Dunn, *A Study of Proverbs* 31,10-31, Master thesis (Biola University, 1993), 36.
2. Barbara Keener Shenk, *The God of Sarah*, Rebekah and Rachel (Scottdale, PA: Herald Press, 1985), 127.
3. Dunn, *Study of Proverbs 31,10-31*, 85
4. David Thomas, *Book of Proverbs Expository and Homiletical Commentary* (Grand Rapids, MI: Kregel Publications, 1982), 793.

5. Ibid.
6. Edith Schaeffer, *Hidden Art* (Wheaton, IL: Tyndale House Publishers, 1971), 128-32.
7. Stanley High, *Billy Graham* (New York: McGraw Hill, 1956), 127.

## Kapitel 14

1. F. Keil & F. Delitzsch, *Commentary on the Old Testament, Vol. 6* (Grand Rapids, MI: William B. Eerdmans Publishing Company, 1975), 334.
2. William McKane, *Proverbs, A New Approach* (Philadelphia: The Westminster Press, 1970, 669.
3. Keil and Delitzsch, *Commentary on the Old Testament* – Vol. 6, 335.
4. Crawford H. Toy, *The Book of Proverbs* (Edinburgh: T. & T. Clark, 1899), 545
5. W. O. E. Oesterley, *The Book of Proverbs* (London: Methuen & Co., Ltd., 1929), 285.

## Kapitel 15

1. Curtis Vaughan, ed., *The Old Testament Books of Poetry from 26 Translations* (Grand Rapids, MI: Zondervan Bible Publidhers, 1973), 631.
2. Vaughan, *Old Testament Books of Poetry*, The Jerusalem Bible, 631.
3. Cheryl Julia Dunn, *A Study of Proverbs 31,10-31*, Master thesis (Biola University, 1993), 101.
4. Ibid, 102.
5. Robert L. Alden, *Proverbs, A Commentary on an Ancient Book of Timeless Advice* (Grand Rapids, MI: Baker Book House, 1990), 221.
6. Linda Dillow, *Creative Counterpart* (Nashville: Thomas Nelson, Inc., Publishers, 1977), 23.
7. Denis Waitley, *Seeds of Greatness* (Old Tappan, NJ: Fleming H. Revell Company, 1983), 77.

## Kapitel 16

1. John MacArthur, »God's High Calling for Woman«, Part 4 (Panorama City, CA: Word of Grace, #GC-54-17, 1986).
2. George Lawson, *Proverbs* (Grand Rapids, MI: Kregel Publications, 1980), 883.
3. Donald Hunt, *Pondering the Proverbs* (Joplin, MO: College Press, 1974), 432.
4. William J. Peterson, *Martin Luther Had a Wife* (Wheaton, IL: Tandale House Publishers, Inc., 1983), 34.
5. *The Amplified Bible* (Grand Rapids, MI: Zondervan Publishing House, 1970), 302.
6. Verna Birkey, *Seminar Workshops for Women* (P.O. Box 3039, Kent, WA 98031), 1979, 131.

## *Kapitel 17*

1. Cheryl Julia Dunn, *A Study of Proverbs 31,10-31*, Master thesis (Biola University, 1993), 125.
2. Elizabeth George, *Loving God wih All Your Mind, God's Garden of Grace, A Woman After God's Own Heart* (Eugene, OR: Harvest House Publishers, 1994, 1996, 1997).
3. Edward H. Griggs.

## *Kapitel 18*

1. Curtis Vaughan, ed., *The Old Testament Books of Poetry from 26 Translations* – The American Standard Version (Grand Rapids, MI: Zondervan Bible Publishers, 1973), 632.
2. Cheryl Julia Dunn, *A Study of Proverbs 31,10-31*, Master thesis (Biola University, 1993), 126.
3. Charles Caldwell Ryrie, *The Ryrie Study Bible* (Chicago: Moody Press, 1978), 984.
4. Vaughan, *Old Testament Books of Poetry*, The American Standard Version, 632.
5. Ray and Anne Ortlund, *The Best Half of Life* (Glendale, CA: Regal Books, 1976), 88.
6. Stephen B. Douglass, *Managing Yourself* (San Bernadino, CA: Here's Life Publishers, Inc., 1978). Zur ausführlichen Beschreibung dieser Kategorien, siehe Elizabeth George, *Life Management for Busy People* (Eugene, OR: Harvest House Publishers, 2002).
7. *Great Hymns of the Faith*, »Great Is Thy Faithfulness«, by William M. Runyan, 1923.
8. Elizabeth George, *Loving God with All Your Mind* (Eugene, OR: Harvest House Publishers, 1994).
9. Abigail van Buren, »Dear Abby«, *Los Angeles Times*, 1. Januar 1995.

## *Kapitel 19*

1. Curtis Vaughan, ed., *The Old Testament Books of Poetry from 26 Translations* – The American Standard Version (Grand Rapids, Mi: Zondervan Bible Publishers, 1973), 632.
2. Charles Caldwell Ryrie, *The Ryrie Study Bible* (Chicago: Moody Press, 1978), 938.
3. Cheryl Julia Dunn, *A Study of Proverbs 31,10-31*, Master thesis (Biola University, 1993), 139.
4. H. D. M. Spence and Joseph S. Exell, eds., *The Pulpit Commentary – Vol.9* (Grand Rapids, MI: William B. Eerdmans Publishing Company, 1978), 601.
5. Dunn, *Study of Proverbs 31,10-31*, 139.

6. *Life Application Bible* (Wheaton, IL: Tyndale House Publishers, 1988), 449.
7. Elizabeth George, *Eine Frau nach dem Herzen Gottes* (Betanien, 2004).
8. William MacDonald, *Enjoying the Proverbs* (Kansas City, KS: Walterick Publishers, 1982), 86.
9. William MacDonald, *Enjoying the Proverbs*, 99.
10. Vaughan, *Old Testament Books of Poetry*, The American Standard Version, 632.

## Kapitel 20

1. Merrill C. Tenney, ed., *The Zondervan Pictorial Encyclopedia of the Bible*, Vol. 5 (Grand Rapids, MI: Zondervan Publishing House, 1975), 901-02.
2. Cheryl Julia Dunn, *A Study of Proverbs 31,10-31*, Master thesis (Biola University, 1993), 144.
3. William McKane, *Proverbs, A New Approach* (Philadelphia: The Westminster Press, 1970), 670.
4. Derek Kidner, *The Proverbs* (Downers Grove, IL: InterVarsity Press, 1973), 71.
5. Dunn, *Study of Proverbs* 31,10-31, 144.
6. Curtis Vaughan, ed., *The Old Testament Books of Poetry from 26 Translations* – Knox (Grand Rapids, MI: Zondervan Bible Publishers, 1973), 632.
7. Vaughan, *Old Testament Books of Poetry*, Taylor, 632
8. Edith Schaeffer, *What Is a Family*? (Old Tappan, NJ: Fleming H. Revell Company, 1975), 77.
9. Isabella Beeton, *Beeton's Book of Houshold Management* (London: Chancellor Press, 1861).
10. Autor unbekannt.

## Kapitel 21

1. Abraham Cohen, *Proverbs: Hebrew Text and English Translations with an Introduction and Commentary*, (Hindhead, Surrey: The Soncino Press, 1945), 214.
2. Ibid.
3. C. F. Keil and F. Delitzsch, *Commentary on the Old Testament* – Vol. 6 (Grand Rapids, MI: William B. Eerdmans Publishing Company, 1975), 340.
4. W. O. E. Osterley, *The Books of Proverbs* (London: Methuen and Company, Ltd., 1929), 286.
5. Elisabeth Elliot, *The Shaping of a Christian Family* (Nashville: Thomas Nelson Publishers, 1992), 201.
6. Edith Schaeffer, *What Is a Family?* (Old Tappan, NJ: Fleming H. Revell Company, 1975), 121.
7. E. Schuyler English, *Ordained of the Lord* (Neptune, NJ: Loizeaux Brothers, 1976), 35.
8. Elizabeth George, *Eine Frau nach dem Herzen Gottes* (Betanien Verlag, 2004).

9. Schaeffer, *What Is a Family?*, 92.
10. Vonette Zachary Bright, ed., *The Greatest Lesson I've Ever Learned* (San Bernadino, CA: Here's Life Publishers, Inc., 1991), 182.

## *Kapitel 22*

1. Robert Gilmour LeTourneau, *Mover of Men and Mountains* (Englewood Cliffs, NJ: Prentice-Hall, 1960).
3. Curtis Vaughan, ed., *The Old Testament Books of Poetry from 26 Translations* (Grand Rapids, MI: Zondervan Bible Publishers, 1973), 632-33.
3. Cheryl Julia Dunn, A Study of Proverbs 31,10-31, Master thesis (Biola University, 1993), 163.
4. Kenneth Taylor, *The Living Bible* (Wheaton, IL: Tyndale House Publishers, 1971).
5. Ibid.
6. Charles Bridges, rev. by George F. Santa, *A Modern Study in the Book of Proverbs* (Milford, MI: Mott Media, 1978), 161.
7. Ralph Wardlaw, *Lectures on the Book of Proverbs – Vol. 3* (Minneapolis, MN: Klock & Klock Christian Publishers, Inc., 1982 reprint), 310-11.
8. Fred H. Wight, *Manners and Customs of Bible Lands* (Chicago: Moody Press, 1953), 130.

## *Kapitel 23*

1. Anne Ortlund, *The Disciplines of the Beautiful Woman* (Waco, TX: Word Books, 1977), 46.

## *Kapitel 24*

1. W. O. E. Oesterley, *The Book of Proverbs* (London: Methuen & Company, Ltd., 1929), 283.
2. Judy Hubell, *Messenger*, November 1975, 31.
3. Cheryl Julia Dunn, *A Study of Proverbs 31,10-31*, Master-Arbeit (Biola University, 1993), 171.

## *Buchempfehlung*

*Nancy R. Pearcey*

**Der toxische Kampf gegen Männlichkeit**

*Wie das Christentum die Geschlechter versöhnt*

Betanien Verlag 2024
Paperback · 492 Seiten
ISBN 978-3-945716-81-6
21,90 Euro

Ist Männlichkeit an sich »toxisch«? Das jedenfalls ist der mittlerweile allgegenwärtige Vorwurf gegen Männer. Und tatsächlich legen Männer oft üble Verhaltensweisen an den Tag, die scharf zu verurteilen sind und die den Frauen, Familien und der ganzen Gesellschaft empfindlich schaden.

Doch erst die moderne kulturgeschichtliche Entwicklung hat toxische Männlichkeit in Fahrt gebracht. Im Laufe der Geschichte, so zeigt Nancy Pearcey, hat sich das Männerideal gewandelt vom christlichen, verantwortungsvollen »guten Mann« zum wilden »echten Kerl« weltlicher Ideale. Prägende Einflüsse wie Industrialisierung, Darwinismus und Feminismus haben es den Männern zunehmend schwer gemacht, ihre von Gott gegebene Bestimmung auszuleben. Abgestempelt als bloße Brotverdiener suchten sie nach Verwirklichung durch Wildheit statt Verantwortung.

Das biblische Männerideal des Ebenbilds Gottes zeigt, dass nicht nur Mut, Kraft und Kampfgeist, sondern auch Liebe, Leiterschaft und Selbstlosigkeit den wahren Mann auszeichnen. Und es gibt einen Weg, dieses Ideal auch heute noch zu verwirklichen.

Die zwei letzten Kapitel behandeln die Themen häusliche Gewalt und Missbrauch (inkl. emotionaler Missbrauch, Manipulation etc.). Dieser Teil ist seelsorgerlich sehr hilfreich zu diesem notvollen und leider auch unter Christen relevanten Thema.

## *Weitere Bücher vom Betanien Verlag*

*Tony Reinke*

***Wie dein Smartphone dich verändert***

*12 Dinge, die Christen alarmieren sollten*

Paperback · 254 Seiten · ISBN 978-3-945716-28-1 · 14,90 Euro

»Das beste Buch zu den Neuen Medien aus christlicher Weltsicht, das mir bisher bekannt ist. Gründlich recherchiert, griffig strukturiert, mit vielen handfesten Anwendungen.« (Hanniel Strebel)

*Gloria Furman & Kathleen Nielson (Hrsg.)*

***Worterfüllter Dienst für Frauen***

*Wie du in der Gemeinde mitarbeiten kannst*

Gebunden · 285 Seiten · ISBN 978-3-945716-55-7 · 19,90 Euro

Gemeindemitarbeit von Frauen ist mehr als Putzen und Musizieren. Ihre Aufgabe ist zwar nicht Predigen und Leiten, aber auch in ihrem Dienst steht das Wort Gottes im Mittelpunkt. Herausfordernd und motivierend!

*Kevin DeYoung*

***Leg einfach los!***

*Ein befreiender Weg, Gottes Willen zu entdecken*

Paperback · 129 Seiten · ISBN 978-3-945716-25-0 · 9,90 Euro

Viele Christen, besonders junge Leute, haben ein falsches Verständnis vom Willen Gottes für ihr Leben, für Ehe, Beruf usw. Sie halten Ausschau nach Zeichen, aber Gottes Wort ruft nirgends zu so etwas auf. Die Lösung ist viel klarer. Ein im wahrsten Sinne des Wortes wegweisendes Buch!

*Glenda Revell*

***Ungewollt und doch geliebt***

*Wie Gott mich dir Leid und Ablehnung führte*

Paperback · 126 Seiten · ISBN 978-3-935558-94-5 · 9,90 Euro

Glenda durchlebte eine schlimme Kindheit und viel Leid: Missbrauch, Mobbing durch die Mutter, Magersucht … Eine sehr bewegende Geschichte, sowohl evangelistisch als auch seelsorgerlich hilfreich.

*Sara Wallace*

***Mutterglück mit Gott im Blick***

*Wie du eine evangeliumszentrierte Mutter sein kannst*

Hardcover 4-farbig · 127 Seiten · ISBN 978-3-945716-15-1 · 17,90 Euro

Diese Hilfe für gestresste Mütter vermittelt Ruhe und Gelassenheit, weil sie auf Gott verweist. Das Evangelium der Gnade kann im Alltag ganz praktisch ausgelebt werden, besonders im Umgang mit den Kindern.